JN415425

데이터 과학을 위한
파이썬 프로그래밍

이정근 지음

불법복사는 지적재산을 훔치는 범죄행위입니다.
저작권법 제136조(권리의 침해죄)에 따라 위반자는 5년 이하의 징역 또는
5천만원 이하의 벌금에 처하거나 이를 병과할 수 있습니다.

KM 경문사

머리말

4차 산업혁명과 빅데이터 응용 시대에 필수적인 데이터 과학의 기초능력과 실무활용을 갖추고 싶은 학생들은 적절한 수준의 프로그래밍 능력을 갖춰야 한다. 데이터과학에 사용할 수 있는 프로그래밍언어는 많지만 파이썬이 많은 사람들에게 선택받고 있다. 파이썬은 배우기 쉬울 뿐 아니라 공개된 수 많은 모듈과 패키지를 무료로 활용할 수 있다는 장점이 있다 . 파이썬에 대한 기본적인 내용을 숙지한 후 필요한 모듈과 패키지를 사용법을 익히면 실무영역에서 파이썬을 이용하여 데이터에서 정보를 추출하고 활용할 수 있다.

이 책에서는 파이썬 프로그래밍의 기초적 내용을 요약하여 쉽게 공부할 수 있게 내용을 배열하였다. 파이썬의 기본 자료형인 정수, 실수, 문자열에 대해 자세히 소개하였다. 또한 묶음자료인 리스트, 튜플, 딕셔너리, 셋(set)을 생성하고 조작하는 여러 메소드를 집중적으로 다루었다.

파이썬으로 구현된 자료를 조건의 충족여부에 따라 선택적으로 선택하거나 반복적으로 처리하는 것은 기초 프로그래밍에서 매우 중요한 내용이다. 많은 예제를 제시하고 코딩 전략을 설명하여 프로그래밍 능력을 기를 수 있도록 준비하였다.

사용자정의 함수와 클래스를 작성하는 파이썬 기초 학습의 마지막 단계에 해당한다. 이 단계를 어려워하는 사람들이 많은게 사실이고 조금은 어려울 수 있지만 데이터 과학의 전문가가 되길 원한다면 넘어야 하는 고개이다. 많은 예제와 설명를 통해 극복할 수 있도록 준비하였다.

우리가 프로그래밍을 공부하는 이유는 데이터분석 모델을 데이터에 적용하여 얻은 결과로부터 데이터에 대한 통찰력을 키우고 실무에 활용하는 데 있다. 이 과정에서 파이썬 자료를 파일이나 데이터베이스에 저장하고 읽는 과정을 이해해야 한다.

파이썬이 데이터 과학에서 많이 사용하는 이유 중의 하나는 수많은 모듈을 사용할 수 있다는 것에 있다. 이 책에서는 표준모듈인 math, random, datetime 등의 사용법에 대해 설명하고 활용하는 예제를 제시한다. 또한 데이터 과학에서 필수적인 패키지인 numpy의 넘파이 배열, pandas의 시리즈 및 데이터프레임을 생성하는 방법과 다양한 메소드에 대해 소개하였다. 데이터 분석에서 데이터 시각화도 매우 중요하다. 시각화 패키지의 기본인 matplotlib.pyplot에 대해 소개하고 팬더스의 시각화 메소드를 사용한 예제를 제시하여 기본적인 개념을 파악할 수 있도록 내용을 구성하였다.

아무쪼록 이 책을 통해 독자들이 파이썬 프로그래밍의 기본내용을 익히고 데이터과학에 입문하여 데이터 전문가로 성장하기를 희망한다.

마지막으로 출판에 도움을 주신 경문사 관계자 여러분께 감사드린다.

2023년 1월

저자 씀

차 례

CHAPTER 1

파이썬 프로그래밍 개요

데이터분석과 활용에 대한 중요성이 강조되면서 파이썬 사용자가 증가하고 있다. 파이썬이 인기 있는 프로그래밍 언어가 된 이유는 여러 가지가 있다.

첫 번째는 배우기 쉬운 프로그래밍 언어라는 것이다. 기본적으로 영어와 매우 닮은 언어로 직관적이고 문법구조가 비교적 간단하다.

두 번째는 스마트폰 및 통신의 발달로 4차 산업혁명이 진행 중이라는 것이다. 초연결된 산업사회에서 발생하는 빅데이터를 분석하고 활용하는 것이 매우 중요해졌고 인공지공에 대한 수요가 커져가고 있다.

세 번째는 데이터에 이해와 숨은 정보를 발굴하여 활용하려면 문제발굴, 해결능력, 적용 등의 종합적 사고능력을 실현할 코딩 능력이 중요해지고 있다.

네 번째는 수많은 모듈과 라이브러리를 무료로 사용할 수 있고 공유할 수 있다는 점이다.

다섯 번째는 자동 데이터 처리를 통한 업무 자동화, 웹 프로그래밍, 게임, 사물인터넷(IoT), 임베디드 시스템 등의 분야에서 활용할 수 있다.

21세기에 인공지능과 코딩능력은 젊은 세대가 갖춰야 할 기본능력의 하나라는 점을 기억한다면 파이썬을 배우는 것도 좋을 것이라고 생각한다.

1.1 파이썬 프로그래밍

프로그램이란 자료를 내부적으로 처리한 후 결과를 출력하도록 컴퓨터에 지시하는 명령어 모음을 의미한다. 이때 명령어 모음은 프로그래밍 언어의 문법에 맞게 작성한 문장의 모임이다. 파이썬 프로그램의 공통요소를 정리하면 다음과 같다.

1. 자료 입력 : 프로그램의 실행과정에서 사용하는 데이터는 아래 세 방식으로 파이썬에 제공된다.
    - 직접 작성한 자료
    - 변수에 저장한 자료
    - 표준입력장치인 키보드를 통해 입력받은 자료

  - 파일이나 데이터베이스에서 읽은 자료
2. 자료 처리 : 원하는 목적을 달성하도록 입력된 자료를 가공하는 과정으로 프로그래밍의 핵심에 해당한다. 자료를 프로그램이 잘 처리할 수 있도록 단계별로 지시한 사고의 흐름을 알고리즘(algorithm)이라고 한다. 모든 프로그래밍언어에서는 문제를 해결할 수 있도록 알고리즘을 개발하고 코딩하여 구현한 후 최종 결과를 반환한다.
3. 결과 출력 : 입력 자료를 처리한 결과를 사용자가 볼 수 있게 해주는 과정으로 표준출력장치인 콘솔화면에 출력하거나 파일에 저장한다.

1.1.1 파이썬 자료

파이썬을 이용하여 결과를 얻기 위해서는 주변에서 얻을 수 있는 데이터를 파이썬이 인식하고 이해할 수 있는 자료로 재구성해야 한다.

기초 자료

실생활 및 업무에서 얻는 많은 데이터가 숫자와 문자로 구성되어 있다. 이런 자료를 자료 처리 및 분석에 활용할 수 있도록 파이썬은 여러 자료형과 자료에 적용되는 기능(함수, 메소드)을 제공한다.

- 숫자형 자료
  - 정수 : 십진수, 이진수, 8진수, 16진수
  - 실수 : 소수점이 있는 수
  - 복소수
- 문자열 자료 : 키보드를 통해 입력가능한 문자를 이용하여 만든 텍스트

구조화된 자료

일상생활에서 발생하는 데이터를 표현할 때 사용될 수 있는 여러 자료형을 제공한다.

- 리스트(list) : 대괄호 속에 파이썬 자료를 콤마로 구분하여 나열한 자료형
  `['김철수', '산업경영공학과', 3, '041-530-2114']`
- 튜플(tuple): 괄호 속에 파이썬 자료를 콤마로 구분하여 나열한 자료형
  `('김철수', '산업경영공학과', 3, '041-530-2114')`
- 딕셔너리(dictionary) : 관련이 깊은 2개의 자료를 쌍으로 묶어 중괄호 안에 콤마로 구분하여 나열한 자료형
  `{'사과':'apple', '복숭아':'peach'}`
- 셋(set): 수학에서의 집합을 구현한 자료형으로 중괄호 안에 자료를 콤마로 구분하여 나열
  `{'abc','가','나', 3.14, 34}`

1.1.2 파이썬의 자료 처리

프로그래밍에서 가장 중요하고 핵심적인 부분으로 처리상황의 선택에 따른 조건 처리와 동일한 방식으로 처리하는 반복 처리로 나눌 수 있다.

- 선택적 처리 : 조건식의 충족여부를 기준으로 선택적으로 처리한다.
  - if : 1개의 특정상황에서만 처리
  - if-else : 2개의 상황 중에서 1개를 선택하여 처리
  - if-elif-...-else : 여러 개의 상황 중에서 1개를 선택하여 처리
- 반복적 처리 : 동일한 처리를 되풀이
  - for : 주어진 자료만큼 반복
  - while : 조건이 충족되는 경우에만 반복 처리

1.1.3 사용자정의 함수와 클래스

반복적으로 나타내는 파이썬 코드를 작성하여 함수나 클래스로 작성하여 재활용, 수정, 개선이 쉽도록 코딩한다.

- 함수 : 반복되는 자료 처리 코드를 재활용할 수 있도록 작성한 코드로 입력, 자료 처리블록, 출력으로 구성된다.
- 클래스 : 사용자가 정의한 자료형. 만들어진 자료의 상태를 나타내는 속성과 함수(메소드)로 구성된다.

1.1.4 모듈, 패키지(라이브러리)

개인이 모든 분야의 자료를 처리할 수 있도록 프로그램을 작성할 수 없다. 개발자가 자신이 사용하거나 배포할 목적으로 상호 연관된 함수나 자료를 파일에 보관하여 재활용할 수 있다.

- 모듈(module) : 사용자정의 함수, 데이터, 클래스를 포함한 확장자가 py인 파일
  - 별도의 설치가 필요 없는 모듈(표준 모듈). 예) math, random, datetime
  - 설치과정이 필요한 모듈
- 패키지(package) 또는 라이브러리(library) : 여러 개의 모듈을 보관한 폴더

이 책에서는 데이터과학에 필수적인 세 패키지에 대해 살펴볼 예정이다.

- 넘파이(numpy) :숫자만으로 구성된 리스트에 빠른 자료 처리가 가능한 기능하고 메소드를 포함시킨 파이썬 자료형과 다양한 메소드를 제공한다.
- 팬더스(pandas) : 1차원 또는 2차원 자료에 대한 검색, 수정, 추가 등을 쉽게할 수 있도록 이름을 추가한 자료형인 시리즈와 데이터프레임를 제공한다. 또한 데이터 분석을 위한 여러 메소드를 제공한다.
- matplotlib : 데이터의 이해를 도와주는 다양한 시각화 툴을 제공한다.

1.2 파이썬 배우기

파이썬을 배우는 과정은 자료 만들기, 자료 처리, 처리결과 활용으로 나눌 수 있다. 초급과정에서는 자료 생성, 자료 연산, 키워드와 일부의 파이썬 내장함수를 써서 기초 문법을 이해하는 데 집중한다. 고급과정에서는 사용자정의 함수, 클래스, 모듈 작성 및 사용법을 익히고 활용하는 것으로 범위가 넓혀진다.

1.2.1 파이썬 내장함수

내장함수는 파이썬프로그램을 설치한 별도의 절차 없이 사용할 수 있는 함수이다. 자료를 처리하는 과정을 숨긴 함수로 적합한 자료를 전달하고 실행하면 반환값이나 처리결과를 보여준다.

- 자료 입출력
  - input() : 키보드를 통한 자료입력
  - print() : 화면 또는 콘솔을 통한 출력
  - open() : 파일을 여는 함수
- eval(): 문자열을 파이썬 문장으로 변환하거나 실행
- 수식관련 내장함수
  - abs() : 실수의 절대값
  - divmod(a,b) : a를 b로 나눌 때 몫과 나머지 반환
  - pow(a,b): a^b를 계산하여 소수이하 16자리까지 표시
  - round(x,n): $n+1$번째 소수자릿수에서 x를 반올림한 결과를 반환
- 숫자변환 내장함수
  - int() : 실수를 정수로 변환
  - float(): 정수를 실수로 변환
  - bin() : 정수를 2진수로 표현
  - oct() : 정수를 8진수로 변환
  - hex() : 정수를 16진수로 변환
- 파이썬 자료를 생성하는 자료생성자 함수
  - str() : 문자열로 변환
  - int() : 정수를 나타내는 문자열을 정수로 변환
  - float(): 실수를 나타내는 문자열을 실수로 변환
  - list() : 리스트로 변환
  - tuple() : 튜플로 변환
  - dict() : 딕셔너리로 변환
  - set() : 세트로 변환

  - bytes(), bytearray() : 바이트 자료로 변환
- 파이썬 자료 정보
  - type() : 자료형
  - id() : 자료의 주소(메모리 주소)
  - len() : 자료에 속하는 항목의 수(길이, length)
- 항목이 숨겨진 자료를 생성하는 내장함수
  - range() : 정수 등차수열 생성
  - enumerate() : 자료에 인덱스를 붙여주는 함수
  - zip() : 순서쌍을 만들어 zip객체 생성
  - map()
  - filter()
- 문자 인코딩 관련 내장함수
  - ord() : 문자의 인코딩 값
  - chr() : 정수를 문자로 변환
- 이터러블 자료 처리 관련 내장함수
  - sum()
  - max()
  - min()
- 자료 정렬 내장함수 : sorted(), reversed()

1.2.2 파이썬 키워드

파이썬에서 키워드는 파이썬이 특별한 의미로 사용하기 위해 예약한 단어(예약어, reserved word) 모음이다. 이 단어를 파이썬 자료, 함수, 클래스의 식별자(이름, identifier)로 사용하면 안된다.

- None : 아무것도 없음을 나타내는 파이썬 상수
- False, True
- in, not in : 멤버십 조사
- del : del 다음에 오는 자료를 삭제
- break, continue : 반복문에서 실행순서 이동
- pass : 블록 내용을 서술하지 않고 건너띄기
- def, return, global, lambda : 파이썬 함수 관련
- and, or, not : 합성명제 관련
- if, elif, else : 조건 선택문
- for, in, while : 반복문
- from, import, as : 모듈, 패키지 불러오기
- with, open, as : 파일 입출력 관련
- try, except,else, finally, assert, raise : 에러 처리 관련
- is : 두 자료의 주소가 같은지 확인

1.3 파이썬 개발 툴

파이썬은 인터프리트 방식의 프로그래밍 언어이다. 이 방식은 파이썬 문장을 한 문장마다 즉시 기계어로 번역하여 실행하는 방식으로 컴퓨터와 대화하는 것과 비슷하다. 한 문장을 실행하면 즉시 결과가 나온다. 파이썬이 이용되는 분야가 많고 사용자가 많으므로 프로그램 개발 환경을 제공하는 개발 툴도 아주 많다. 파이썬을 설치하면 기본적으로 설치되는 파이썬 IDLE뿐만 아니라 파이썬 전용 개발환경인 PyCharm, Spyder, Jupyter notebook 등을 사용할 수 있다.

1.3.1 파이썬 IDLE

파이썬 IDLE는 파이썬을 설치하면 제공하는 통합개발환경으로 대화형 쉘(shell)과 에디터를 써서 코딩할 수 있다. 파이썬을 배울 수 있는 기본적인 환경이지만 불편한 점이 많아서 이 책에서는 사용하지 않는다.

대화형 파이썬 쉘

윈도우에서 메뉴 [시작] - [Python 3.x] - [IDLE (Python 3.x xx-bit)]를 선택하면 대화형 쉘이 나타난다.

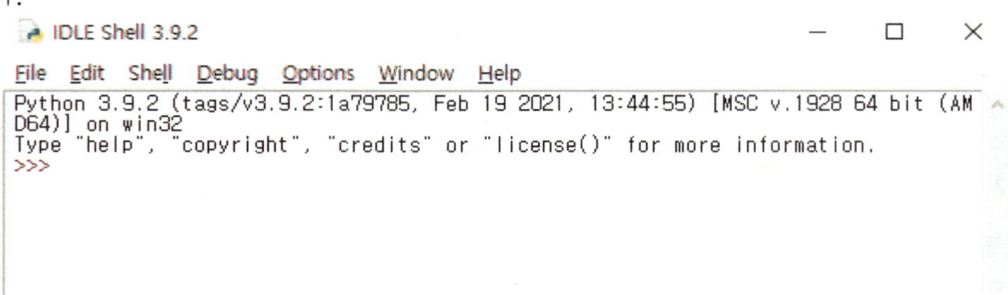

모든 문장은 »> 다음부터 공백 없이 입력해야 한다. 기본적으로 1개의 파이썬 문장 또는 블록만 실행할 수 있고 실행결과가 바로 밑에 표시된다.

여러 줄의 파이썬 문장을 한꺼번에 실행시킬 필요가 있다면 파이썬 에디터에서 작성해야 한다.

파이썬 에디터

파이썬 대화형 쉘에서, 메뉴 [File]—[New File]을 선택하면 제목이 untitled인 파이썬 에디터 창이 나타난다. 이 편집기에 파이썬 문장을 입력한 후 file 메뉴에서 save 또는 save as를 선택하고 원하는 폴더에 파일을 저장한다.

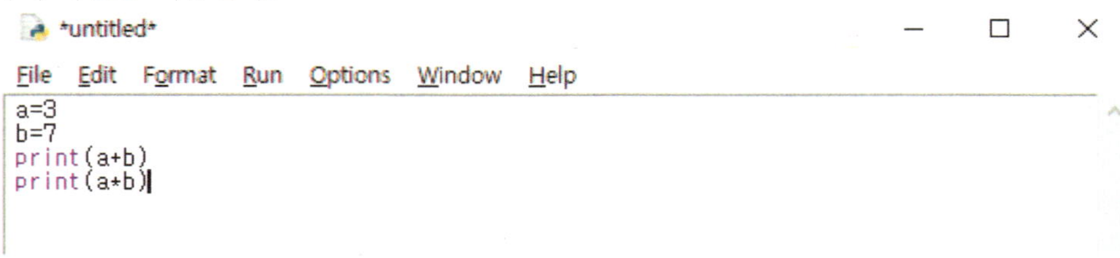

이 파일의 파이썬 코드를 실행하려면 F5키나 상단 메뉴 [Run]-[Run Module]을 선택하고 확인 버튼을 누르면 실행 결과가 대화형 파이썬 셸에 표시된다.

1.3.2 주피터노트북

주피노트북은 가장 많이 사용되는 개발환경의 하나로 웹브라우저 기반의 편집도구인데 셀(cell) 단위로 편집하고 실행할 수 있다. 여기서는 통합개발환경인 아나콘다(anaconda)를 설치한 후 제공되는 주피터노트북을 주로 사용하기로 한다.

아나콘다를 설치하려면 https://www.anaconda.com/에 접속한 후 사용 중인 컴퓨터의 운영체제에 맞는 설치 파일을 다운로드한 후 실행시킨다. 설치가 완료되면 두 가지 방식으로 주피터노트북을 로딩하고 사용할 수 있다.

- [시작] - [Anaconda3] -jupyter notebook(anaconda3) 선택
- [시작] - [Anaconda3] - Anaconda Navigator(anaconda3) 클릭한 후 아나콘다 네비게이터 화면에서 jupyter notebook Lauch 클릭

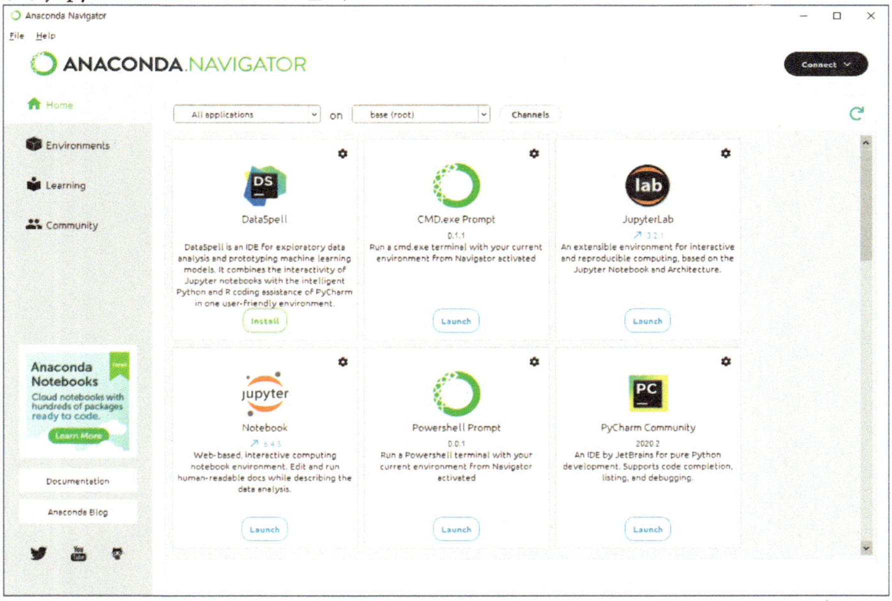

그러면 주피터노트북 홈페이지가 웹브라우저에 나타난다. 이 화면에서 노트북 파일을 생성한 후 코딩하고 실행할 수 있다.

1. 폴더를 클릭하여 원하는 위치로 이동한다.
2. 오른쪽 상단의 [New]를 클릭하여 새로운 폴더나 python3 notebook을 생성한다.

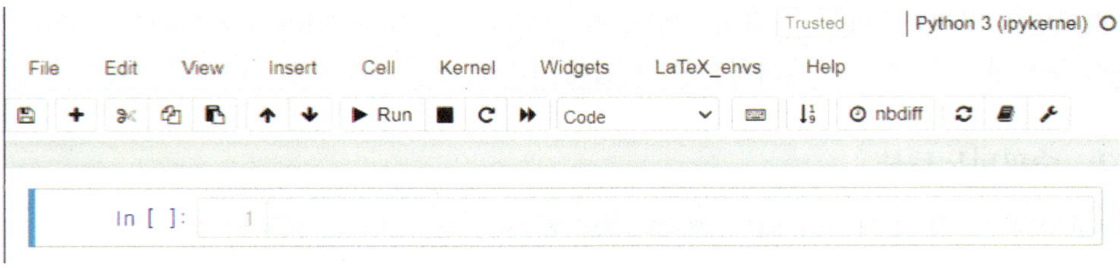

주피터노트북을 사용하는 방법은 아래와 같다.

1. 커서가 깜박이는 곳(cell)에 파이썬 문장을 입력한다. 셀 왼쪽에 In[ ]이 보인다.
2. [Control]+[Enter], [Shift]+[Enter] 또는 상단 아이콘 중에서 Run을 클릭하여 실행한다.
3. 실행결과가 바로 밑에 나타난다. 이 셀은 출력(output)이 표시되는 곳으로 콘솔(console)에 해당하며 왼쪽에 Out[번호]가 나타난다. 이 번호는 입력셀의 번호와 같다.

필요하다면 아이콘에서 +를 클릭하여 새로운 셀을 만들 수 있으며 가위 아이콘을 클릭하면 커서가 있는 셀을 삭제할 수 있다. 또한 화살표로 셀을 아래 위로 이동시켜 노트북을 편집할 수 있다.

CHAPTER 2

파이썬 기초자료 : 숫자와 문자열

이 세상의 많은 정보가 날짜, 시간, 숫자 및 텍스트로 구성된다. 이 중에서 숫자와 텍스트는 정보를 표현할 때 사용되는 가장 기본적인 구성 요소이다. 이 장에서는

- 정수, 실수 및 연산
- 문자열
- 변수
- 서식 문자열

에 대하여 알아본다.

2.1 파이썬 표준입력과 표준출력

모든 프로그래밍 언어는 자료를 처리하여 얻은 최종 결과를 확인하거나 저장할 수 있는 방법을 제공하고 있다. 입력은 프로그램에 사용할 자료를 공급받는 것으로 키보드 타이핑, 파일 읽기 등을 통해 이루어진다. 출력은 모니터, 파일쓰기, 프린터 등을 통해 이루어진다.

파이썬 프로그래밍을 본격적으로 시작하기 전에 표준적인 입력과 출력에 대해 살펴보자.

표준출력함수 print()

파이썬 언어로 작성된 코드를 실행하면 모든 결과가 RAM에 저장되므로 외부에서는 볼 수 없다. 코드의 실행결과를 볼 수 있도록 표준출력장치인 콘솔에 출력하여 확인하거나 실행과정을 점검할 때 내장함수 print()를 사용할 수 있다.

우리가 주피터노트북의 셀에 코드를 작성하면 셀 왼쪽에 In[ ]이 생기고 셀을 실행하면 자동으로 번호가 매겨진다. 또한 셀의 모든 코드를 실행한 결과는 입력셀 아래에 출력되고 왼쪽에 Out[번호]가 생긴다. 이 셀이 출력셀이다. 출력셀에는 파이썬 문장 1개의 결과만 출력된다. 즉, 입력셀에 여러 줄의 코드가 있을 때에는 마지막 파이썬 문장의 실행결과만 볼 수 있다.

여러 줄로 작성된 프로그램의 실행과정을 점검하거나 실행오류를 찾을 때 print()를 사용하여 중간에 파이썬 문장의 결과를 출력시키면 좋다.

파이썬의 표준출력함수인 print()는 아래와 같이 사용한다.

사용법

```
print(콤마로구분한파이썬자료나문장)
```

print()는 다음 용도로 사용한다.

- 인자로 전달된 파이썬 자료나 (문법에 맞는) 파이썬 코드의 실행결과를 콘솔(console)에 출력한다.
- 콤마로 구분한 여러 개의 파이썬 자료를 인자로 전달받아 한줄에 1칸 띄어 자료를 출력한다.

표준출력함수 print()의 특징은 아래와 같다.

- 실행할 때마다 줄을 바꾸어 출력한다.
- 같은 입력셀에 있는 모든 print()의 실행결과를 콘솔에 차례대로 출력한다.

주피터노트북에서 print()의 출력은 입력셀 바로 밑에 보여주며 번호 없이 출력시킨다.

표준입력함수 input()

프로그램 실행 중에 사용자로부터 키보드를 통해 실행에 필요한 자료를 입력받을 때 사용하는 내장함수이다. 입력받은 자료는 문자열이므로 실행에 적합한 자료로 변환하는 경우도 많다. 뒤에서 다시 살펴본다.

2.2 실수 및 연산

우리가 일상적으로 사용하는 모든 수는 실수이고 아라비아 숫자 0~9를 써서 표현한다. 이런 수를 십진수(decimal number)라고 한다. 수학이나 일상생활에서는 따로 정수(integer)와 실수(real number)를 구분하지 않지만 C언어 계열의 프로그래밍 언어에서는 엄격하게 구분한다.

파이썬에서도 엄격하지는 않더라도 정수와 실수를 구분하여 사용할 때가 있다. 예컨대 3과 3.0의 값은 같지만 프로그래밍 언어에서 3은 정수, 3.0은 실수로 인식된다. 즉, 소수점의 유무에 따라 실수와 정수로 구분한다. 파이썬에서 정수는 int형 자료이고, 실수는 float형 자료이다.

[1]:
```
print(type(3))
```

```
<class 'int'>
```

[2]:
```
print(type(3.0))
```

```
<class 'float'>
```

부동소수점(floating point)과 지수형

지수를 사용하면 실수는 여러 형태로 쓸 수 있다. 아래의 실수는 모두 3.14와 같은 수이다.

- 31.4×10^{-1}

- 0.314×10^1
- 0.00314×10^3

실수 표현에서 소수점의 위치가 움직여서 여러 형태로 나타낼 수 있다는 점이 실수의 특징인데 지수를 써서 나타낼 수 있다. 이런 표을 실수의 **과학적 기수법**(scientific form)이라고 한다.

다음은 이런 지수형 표현을 구현한 파이썬 코드이다. 지수 표현에 10 대신 영문자 e와 E를 사용하고 있다.

[3]:
```
print(31.4e-1)
print(0.314E1)
print(0.00314E3)
```

```
3.14
3.14
3.14
```

실수의 반올림 처리

내장함수 round()를 사용하여 실수를 출력할 때 소수점 뒤의 자릿수를 지정할 수 있다.

> 실수의 출력자릿수 지정
> `round(x,n)`

round(x,n)는 소수 이하 n+1 번째 자리에서 반올림한 실수를 소수 이하 n자리까지 반환한다.

[4]:
```
print(round(3.141592, 2))
print(round(3.141592, 4))
```

```
3.14
3.1416
```

실수와 사칙연산

파이썬에서는 두 실수 a, b에 대한 사칙연산(덧셈, 뺄셈, 곱셈, 나눗셈)을 아래와 같이 나타낸다.

- 덧셈: a+b
- 뺄셈: a-b
- 곱셈: a*b
- 나눗셈: a/b

[5]:
```
print(9+7)
print(9-7)
print(9*7)
```

```
print(9/7)
```

```
16
2
63
1.2857142857142858
```

거듭제곱 (power) 연산

실수 a, b에 대해 a의 b (거듭) 제곱인 a^b을 파이썬에서 아래의 2가지 방식으로 나타낸다.

> 거듭제곱
> `a**b`
> `pow(a,b)`

[6]:
```
print(3**4)
print(3**-5)
print(3**0.5)
print(pow(3,1/2))
```

```
81
0.004115226337448560
1.7320508075688772
1.7320508075688772
```

나눗셈의 결과를 표시할 때 소수점 아래 자릿수는 달라질 수 있다. 무한소수는 소수점 아래 16개를 표시하지만 유한소수는 모든 자릿수를 표시한다.

[7]:
```
print(77/1024)
print(8988777034343/2**50)
```

```
0.0751953125
0.007983637781399544
```

문제 2.1 파이썬을 써서 아래 수식의 값을 소수 이하 2자리까지 계산하시오.

(a) $100(1+0.04)^6$

(b) $\frac{0.06}{1-1.06^{10}}$

(c) $\frac{1.05^8-1}{0.05}$

2.2.1 정수 연산

두 정수에 대해 사칙연산이 아닌 연산이 두 개 더 있다. 몫(quotient)과 나머지(remainder)를 구하는 연산으로 결과값이 정수인 연산이다. 다음 식을 만족시키는 q와 r을 a를 b로 나눈 몫(quotient)과 나머지(remainder)라고 한다.

$$a = bq + r, \quad 0 \leq r < b \tag{2.1}$$

등식 (2.1)을 만족시키는 정수 q와 r은 유일하다. 파이썬에서는 몫과 나머지를 구하기 위해 다음 연산을 사용한다.

- 몫 : a//b
- 나머지 : a%b

물론 정수도 실수이므로 당연히 사칙연산 및 거듭제곱 연산을 적용할 수 있다. 26을 4로 나눈 값은 6.5이다. 한편, 26을 4로 나눌 때 몫은 6이고 나머지는 2이다.

[8]:
```
print(26/4)
print(26//4)
print(26%4)
```

```
6.5
6
2
```

문제 2.2 -20을 6으로 나눌 때 몫과 나머지를 계산하시오.

예제 2.1 (달러 환전) 10만 원을 달러로 바꾸려고 한다. 환율이 1달러당 1280원일 때 몇 달러를 받게 되는가? 환전하지 못한 원화는 얼마인가?

[9]:
```
print(100000//1280) # 환전 후 받은 달러
print(100000%1280)    # 환전하지 못한 원화
```

```
78
160
```

2.2.2 숫자 연산의 우선 순위

숫자에 대한 연산은 자료 처리에서 기본적인 과정의 하나이다. 학교 수학에서 숫자 연산의 순서는 일반적으로 다음 룰을 따른다. (번호가 작을수록 먼저 계산한다는 의미이다.)

1. 괄호 안
2. 지수(거듭제곱)

3. 부호 연산
4. 곱하기와 나누기는 순서에 왼쪽부터 나타나는 순서대로
5. 더하기와 빼기는 왼쪽부터 나타나는 순서대로

```
괄호안수식 >> ** >> 숫자부호 >> *, /, //, % >> +, -
```

파이썬 인터프리터가 수치연산을 실행하는 순서는 학교에서 배운 순서와 일치한다. 원하는 결과를 얻으려면 우선순위를 잘 지정하여 코딩해야 한다.

다음은 연산 우선순위의 모호함으로 생기는 문제점을 해결하는 방법의 예이다.

- 양수 앞에 부호기호 +를 쓰지 않는다.
- 음수는 괄호 속에 쓴다.
- 적절하게 괄호를 사용한다.
- 연산기호와 부호 기호(+, -)를 붙여쓰지 않는다.

아래 두 셀의 코드는 결과는 동일하지만 가독성과 편의성에서 다르다.

[10]:
```
print(2+-3)  #바람직하지 못한 수식
print(2--3)
print(2-+3)
print(+3++5)
```

```
-1
5
-1
8
```

[11]:
```
print(2+(-3))
print(2-(-3))
print(2-3)
print(3+5)
```

```
-1
5
-1
8
```

이제 연산의 우선순위를 생각하면서 코드를 살펴보자.

[12]:
```
-(3-7)  # 괄호 안 수식을 먼저 계산하고 부호 바꿈
```

[12]: 4

[13]:
```
-(1+2)+(3+4)
```

[13]: 4

[14]:
```
4**2+7 # 4**2을 계산한 후 덧셈
```

[14]: 23

아래 식에서는 괄호 안 수식, 부호 처리, 지수 계산, 덧셈 순서로 계산하고 있다.

[15]:
```
16**-(2-3)+3
```

[15]: 19

[16]:
```
print(16**2/4)
print(16**(2/4))
```

```
64.0
4.0
```

동등한 우선순위 연산의 처리

- 곱셈과 나눗셈 연산에 우선순위는 없다.
- 왼쪽부터 오른쪽 방향으로 차례대로 계산한다.

정수만의 연산인 몫구하기, 나머지구하기 연산도 나눗셈과 우선순위에서는 동등하다.

[17]:
```
print(2*4/5) # 2와 4를 곱한 후 5로 나눈다.
print(2/4*5) # 2를4로 나눈 후 5와 곱한다.
```

```
1.6
2.5
```

[18]:
```
print(21%9*4)
print(21*9//4)
```

```
12
47
```

덧셈과 나눗셈이 같이 있는 경우에는 왼쪽부터 오른쪽 방향으로 계산하며 두 연산의 우선순위는 없다. 이런 경우에는 동급연산자 +, -의 양쪽에 있는 2개의 수를 차례대로 연산한다.

[19]:
```
print(1-2+3+4)
```

```
6
```

곱셈/나눗셈은 뺄셈/나눗셈보다 먼저 계산한다.

[20]:
```
print(1-2*3+4)
print(1-2/3+4)
```

```
-1
4.333333333333333
```

2.3 수의 비교

프로그래밍에서 수를 이용한 계산은 자료 처리의 기본이지만 두 수의 비교도 자주 사용한다. 프로그래밍에서 수의 비교를 두 가지 범주로 나눌 수 있다.

- 대소 비교 : 두 수 또는 두 식의 계산결과가 큰지 작은지 판단
- 같은지 다른지 비교 : 두 수 또는 두 식의 계산 결과값이 같은지 판단

수학이나 공학에서 부등식은 변수를 포함한 식이 특정값보다 크거나 작게되는 상황을 나타내기 위해 사용된다. 이런 경우 관심은 부등식이 성립하는 변수의 범위를 정하는 것이다.

프로그래밍에서 부등식을 사용하는 상황에서 중요한 것은 부등식의 성립여부이다. 수학에서는 참(true) 또는 거짓(false), 일상생활에서는 '예' 또는 '아니오'로 답하지만 파이썬에서는 True 혹은 False로 답한다.

파이썬 불(bool) 자료

파이썬에서 True와 False는 bool 자료이며 다음 목적으로 주로 사용된다. (5장에서 다시 설명한다.)

- 명제의 참 또는 거짓
- 숫자 1 또는 0

[21]:
```
print(type(True))
print(type(False))
```

```
<class 'bool'>
<class 'bool'>
```

참고 2.1 실수의 사칙연산과 같이 사용될 때 True와 False는 1과 0으로 해석한다.

[22]:
```
print(6*True)
print(False*(-2))
```

```
6
0
```

파이썬에서의 부등식 : 대소 비교

프로그래밍 언어에서는 $a \geq b$ 또는 $a \leq b$를 표현할 수 없으므로 아래처럼 나타낸다.

- a>b : a가 b보다 크다.
- a>=b : a가 b보다 크거나 같다.
- a<b : a가 b보다 작다.
- a<=b : a가 b보다 작거나 같다.

[23]:
```
print(1+4<=5)
print(1+4>5)
```

```
True
False
```

파이썬에서도 수학에서와 마찬가지로 부등식 2개를 중첩하여 사용할 수 있다. 예컨대, a<b와 b<=c를 a<b<=c로 쓸 수 있다.

[24]:
```
2<4+3<8
```

[24]: True

[25]:
```
2>=4+3>8
```

[25]: False

파이썬에서 값 비교 : ==, !=

두 수 또는 수식의 값이 값이 다른지는 등호를 사용하지 않고 ==나 !=를 사용하여 나타낸다.

- == : 두 개의 값이 같다.
- != : 두 개의 값이 다르다.

(파이썬에서 =와 ==는 특별한 의미로 사용되니 혼동하지 않도록 주의하자.)

[26]:
```
print(2*8==16) #같은가?
print(2+4!=6) #다른가?
print(2+3!=6) #다른가?
```

```
True
False
True
```

2.4 math 모듈

프로그래밍 언어가 제공하는 기본연산을 이용하여 필요한 모든 계산을 수행할 수는 없다. 파이썬을 이용한 프로그래밍에서도 로그함수, 지수함수, 제곱근 함수 등의 계산이 필요한 경우가 많지만 '불러오기'라는 별도의 절차가 필요하다.

앞에서 언급한 수학함수들은 math 모듈에 포함되어 있다. math 모듈에 정의된 수학함수나 상수를 사용하는 절차는 다음과 같다.

- 불러오기(import)
  `import math`
- 사용법 : 모듈을 임포트한 후에는 모듈에 포함된 모든 함수와
  `math.함수이름`
  `math.상수이름`

math 모듈에 정의된 주요 함수와 상수를 살펴보자.

- 상수
  - math.pi
  - math.e
- 자주 사용하는 수학함수들
  - math.log(x) : 자연로그함수 $\log_e x$, $\ln x$
  - math.log10() : 밑이 10인 로그(상용로그)
  - math.exp(x) : 지수함수 e^x
  - math.pow(a,b) : 거급제곱(power) a^b
  - math.sqrt(x) : 제곱근 $\sqrt{x}$
  - math.sin(x), math.cos(x), math.tan(x) : 삼각함수

(math 모듈의 수학함수를 써서 계산한 값은 모두 실수형이다.)

[27]:
```
import math #모듈 임포트
```

math 모듈에는 수학에서 가장 많이 사용하는 상수인 원주율 π 및 오일러 수 e가 정의되어 있다.

$$e = \lim_{n\to\infty}\left(1+\frac{1}{n}\right)^n$$

이 상수들은 지수함수나 삼각함수를 사용하는 과학 및 공학에서 필수적이다.

[28]:
```
print(math.pi)
print(math.e)
```

```
3.141592653589793
2.718281828459045
```

아래는 math 모듈의 지수함수와 로그함수를 사용하는 간단한 파이썬 코드이다.

[29]:
```
math.exp(-0.5)
```

[29]: 0.6065306597126334

[30]:
```
print(math.log(10))
print(math.log2(10))
print(math.log10(10))
```

```
2.302585092994046
3.321928094887362
1.0
```

두 수의 거듭제곱과 양수의 제곱근을 math 모듈의 함수를 써서 계산할 수 있다. 인자가 모두 양의 정수일 때 math.pow()는 항상 실수형을 반환하지만 내장함수 pow()는 정수값을 반환한다.

[31]:
```
print(math.pow(3,4)) # 실수형 반환
print(3**4) # 정수형 반환
print(pow(3,4))
print(math.sqrt(2))
print(2**0.5)
```

```
81.0
81
81
1.4142135623730951
1.4142135623730951
```

문제 2.3 math 모듈의 함수를 써서 아래 수식을 계산하시오.

(a) $100e^{0.04}$

(b) $\pi \times 10^2$

(c) $\ln 10$ (자연로그)

(d) $\frac{1}{\sqrt{2\pi}}$

실수를 정수로 변환

math 모듈은 실수를 처리하여 정수로 변환하는 세 가지 방식을 지원한다.

- math.ceil(x) : x보다 큰 최소 정수
- math.floor(x) : x보다 작은 최대 정수
- math.trunc(x) : x의 정수 부분(integral part)

[32]:
```
print(math.ceil(-3.14))
print(math.floor(-3.14))
print(math.trunc(-3.14) )
```

```
-3
-4
-3
```

2.5 수학함수

우리가 잘 알고 있는 함수는 실수에 단 하나의 값을 대응시키는 규칙을 의미한다. 어떤 경우에는 대응되는 수가 식(formular)로 나타낼 수도 있다. 다음 함수 f를 보자.

```
-3에  6 대응
-2에  4 대응
-1에  2 대응
 0에  0 대응
 1에 -2 대응
 2에 -4 대응
 3에 -6 대응
```

이 대응규칙을 $x \mapsto -2x$로 나타낼 수 있는데 보통 $f(x) = -2x$로 쓴다. 이제 $x = 5$에서 함수값을 계산하려면 $f(x)$에 x 대신 5를 대입하여 -10을 얻는다.

파이썬에서는 이런 수학 함수를 아래와 같이 코딩한다.

[33]:
```
def f(x):
    y=-2*x  #함수값을 나타내는 수식의 파이썬 표현
    return y
```

파이썬으로 정의한 함수를 사용하는 것은 수학함수와 동일하다.

[34]:
```
f(5)
```

[34]:
```
-10
```

내가 만들고 싶은 함수가 지수함수, 로그함수, 삼각함수 등을 포함하고 있다면 math 모듈을 임포트한 후 파이썬 문장으로 코딩한다.

예제 2.2 수학함수 $g(x) = e^{-x^2}$을 파이썬으로 코딩하고 $x = 1$에서 함수값을 계산하시오.

지수함수가 포함되어 있으므로 math 모듈의 exp()를 사용한다.

[35]:
```
import math
def g(x):
```

```
    y=math.exp(-x**2) #함수값을 나타내는 수식의 파이썬 표현
    return y
g(1)
```

[35]: 0.36787944117144233

문제 2.4 다음 함수를 파이썬으로 코딩하고 주어진 점에서 함수값을 계산하시오.

(a) $f(x) = \frac{1}{2}e^{-x}$, $x = 0.5$

(b) $f(x) = \ln(1+x)$, $x = 0.06$

(c) $f(x) = e^{-x}\sin x$, $x = \frac{\pi}{6}$

2.6 문자열 기초

이 절에서는 텍스트를 구성하는 언어의 알파벳, 아라비아 숫자, 문장부호, 괄호 등의 단문자 인코딩, 문자열 생성, 문자열 연산, 이스케이프 문자 및 문자열의 콘솔 출력에 대해 공부한다.

2.6.1 문자 인코딩

문자, 숫자, 기호 등을 컴퓨터에서 사용하려면 컴퓨터가 해석할 수 있도록 숫자를 대응시킨다. 문자에 숫자를 대응시키는 과정을 인코딩(encoding)이라고 하고 숫자를 문자로 바꿔주는 과정을 디코딩(decoding)이라고 한다. 문자를 인코딩하는 여러 방법이 있지만 다음 세 가지가 가장 많이 사용된다.

- ASCII (American Standard Code for Information Interchange
- extended ascii
- Unicode
- UTF-8

ASCII 1963년 미국에서 영어 문자를 표현하기 위한 방법이 확정되었고 각 문자에 0~127이 할당되었다. 따라서 7개의 비트(bit)를 사용하여 표현할 수 있다.

- 출력할 수 없는 제어문자에 0~31, del키로 127을 사용
- 출력 가능 문자: 32~126

Extended ASCII 서유럽의 비영어권문자를 표현하기 위해 128~255를 사용하였다. 아스키 문자를 포함하므로 8비트, 즉, 1바이트(byte)로 표현할 수 있는 문자이다.

Unicode 전 세계에서 과거에 사용되었거나 현재 사용 중인 모든 언어의 문자를 컴퓨터에서 일관되게 표현하고 다룰 수 있도록 설계된 산업 표준이다.

UTF-8 유니코드 한 문자를 나타내기 위해 1바이트에서 4바이트까지 사용하는 유니코드 인코딩 방법이다. 사용빈도가 높은 글자는 적은 저장 공간을 차지하고 사용빈도가 낮은 글자는 많은 저장 공간을 차지하게 만들어졌다.

한글의 경우 한글코드 범위는 16진수로 AC00-D7AF인데 한글의 자음, 모음, 받침을 표현하기 위해 각각 1바이트를 사용한다.

2.6.2 단문자

우리가 주변에서 보는 대부분의 정보는 텍스트나 숫자로 구성된 경우가 많다. 텍스트나 숫자로 만들어진 자료를 프로그래밍 언어를 써서 가공하거나 정보를 추출하는 경우에는 이런 자료를 어떻게 구현했는지 알아둘 필요가 있다.

텍스트는 워드프로세서나 편집기로 입력할 수 있는 여러 개의 연속된 입력으로 여러 개의 단문자(character)로 구성되어 있다.

- 영어 알파벳 대문자 및 소문자
- 한글, 일본어, 중국어 등의 비알파벳 문자
- 아라비아 숫자(0~9)
- 기호(symbol): +, -, _, =, *, >, < 및 괄호
- 특수기호 : \, @, #, $, &, ^, %
- 문장부호 : 콤마, 마침표, 느낌표, 물음표, 콜론(:), 세미콜론(;)
- 공백(white space) : 빈칸(space bar), 탭(tab)

파이썬에서 단문자는 문자열(string)의 기본 구성 요소이다. 단문자가 연속적으로 연결되어 묶이면 파이썬의 문자열, 곧, 텍스트를 만들게 된다. 물론 한 개의 단문자도 문자열이 될 수 있다.

단문자 관련 내장함수

각 단문자를 단일인용부호 안에 쓰면 파이썬은 문자열이라는 자료로 인식한다. 파이썬 문장을 사용하여 각 문자를 인코딩하는 정수를 알고 싶으면 내장함수 ord()를 사용한다. 반대로 어떤 정수에 대응하는 문자를 확인하려면 chr(정수)를 활용한다.

- ord(ch) : 단문자 ch를 인코딩할 때 사용한 정수
- chr(n) : 정수 n이 인코딩값인 문자. (대응하는 단문자가 없으면 오류 발생)

파이썬에서 단문자는 2개의 인용부호로 감싼 하나의 키보드 입력이다. 예컨대, '가', '7', '['등은 단문자이다.

[36]:
```
print(ord('A'))
print(chr(97))
print(ord('학'))
```

```
65
a
54617
```

파이썬에서 특별한 의미를 갖는 단문자와 단문자 쌍

아래의 단문자가 문자열 밖에서 사용되면 파이썬 코드의 일부분으로 해석되며 특별한 의미를 갖게 된다.

- 괄호 ( ), [ ], { } : 파이썬 자료를 만들 때 사용
- 콜론(:) : 블록의 시작을 알림
- # : 파이썬 인터프리터에게 주석임을 알려줌
- 인용부호, 이중인용부호 : 문자열의 시작이나 끝을 알려줌
- 등호(=) : 변수에 자료를 대입
- +, -, *, / : 사칙연산
- >, < : 부등식 기호
- 콤마(,): 자료 나열, 튜플 생성

2.6.3 일반적인 문자열 생성

텍스트를 표현하는 방법은 프로그래밍 언어마다 다르다. 파이썬에서는 단문자를 연속적으로 나열하여 일반적인 문자열을 만들 수 있다. 파이썬에는 문자열을 만들 수 있는 네 가지 방법이 존재한다.

가장 많이 사용되는 방식은 2개의 단일인용부호와 이중인용부호 안에 단문자를 나열하는 것이다.

[37]:
```
'가나다라바마사아자차카타파하'
```

[37]: '가나다라바마사아자차카타파하'

[38]:
```
"0123456789"
```

[38]: '0123456789'

파이썬에서 문자열은 내부적으로 str형 자료로 인식된다. 기본적으로 제공하는 함수인 type()을 사용하여 파이썬에서 사용되는 자료의 형태를 알아낼 수 있다.

[39]:
```
print(type('나는 Alice 너를 사랑한다.'))
type('나는 Alice 너를 사랑한다.')
```

```
<class 'str'>
```

[39]: str

단일인용부호(작은 따옴표) 안에 단문자 나열

파이썬에서 문자열을 만드는 기본적인 방법으로 두 개의 단일인용부호 사이에 문자를 나열하여 직접 문자열을 만들 수 있다. 이때 단일인용부호(작은 따옴표)를 사용하여 문자열을 만들 때 아래 사항에 유의하자.

- 단일인용부호 안에 문자로 단일인용부호가 올 수 없다.
- 이중인용부호(큰 따옴표)를 문자열의 구성요소로 사용할 수 있다.
- 여러 행(줄, line)을 단일인용부호 안에 쓸 수 없다.

```
[40]: '가'
```

```
[40]: '가'
```

```
[41]: '19*19=361'
```

```
[41]: '19*19=361'
```

```
[42]: print('나는 Alice 너를 사랑한다.')
      '나는 Alice 너를 사랑한다.'
```

```
나는 Alice 너를 사랑한다.
```

```
[42]: '나는 Alice 너를 사랑한다.'
```

```
[43]: '철수가 "영희야! 사랑해!"라고 큰 소리로 말했다.'
```

```
[43]: '철수가 "영희야! 사랑해!"라고 큰 소리로 말했다.'
```

이중인용부호(큰 따옴표) 안에 단문자 나열

두 개의 큰 따옴표 사이에 문자를 나열하여 문자열을 생성할 수 있다. 단일인용부호를 사용할 때와 비슷하게 아래 사항에 유의하자.

- 이중인용부호 안에 문자로 이중인용부호가 올 수 없다.
- 단일인용부호를 문자열의 구성요소로 사용할 수 있다.
- 여러 행(줄, line)을 이중인용부호 안에 쓸 수 없다.

큰 따옴표 안에 문자를 나열하여 문자열을 만든 후에 shift+ctr로 실행하면 입력한 내용이 작은 따옴표로 둘러쌓인 것을 볼 수 있다.

```
[44]: "I am a student at Hankook University"
```

```
[44]: 'I am a student at Hankook University'
```

큰 따옴표 안에 작은 따옴표가 오면 전체 문자열은 큰 따옴표로 둘러쌓인다.

[45]:
```
"그는 '1950'이라는 숫자를 떠올렸다." # 작은 따옴표가 문자열의 일부
```

[45]: "그는 '1950'이라는 숫자를 떠올렸다."

[46]:
```
"철수는 '내일부터 운동해야지'라고 다짐했다."
```

[46]: "철수는 '내일부터 운동해야지'라고 다짐했다."

따옴표 3개 사이에 여러 개의 단문자 나열

2개의 단일인용부호나 이중인용부호로 문자열을 만들 때 몇 가지 제한사항이 있다. 행이 여러 개인 문자열을 만들 수 없을 뿐만 아니라 단일인용부호와 이중인용부호가 모두 문자열의 일부인 문자열도 만들 수 없다. 3개의 인용부호 사이에 입력하여 만든 문자열은 이런 단점을 해소하고 다른 목적으로 사용되기도 한다.

아래의 두 방식으로 문자열을 만들게 된다.

- 3개의 단일인용부호 '''와 ''' 사이에 문자를 나열
- 3개의 이중인용부호 """와 """사이에 문자를 나열

이런 방식으로 문자열을 만들면 몇 가지 장점이 생긴다.

- 여러 줄의 텍스트를 파이썬 문자열로 만들 수 있다.
- 작은 따옴표와 큰따옴표를 섞어 파이썬 문자열 안에 넣을 수 있다.
- 실행에 영향을 주지 않는 설명문(주석, comment)으로 사용할 수 있다.

[47]:
```
'''나는 자랑스러운 태극기 앞에 조국과 민족의 무궁한 영광을 위하여
몸과 마음을 바쳐 충성을 다할 것을 굳게 다짐합니다.'''
```

[47]: '나는 자랑스러운 태극기 앞에 조국과 민족의 무궁한 영광을 위하여 \n몸과 마음을 바쳐 충성을 다할 것을 굳게 다짐합니다.'

[48]:
```
"""나는 자랑스러운 태극기 앞에 조국과 민족의 무궁한 영광을 위하여
몸과 마음을 바쳐 충성을 다할 것을 굳게 다짐합니다."""
```

[48]: '나는 자랑스러운 태극기 앞에 조국과 민족의 무궁한 영광을 위하여 \n몸과 마음을 바쳐 충성을 다할 것을 굳게 다짐합니다.'

[49]:
```
"""
설날 철수는 영희에게 약속했다.
"올해에는 다이어트할거야"
영희는 '작년에도 약속하고 못 지켰으면서...'라고 생각했지만 "알겠어"라고 말했다.
"""
```

[49]: '\n설날 철수는 영희에게 약속했다.\n"올해에는 다이어트할거야"\n영희는 \'작년에도 약속하고 못 지켰으면서…\'라고 생각했지만
"알겠어"라고 말했다.\n'

위 코드의 실행결과를 보면 줄이 바뀌는 자리에 문자열에서는 보이지 않던 \n이 삽입된 것을 볼 수 있다. 또한 단일인용부호는 \'로, 이중인용부호는 \"로 바뀌었다. 백슬래쉬와 같이 쓰인 문자는 특수용도로 사용되었는데 이스케이프 문자라고 한다. (아래에서 자세히 설명할 예정이다.)

[50]:
```
print("""
설날 철수는 영희에게 약속했다.
"올해에는 다이어트할거야"
영희는 '작년에도 약속하고 못 지켰으면서...'라고 생각했지만 "알겠어"라고 말했다.
""")
```

설날 철수는 영희에게 약속했다.
"올해에는 다이어트할거야"
영희는 '작년에도 약속하고 못 지켰으면서…'라고 생각했지만 "알겠어"라고 말했다.

파이썬에서의 주석(comment)

주석이란 프로그램 코드에 대한 간단한 설명문으로 프로그램의 실행에는 영향을 주지않지만 파이썬 프로그래밍 중간에 삽입된 문장이다. 프로그램 코드 사이에 주석을 잘 추가하여 프로그램의 목적이나 각 파이썬 문장의 목적이나 의미를 설명할 수 있다.

프로그램 작성자는 프로그램 안에 있는 모든 코드의 의도를 알고 있지만 협업을 위해 파이썬 코드를 공유할 때 주석은 다른 사람의 이해를 도울 수 있다. 또한 주석은 나중에 참조, 수정, 업그레이드 할 때 큰 도움이 되므로 코드를 잘 이해할 수 있도록 주석을 작성할 필요가 있다.

파이썬에서 주석을 작성할 때 다음 방식을 이용한다.

- 한줄 주석 : 특수문자 # 다음에 필요한 내용을 서술
- 여러 줄 주석 : 삼중따옴표 안에 필요한 내용을 서술

삼중따옴표로 감싼 내용은 프로그램의 실행에 영향을 주지 않는다. 삼중따옴표로 생성된 문자열이 단독으로 실행되거나 여러 줄이 있는 프로그램의 마지막 파이썬 문장이면 문자열로 인식된다. 다른 파이썬 문장의 중간에 있는 경우에는 주석으로 작용한다.

[51]:
```
print(type('my name is Mimi'))


"""
이 문자열의 목적은 주석을 활용하는
```

```
방법을 설명하는 것입니다.
"""
9*9
```

```
<class 'str'>
```

[51]: 81

문자열의 길이 : len()

문자열을 구성하는 문자의 개수는 문자열과 관련된 매우 중요한 속성 중의 하나이다. 이 숫자를 문자열의 길이(length)라고 부른다. 파이썬 기본제공 내장함수 len()의 괄호 안에 문자열을 넣고 실행하면 문자열의 길이를 알 수 있다.

[52]:
```
len('universe')
```

[52]: 8

2.6.4 문자열 연산

여기서는 주어진 문자열을 이용하여 (또는 조작하여) 새로운 문자열을 만드는 두 방법을 설명한다. 이 과정을 문자열 연산(operation on strings)이라고 부르기도 한다.

- 문자열 연결 : 문자열 사이에 +를 넣으면 순서대로 문자열이 합쳐져서 새로운 문자열을 만든다.
- 문자열 복제 : 문자열과 자연수 사이에 *를 넣으면 같은 문자열이 숫자만큼 복제되어 합쳐진다.

[53]:
```
'SK'+"LG"
```

[53]: 'SKLG'

[54]:
```
3*'SK'+'  '+'LG'*2
```

[54]: 'SKSKSK LGLG'

문자열에 숫자 0을 곱하면 빈문자열이 만들어진다.

[55]:
```
'SK'*0
```

[55]: ''

여러 개의 문자열 출력 : print()

문자열의 내용을 주피터 노트북 화면이나 IDLE 화면에 보여줄 때 파이썬 기본제공함수 print()를 사용한다. 여러 개의 문자열을 출력시키려면 각 문자열을 콤마로 구분하여 괄호 안에 입력하고 실행시킨다. 이때 각 문자열의 내용은 한칸 띄어 출력된다.

다음 3개의 파이썬 문장의 실행결과는 동일하다. 두 번째 문장은 기존 문자열에 내용을 추가하고 있는데 자주 사용되는 방식이다. 결과가 동일하더라도 문자열을 출력할 때 세 번째 형태의 문장은 사용하지 않는 것이 좋다.

[56]:
```
print('star university') # 공백을 포함한 문자열 출력
print('star'+' '+'university') # 문자열 연산 적용한 문자열 출력
print('star', 'university') # 문자열 2개 출력시 1칸 띄어 출력
```

```
star university
star university
star university
```

빈문자열

길이가 0인 문자열로 내용이 없는 문자열이며 빈문자열(empty string)이라고 부른다. 파이썬에서 세 방식으로 빈문자열을 만들 수 있다.

- str()
- "" (이중인용부호로 만든 빈문자열)
- '' (단일인용부호로 만든 빈문자열)

빈문자열은 변수를 초기화할 때 주로 사용된다.(뒤에서 설명)

str() : 문자열로 변환하는 내장함수

괄호 안에 문자열이 될 수 있는 파이썬 자료를 전달하고 실행하면 문자열로 변환한다.

[57]:
```
str(1234)
```

[57]: '1234'

[58]:
```
str(3.141592)
```

[58]: '3.141592'

2.6.5 이스케이프 문자

대부분의 문자는 키보드로 입력이 가능하며 눈으로 보는 그대로의 의미를 갖고 콘솔에 출력해도 입력과 똑같다. 그런데 문자열 안에서 백슬래쉬(\)와 같이 사용될 때 보이는 것과 다른 효과를

발휘하는 경우가 있다. 이처럼 특수한 역할을 하는 문자를 이스케이프 문자(escape character)라고 한다. 주로 print()를 사용하여 콘솔에 출력할 때 효과가 두드러진다.

커서 위치 이동

먼저 커서의 이동과 관련된 이스케이프 문자와 출력에 미치는 영향을 살펴본다.

- \n : 줄바꿈(line feed, new line)
- \r : 커서(cursor)를 행의 처음 위치로 (carriage return)
- \b : 커서를 왼쪽으로 1칸 이동(backspace). 문자 1개 삭제

[59]:
```
print('When I was young\nI'd listen to the radio\nWaitin' for my
favorite songs')
```

```
When I was young
I'd listen to the radio
Waitin' for my favorite songs
```

[60]:
```
print("When I was young\r I'd listen to ")
```

```
 I'd listen to
```

[61]:
```
print("When I was young\b")
print("When I was young\b\b")
```

```
When I was youn
When I was you
```

특정 단문자 출력

- \" : 큰따옴표
- \' : (작은)따옴표
- \\: 백슬래쉬(backslash)

[62]:
```
print("\"")
print('\'')
print('\\')
```

```
"
'
\
```

2.7 변수와 대입

수학에서 변수란 변할 수 있는 값을 나타내는 기호(symbol)지만 프로그래밍에서는 자료에 붙인 이름에 해당한다. 자료에 이름을 붙이고 나중에 사용할 때에는 이름을 쓴다. 자료에 이름을 붙이는 방식은 다음과 같다.

```
이름=값
```

이때 (자료의) 이름을 변수(variable)라고 하고 등호 =를 대입(또는 할당) 연산자라고 부른다.

- 대입연산자 =를 수학에서의 등호를 나타내는 기호로 생각하면 안 된다. (파이썬에서 수학적 등호는 ==이다.)
- =의 왼쪽에는 변수가 아닌 구체적인 파이썬 자료나 파이썬 문장이 올 수 없다.
- =의 오른쪽에는 명확하고 고정된 값을 갖는 파이썬 코드만 올 수 있다.
  - 숫자, 문자열 등의 명확하고 고정된 파이썬 자료
  - 고정된 값을 만드는 연산식이나 파이썬 문장
- 값을 대입하지 않은 변수를 사용할 수 없다. (NameError 발생)

예를 들어, 100에 이름으로 v를 붙이면 v=100이고 v를 사용하면 v 대신 100을 사용한다. 변수에 대입된 값(자료)를 이용하여 연산하는 것은 수학에서와 같다.

[63]:
```
v=100
v+20
```

[63]:
```
120
```

값이 대입된 변수 v에 다른 값을 대입할 수도 있다.

[64]:
```
print(v)
v=10
print(v)
v=v+20  #v+20이 명확한 값을 만드는 파이썬 문장임
print(v)
```

```
100
10
30
```

파이썬 변수의 유연성

변수에 자료를 대입한 후 후에 다른 형태의 자료를 대입할 수도 있다. 이것은 C계열 언어에서는 지원되지 변수 이름않는 파이썬의 장점이다. 즉, 만들어진 변수에는 어떤 자료라도 대입할 수 있다.

[65]:
```
a='Korean'
b='Pop'
c=a+' '+b
print(c)

a=10
b=3.1
print(a*b)
```

```
Korean Pop
31.0
```

[66]:
```
a*b
```

[66]: 31.0

변수 초기화

처음 사용되는 변수에 자료를 대입하는 것을 **변수의 초기화** 또는 **변수를 초기화시킨다**고 말한다. 초기화되지 않은 변수를 사용하면 에러가 발생한다. 변수를 초기화할 때 0이나 빈자료를 대입하는 경우도 흔하다. (여기서 빈자료란 항목이 없는 자료를 뜻하면 빈문자열, 빈리스트(empty list)나 빈딕셔너리(empty dict) 등이다.)

변수와 추상화

프로그래밍 언어로 코드를 작성하는 특수한 상황이 아니라 공통적으로 나타나는 상황을 편하고 빠르게 처리하기 위해서이다. 즉, 일반적인 상황을 해결하는 것이 목적인데 이런 경우에 변수를 도입하여 코딩하는 습관은 발전에 큰 도움이 된다. 또한 변수를 도입하게 되면 변수에 원하는 값을 대입할 수 있으므로 거의 모든 상황을 처리할 수 있게된다.

예를 들어, 반지름이 3cm인 원의 넓이를 계산한다고 하자. 두 방식으로 코딩할 수 있다.

[67]:
```
print(3.14*3**2)
```

```
28.26
```

위 코드는 반지름이 3인 경우만 해결하지만 아래 코드는 모든 원에 대해 적용할 수 있다. 원의 넓이를 나타내는 변수 area에 대입하는 문장은 수학 공식을 나타내고 있으며 코딩의 의미와 일반화 과정을 더 직접적으로 드러내고 있다.

[68]:
```
pi=3.14 #원주율
radius=3 #반지름
```

```
area=pi*radius**2
print(area)
```

```
28.26
```

이제 변수 radius에 다른 값을 대입하여 작성한 코드를 거의 그대로 쓸 수 있다.

[69]:
```
pi=3.14 #원주율
radius=10
area=pi*radius**2
print(area)
```

```
314.0
```

참고 2.2 프로그래밍에서 수를 사용하는 것은 피할 수 없다. 어떤 특정 숫자에 의미를 부여할 수 있다면 변수를 도입한 후 대입하는 것이 바람직하다. 물론 이렇게 코딩하는 능력을 처음부터 쉽게 습득할 수는 없지만 말이다.

2.7.1 파이썬 식별자

프로그래밍에서 변수 이름은 식별자(identifier)이다. 식별자는 어떤 것을 다른 것과 구별되게 만들어 주는 이름으로 다음 규칙을 따라 이름을 붙여야 한다.

- 변수 이름은 영어 소문자와 대문자, 숫자, 언더스코어만 사용한다.
- 변수 이름이 숫자로 시작할 수 없다.
- 대문자와 소문자를 구별한다.

변수 이름이 파이썬의 입자에서 적합하더라도 좋은 이름이 아닐 수 있다. 아래 원칙을 지키면서 좋은 변수 이름을 지을 수 있다.

- 자료의 의미를 반영하는 이름이어야 한다. v보다는 value가 좋다.
- 단어 여러 개를 쓰는 경우 알아보게 쉽게 이름 짓는다.
  - 언더스코어로 구분. 예) discount_rate
  - 낙타체 사용(2번째 이후의 단어는 대문자로 시작).
    예) stockPrice, interestRate
- 의미가 잘 구분된다면 짧은 이름을 사용한다.
- 파이썬 키워드나 내장함수 이름을 식별자로 사용하지 않는다.
  예) sum, max, min 등

참고 2.3 (한글 식별자) 한글을 사용할 수 있는 운영체제가 설치된 컴퓨터에서는 한글을 식별자로 사용할 수는 있다. 그럼에도 불구하고 한글 식별자를 쓰는 것을 추천하지 않는다.

[70]:
```
김=990
치=90
김+치
```

[70]: 1080

은행 외환계좌의 잔고가 174달러이다. 50달러 지폐로만 찾을 때 50달러 지폐 개수와 계좌 잔고를 계산하는 코드를 작성해 본다.

[71]:
```
dollars=174
fv=50 # 지폐 액면금액(face value)

bills=dollars//fv # 10달러 지폐 개수
remaining=dollars%fv # 50달러로 환전하지 못한 달러

print("50달러 지폐 수: ", bills)
print("은행 잔고: ", remaining)
```

```
50달러 지폐 수:  3
은행 잔고:  24
```

예제 2.3 80만원을 달러로 환전하려고 한다. 고액권인 100달러, 20달러, 5달러 순서로 선호하며 지폐의 전체 개수가 가능한한 적었으면 한다. 현재 환율이 1달러에 1350원일 때 각 지폐의 수를 구하시오.

[72]:
```
rate=1350  #환율(exhange rate)
cash=800000  #원화

dollars=cash//rate # 환전 후 받을 수 있는 달러 액수
print("전체금액(달러):", dollars)
fv=100
bills=dollars//fv
print("100달러 지폐 수:", bills)

dollars=dollars%fv # 100달러로 받을 수 없는 금액
fv=20
bills=dollars//fv
print("20달러 지폐 수:", bills)
```

```
dollars=dollars%fv # 20달러로 받을 수 없는 금액
fv=5
bills=dollars//fv
print("5달러 지폐 수:", bills)

print("남은 금액(달러):", dollars%fv) # 5달러로 받을 수 없는 금액
```

```
전체금액(달러): 592
100달러 지폐 수: 5
20달러 지폐 수: 4
5달러 지폐 수: 2
남은 금액(달러): 2
```

2.7.2 None과 대입

프로그래밍 과정에서 값을 대입하지 않은 변수를 사용하면 NameError가 발생하면 실행이 중단된다. 실행이 중단되는 상황은 프로그램 작성자에게 치명적이다. 프로그래밍에서 상급자가 되기위해서는 에러가 발생하지않도록 코딩에 집중하고 주의해야 한다. ,

코드를 작성하는 과정에서 (언젠가는) 변수에 자료를 대입하고 사용하겠지만 당장은 이 변수가 불필요한 경우도 있다. 이 경우에 변수에 None을 대입하여 사용할 수 있다. 나중에 변수에 원하는 자료를 대입(저장)하면 된다. None은 아무것도 없음을 나타내는 NoneType형 자료이다. 따라서 None을 대입한 변수도 NoneType형 변수이다.

참고 2.4 None은 다음 목적으로 사용한다.

- 아무것도 대입하지않은 변수 선언
- 함수 실행시 반환값이 없음을 표시

[73]:
```
print(type(None))
```

```
<class 'NoneType'>
```

아래 코드에서 NoneType 변수 x의 자료형이 자료 대입후에 바뀌는 과정을 살펴보기 바란다.

[74]:
```
x=None
print(x)
print(type(x))

x=10
```

```
print(x)
print(type(x))
```

```
None
<class 'NoneType'>
10
<class 'int'>
```

2.7.3 다중대입

여러 개의 파이썬 자료를 동시에 여러 개의 변수에 대입할 수 있다. 여러 개의 대입문을 한번에 쓴 것으로 생각하면 편리하다. 이때 변수의 (대입할) 자료의 수는 같아야 한다.

다중대입의 형태

```
v1, v2, ..., vk=val_1, val_2, ..., val_k
```

[75]:
```
a=100
b=100
print(a)
print(b)
```

```
100
100
```

[76]:
```
a,b=100,200
print(a)
print(b)
```

```
100
200
```

파이썬에서 다중대입의 편리함은 다른 프로그래밍에서 보다 훨씬 크다. 프로그램을 작성하여 자료를 처리할 때 두 변수에 저장한 자료를 교환(swap)하는 경우가 많은데 C, Java 등에서 임시변수를 도입하여 세 줄로 코딩한다.

[77]:
```
a=100
b=200
temp=a
a=b
b=temp
```

```
print("a: ", a, "b: ", b)
```

```
a:  200 b:  100
```

파이썬에서는 다중대입을 써서 코드를 한 줄로 줄일 수 있다.

[78]:
```
a=100
b=200
a,b=b,a
print("a: ", a, "b: ", b)
```

```
a:  200 b:  100
```

다중대입을 활용하면 예제 2.3의 환전문제를 짧은 코드로 해결할 수 있다.

[79]:
```
fv, dollars=100, 592
bills=dollars//fv
print("100달러 지폐 수:", bills)

fv, dollars=20, dollars%fv
bills=dollars//fv
print("20달러 지폐 수:", bills)

fv, dollars=5, dollars%fv
bills=dollars//fv
print("5달러 지폐 수:", bills)
```

```
100달러 지폐 수: 5
20달러 지폐 수: 4
5달러 지폐 수: 2
```

유크리드(Euclid) 알고리즘

유크리드 알고리즘은 두 정수 a, b의 최대공약수 $gcd(a,b)$를 구하는 알고리즘으로 호제법으로 알려져 있다. 이 알고리즘의 원리는 아래와 같다.

- a%b가 0이면 최대공약수는 $gcd(a,b) = b$이다.
- a%b가 0이 아니면 $a = bq + r\ (0 < r < b)$인 b, r이 존재한다. 또한 $gcd(a,b) = gcd(b,r)$이다.

이 알고리즘을 반복적용하면 r이 감소하므로 언젠가는 나머지가 0이 된다. 이제 최대공약수를 구하는 문제가 거의 해결된다. 나머지가 0인가?에 대한 답이 True가 될 때까지 다음 코드를 반복하면 두 수 66, 18의 최대공약수를 구할 수 있다.

```
a,b=66,18
q,r=a//b, a%b# 다중대입
print("b=%d, r=%d: 나머지가 0인가"%(b,r), r==0)
```

[80]:
```
a,b=66,18
q,r=a//b, a%b# 다중대입
print("b=%d, r=%d: 나머지가 0인가"%(b,r), r==0)
```

```
b=18, r=12: 나머지가 0인가 False
```

[80]:
```
a,b=b,r # 다중대입
q,r=a//b, a%b
print("b=%d, r=%d: 나머지가 0인가"%(b,r), r==0)
```

```
b=12, r=6: 나머지가 0인가 False
```

[80]:
```
a,b=b,r # 다중대입
q,r=a//b, a%b
print("b=%d, r=%d: 나머지가 0인가"%(b,r), r==0)
```

```
b=6, r=0: 나머지가 0인가 True
```

위 코드에서 나머지가 0임을 알았다. 이제 $gcd(66, 18) = 6$이다.

2.7.4 변수와 주소

위에서 변수는 자료에 붙인 이름이라고 간단히 설명하였지만 **자료가 저장된 RAM의 주소에 붙인 이름**이라고 이해하는 것이 더 정확하다. 파이썬 프로그램에서 사용되는 모든 자료는 RAM에 탑재되어 저장된다. 컴퓨터의 CPU가 자료에 접근하려면 자료가 저장된 RAM의 위치를 알아야 하는데 이 위치를 주소라고 한다. 이 위치를 알면 필요할 때마다 주소에 있는 값을 읽어서 자료 처리에 이용할 수 있다.

이 주소에 대해 조금 더 알아보자. 주기억장치인 RAM에는 1바이트 단위로 정수값이 부여되어 있는데 이 값을 RAM의 주소라고 한다. 주소를 나타내는 정수값은 매우 크기 때문에 주소를 기억하기는 쉽지 않다. 이 주소를 기억하고 사용하기 좋게 붙인 이름(별칭, nickname)이 변수의 정확한 뜻이다. 주기억장치의 의미를 생각할 때 **변수에 대입한다**를 **변수에 저장한다**로 이해하는 것이 적절하게 느껴지기도 한다.

변수의 주소를 알아내려면 내장함수 id()를 사용한다. 두 변수의 주소가 같다면 두 변수는 같은 자료라고 볼 수 있다.

```
[81]: id(v)
```

```
[81]: 2360794311888
```

변수와 관련하여 다음 내용을 꼭 기억해야 한다.

- 변수에는 구체적인 파이썬 자료만 대입(또는 저장)할 수 있다.
- 변수는 사용하기 전에 반드시 미리 값이 대입되어 있어야 한다. (모든 변수는 사용 전에 초기화되어야 한다.)

```
[82]: a=3
      b=5
      c=a+b
      c
```

```
[82]: 8
```

위에서 c의 오른쪽 값 a+b는 구체적인 값이다. 이미 변수 a, b에 구체적인 값이 대입되어 있기 때문이다. 이제 변수에는 구체적인 파이썬 자료와 (파이썬) 수식을 대입할 수 있다는 것을 알게 되었다.

2.8 사용자가 입력한 값을 변수에 대입하기

지금까지는 고정된 파이썬 자료를 변수에 대입한 후 변수를 이용하여 프로그래밍하는 방법을 익혔다. 이렇게 작성된 코드는 실행할 때마다 결과가 동일하다. 어떤 면에서는 특수한 상황만 해결하고 있다고 볼 수 있다. 간단한 코드라도 고정된 자료 대신에 사용자가 자료를 입력할 수 있게 만들면 프로그램을 사용자 친화적이고 역동적으로 작동하게 만들 수 있다. 이때 표준입력함수 input()을 이용한다.

2.8.1 표준입력함수 input()

프로그램을 실행하는 과정에서 사용자로부터 파이썬 자료를 공급받아 이용하는 경우가 있다. 이때 내장함수 input()을 실행하여 사용자가 키보드를 통해 자료를 입력받은 후 변수에 저장하여 사용한다.

```
[83]: a=input()   # 입력창에 숫자 입력
      b=input()   # 입력창에 숫자 입력
      a+b
```

```
10
20
```

```
[83]: '1020'
```

위에서 첫 번째 입력창에 10, 두 번째 입력창에 20을 입력할 때 a+b는 30이어야 하지만 위 코드의 실행결과는 '1020'이다. 이런 이상한 결과가 나온 이유는 사용자가 입력한 자료가 내부적으로 문자열로 인식되기 때문이다. 따라서 문자열 연산이 적용되어 문자열이 합쳐진 '1020'이 나오게 된다.

따라서 표준입력함수로 입력받은 자료를 제대로 이용하려면 프로그램에서 쓰일 수 있도록 적합한 자료로 변환되어야 한다. 이때 다음 세 개의 내장함수가 자주 사용된다.

입력받은 값을 다른 자료로 변환하기

- int() : 아라비아숫자로 구성된 문자열이나 숫자를 정수로 변환
- float() : 아라비아숫자와 소수점으로 구성된 문자열이나 숫자를 실수로 변환
- eval() : 문자열의 내용을 파이썬 문장으로 인식하여 실행

```
[84]: print(int('314'))
      print(int(3.14))
```

```
314
3
```

```
[85]: print(float('3.14'))
      print(float(314)) #실수: 소수점이 있는 숫자
```

```
3.14
314.0
```

내장함수 eval()은 문자열을 파이썬 문장으로 인식하여 실행한 결과를 반환한다.

```
[86]: expr='(3+4*10)%5'
      eval(expr)
```

```
[86]: 3
```

예제 2.4 두 실수를 키보드를 통해 입력받은 후 합과 곱을 계산하여 콘솔에 출력하는 프로그램을 작성하시오.

코딩 전략

- input()으로 입력받은 문자열에 float()을 적용하여 실수로 변환
- 변환한 실수를 변수에 대입

[87]:
```
a=float(input('첫 번째 수 입력: '))
b=float(input('두 번째 수 입력: '))
print(a+b)
print(a*b)
```

```
첫 번째 수 입력: 5
두 번째 수 입력: 7
12.0
35.0
```

2.9 서식을 포함한 문자열

일상생활이나 업무에서 변수에 저장된 값이나 처리결과를 문자열에 삽입시키는 경우가 많다. 미국에서는 온도를 표시할 때 섭씨온도(degree in Celsius)가 아닌 화씨온도(degree in Fahrenheit)를 사용한다. 미국 도시 LA에 거주하는 교포가 보내온 기온을 섭씨온도로 변환한 다음 문장을 다른 사람에게 전달한다고 하자.

오늘 LA의 기온은 화씨 70도이고 섭씨로는 21.11도입니다.

이러한 정보를 포함한 문자열을 파이썬으로 작성하는 여러 방식이 있다.

[88]:
```
print("오늘 LA의 기온은 화씨 70도이고 섭씨로는 21.11도입니다.")
```

```
오늘 LA의 기온은 화씨 70도이고 섭씨로는 21.11도입니다.
```

이 방식은 단 한번만 쓸 수 있는 방식이다. 다음 방식은 변수를 도입하고 문자열과 변수에 저장된 값을 출력하는 방식이다.

[89]:
```
fahr=70
cel=(fahr-32)*(5/9)  #온도 변환 공식
print("오늘 LA의 기온은 화씨", fahr,"도이고 섭씨로는",cel,"도입니다.")
```

```
오늘 LA의 기온은 화씨 70 도이고 섭씨로는 21.11111111111111 도입니다.
```

변수에 저장한 값을 바꾸면 출력문을 재활용할 수 있는 장점이 생긴다. 예컨대, 온도가 80도로 바뀌는 경우에 다음 파이썬 문장을 실행한다.

[90]:
```
fahr=80
cel=(fahr-32)*(5/9)
print("오늘 LA의 기온은 화씨", fahr,"도이고 섭씨로는",cel,"도입니다.")
```

```
오늘 LA의 기온은 화씨 80 도이고 섭씨로는 26.666666666666668 도입니다.
```

위의 코드를 실행한 결과를 보면 문자열에 포함시킨 정보는 거의 같지만 어색하고 불편한 점이 몇가지 있다.

- print()의 괄호 안에서 콤마로 구분된 값들이 한 칸 띄어 출력되므로 부자연스럽다. 특히, ”80 도” 대신에 ”80도”를 쓰는게 맞다.
- 온도변환한 값이 불필요할 정도로 정확하다. 일상생활에서는 소수 이하 2자리 숫자이면 충분하다. 필요에 따라 실수의 출력자릿수를 조절하는 것이 바람직하다.

이러한 점을 고려하여 변수에 저장된 값, 연산 처리값 등을 문자열에 포함시킬 때 두 가지 방법이 자주 사용된다.

- 문자열 메소드 format() 사용
- C언어 출력양식 사용

2.9.1 문자열 메소드 format()

파이썬은 기본자료형인 문자열에 관한 정보를 알아내고 문자열을 조작할 수 있는 많은 메소드를 제공한다. format()은 숫자, 변수에 저장된 값, 수식의 처리값을 삽입하여 문자열을 만들어주는 문자열 메소드이다. 사용하는 방법은 다음과 같다.

- 문자열.format()
- 문자열변수.format()

기본 사용법

삽입할 내용과 삽입할 위치는 다음과 같이 지정한다.

- 문자열에서 값이 삽입될 위치를 {}로 나타낸다.
- 문자열에 삽입할 내용을 format()의 괄호 안에 콤마로 구분하여 나열한다.
  - 괄호 안에 들어가는 각 자료를 format()의 인자(argument)라고 부르겠다.
  - 이때 중괄호의 개수와 format()의 괄호에 들어가는 자료의 수는 같아야 한다.

문자열 안의 {} 위치에 순서대로 format()의 인자가 삽입되어 문자열이 만들어진다. 이 문자열은 변수에 저장하여 사용할 수 있다.

[91]:
```
dan=7
i=8
formula="{}*{}={}".format(dan,i,dan*i)
print(formula)

i=9
formula="{}*{}={}".format(dan,i,dan*i)
print(formula)
```

```
7*8=56
7*9=63
```

문제 2.5 아래와 같이 출력하는 프로그램을 작성하시오.

```
5*1=5
5*2=10
5*3=15
5*4=20
5*5=25
5*6=30
5*7=35
5*8=40
5*9=45
```

[92]:
```
fahr=80
cel=(fahr-32)*(5/9)
print("오늘 LA의 기온은 화씨는 {}도이고 섭씨로는 {}도입니다.".
format(fahr,cel))
```

```
오늘 LA의 기온은 화씨는 80도이고 섭씨로는 26.666666666666668도입니다.
```

위에서 출력한 문자열에서 섭씨온도 값은 너무 많은 유효숫자를 사용한다. 온도는 보통 소수 이하 첫 번째 자리까지 쓴다.

정보를 활용하려는 인간의 입장에서 처리결과의 형태는 중요하다. 이제 출력자릿수를 조절하여 읽기 좋고 이해하기 쉽게 전달하는 방식에 대해 알아본다.

출력값의 자리폭 조정

문자열에 삽입할 숫자의 자릿수를 조절할 위치에 있는 괄호를 다음과 같이 바꾼다.

- 정수값 출력자릿수: {}를 {:md}로 바꾼다.
- 실수값 출력자릿수: {}를 {:.nf}로 바꾼다. 여기서 n은 소수점 이하 자릿수를 나타낸다.
- 문자열 출력자릿수 : {}를 {:ms}로 바꾼다.

위에서 d는 10진수 정수(decimal integer), f는 실수(floating point number), s는 문자열(string)을 의미한다. 한편, m은 전체 출력폭이다.

[93]:
```
fahr=80
cel=(fahr-32)*(5/9)
print("오늘 LA의 기온은 화씨는 {}도이고 섭씨로는 {:.2f}도입니다.".
format(fahr,cel))
```

```
오늘 LA의 기온은 화씨는 80도이고 섭씨로는 26.67도입니다.
```

[94]:
```
capitol='서울'
"{:10s}의 수도는 {}이다.".format('Korea', capitol)
```

[94]: 'Korea   의 수도는 서울이다.'

출력자릿수를 지정할 때 폭이 너무 좁거나 넓으면 출력이 부자연스러운 경우가 생긴다. 아래에서는 출력 폭이 5이므로 자릿수가 1개인 수가 출력되고 나머지는 빈칸으로 채워진다.

[95]:
```
fahr=8
cel=(fahr-32)*(5/9)
print("화씨온도 {:5d}도는 섭씨로 {:1.2f}도입니다.".format(fahr,cel))
```

```
화씨온도     8도는 섭씨로 -13.33도입니다.
```

[96]:
```
fahr=800000
cel=(fahr-32)*(5/9)
print("화씨온도 {:5d}도는 섭씨로 {:1.2f}도입니다.".format(fahr,cel))
```

```
화씨온도 800000도는 섭씨로 444426.67도입니다.
```

세 자리마다 콤마로 구분

정수나 실수에서 너무 크거나 작은 숫자는 읽기 힘들다. 이때 정수부분에 3자리마다 콤마를 삽입하여 읽기 쉽게 만들면 좋다. 콤마를 삽입하려면 출력폭을 지정하지 않아야 한다.

[97]:
```
fahr=800000.34567
cel=(fahr-32)*(5/9)
print("화씨온도 {:,}도는 섭씨로 {:,.2f}도입니다.".format(fahr,cel))
```

```
화씨온도 800,000.34567도는 섭씨로 444,426.86도입니다.
```

한글의 출력 폭은?

한글을 출력하려면 아스키코드 문자의 2배 폭이 필요하다.

[98]:
```
print('ABCDEabcde12345*^%#]')
print('My name is 김민정.')
```

```
ABCDEabcde12345*^%#]
My name is 김민정.
```

삽입위치에 인덱스와 출력폭 지정

지금까지는 문자열 안의 { } 위치에 format()의 인수가 순서대로 삽입되는 경우를 살펴보았다.

- format()의 인자에는 0,1,2...의 번호가 매겨져 있다. (이 번호를 인덱스(index)라고 부른다.)
- { } 안에 삽입할 자료의 인덱스와 출력폭을 지정할 수 있다.
  - 삽입되는 위치를 바꿀 수도 있다.
  - 이때 모든 괄호에 인덱스를 지정해야 한다.
  - 출력폭은 생략할 수 있다.

[99]:
```
a=10
b=7
print('{}/{}={:.2f}'.format(a, b, a/b))
print('{0}/{1}={2:.2f}'.format(a, b, a/b)) # 10/7
print('{1}/{0}={2:.2f}'.format(a, b, b/a)) #7/10
print('{1}/{0}={2}'.format(a, b, b/a))

print('01234567890'*2)
print('{1:5d}/{0:5d}={2:10.2f}'.format(a, b, b/a)) #7/10
```

```
10/7=1.43
10/7=1.43
7/10=0.70
7/10=0.7
0123456789001234567890
    7/   10=      0.70
```

삽입위치에 인덱스를 사용하면 { }의 개수와 인수의 개수가 달라도 에러가 발생하지 않는다.

[100]:
```
a='star'
b='moon'
print('{0}+{0}+{1}'.format(a,b))
```

```
star+star+moon
```

2.9.2 C언어 출력 양식

가장 오래되고 많이 사용된 프로그래밍 언어의 하나인 C언어에서는 자료를 세분해서 사용한다. 실수도 정수와 부동소수점으로 구분하고 문자열과 각 단문자도 구분한다. 또한 이런 자료의 출력을 위해 지정된 형식(또는 서식, specification)을 사용한다.

- 정수 출력
  - %d: 10진법 정수
  - %o : 8진법 정수
  - %x: 16진법 정수
- 실수 출력 : %f
- 문자열 출력 : %s
- 문자 출력 : %c
- 출력폭 지정 : % 다음에 출력폭을 지정할 수 있다. 출력폭 지정양식은 format() 에서와 거의 같다.

이런 자료를 출력하는 경우에 지정된 형식을 엄격하게 지키지않으면 에러가 발생한다. 이렇게 엄격한 규칙을 사용하는 이유는 과거에 만들어진 언어이므로 제한된 자원을 효과적으로 써야 되는 제한이 있었기 때문이다.

C언어 출력양식을 써서 문자열에 값을 삽입시키는 방법은 아래와 같다.

- 문자열에서 값을 삽입할 위치에 출력양식을 지정한다.
- 삽입될 자료를 () 속에 콤마로 구분하여 나열한다. 하나인 경우에는 괄호를 생략할 수 있다.
- 문자열과 삽입될 자료를 %로 구분한다.

[101]:
```
fahr=80
cel=(fahr-32)*(5/9)
print("오늘 LA의 기온은 화씨 %d도이고 섭씨로는 %f도입니다."%(fahr,cel))
print("오늘 LA의 기온은 화씨 %5d도이고 섭씨로는 %.2f도입니다."%(fahr,cel))
print("오늘 LA의 기온은 화씨 %3d도이고 섭씨로는 %10.2f도입니다."%(fahr,cel))
```

```
오늘 LA의 기온은 화씨 80도이고 섭씨로는 26.666667도입니다.
오늘 LA의 기온은 화씨    80도이고 섭씨로는 26.67도입니다.
오늘 LA의 기온은 화씨  80도이고 섭씨로는      26.67도입니다.
```

[102]:
```
fahr=80
cel=(fahr-32)*(5/9)
print("오늘 LA의 기온은 화씨 %f도이고 섭씨로는 %d도입니다."%(fahr,cel))
print("오늘 LA의 기온은 화씨 %5d도이고 섭씨로는 %.2f도입니다."%(fahr,cel))
print("오늘 LA의 기온은 화씨 %3d도이고 섭씨로는 %10.2f도입니다."%(fahr,cel))
```

```
오늘 LA의 기온은 화씨 80.000000도이고 섭씨로는 26도입니다.
오늘 LA의 기온은 화씨    80도이고 섭씨로는 26.67도입니다.
오늘 LA의 기온은 화씨  80도이고 섭씨로는      26.67도입니다.
```

출력양식에 %s를 쓰면 숫자와 문자열 등 파이썬의 자료를 모두 출력할 수 있다.

[103]:
```
print('나는 %s 대학교에 다닙니다.'%'해왕성')
print("오늘 LA의 기온은 화씨 %s도이고 섭씨로는 %5s도입니다."%(fahr,cel))
```

나는 해왕성 대학교에 다닙니다.
오늘 LA의 기온은 화씨 80도이고 섭씨로는 26.666666666666668도입니다.

문자 1개 출력 정수에 해당하는 아스키 또는 유니코드 문자를 출력할 수 있다.

[104]:
```
print("%c"%77)
```

M

[105]:
```
print('%c'%'A')
```

A

[106]:
```
ch='C'
print('%c는 대문자이다'%ch)
```

C는 대문자이다

[107]:
```
ch='가'
print("'%c'는 한글에서 첫 번째 글자이다."%ch)
```

'가'는 한글에서 첫 번째 글자이다.

CHAPTER 3

문자열

일상생활 및 실무에서 나타나는 정보의 많은 부분이 텍스트로 이루어져 있다. 영어나 한글 텍스트를 파이썬이 인식하는 자료로 나타낸 것을 문자열이라고 한다. 문자열이 포함한 정보를 분석할 때 문자열의 일부분을 뽑아서 사용할 때 슬라이싱이라는 기법이 사용된다. 또한 문자열의 구성과 관련 정보를 제공하는 많은 함수가 제공되는데 이 함수들을 문자열메소드라고 한다.

이 장에서는 문자열, 문자열 연산, 문자열의 인덱스, 인덱싱 및 슬라이싱, 주요 문자열 메소드에 대해 알아본다.

3.1 문자열 생성과 문자열 연산

파이썬에서는 인용부호(따옴표, 작은따옴표)를 이용하여 문자열(string)을 만든다. 앞에서 문자열을 만드는 방법과 문자열 연산에 대하여 이미 살펴보았다.

- 인용부호(작은 따옴표) 안에 문자 나열
- 이중인용부호(큰 따옴표) 안에 문자 나열
- 작은 따옴표 3개 사이에 문자 나열
- 큰 따옴표 3개 사이에 문자 나열

[1]:
```
a='sun'
b="venus"
b='''mercury'''
c="""blue pale dot"""
```

또한 주어진 문자열을 이용하여(또는 조작하여) 새로운 문자열을 만들 수 있었다.

- 문자열 연결
  - +로 표시
  - 순서대로 문자열이 합쳐져서 새로운 문자열을 만든다.
- 문자열 복제

- 문자열과 정수의 곱
- 같은 문자열이 곱한 숫자만큼 복제되어 합쳐진다.

[2]:
```
a='sun'
b='moon'
print(a+b)
print(2*a+' '+b)
print(len(b))
```

```
sunmoon
sunsun moon
4
```

3.2 문자열의 인덱스, 인덱싱, 슬라이싱

문자열을 구성하는 각 문자에는 순서를 나타내는 숫자가 부여되어 있다. 이 숫자를 인덱스(첨자, index)라고 하는데 두 종류의 인덱스가 있다. n=len(a)일 때 문자열의 인덱스를 왼쪽부터 쓰면 다음 꼴이다.

- 음아닌 인덱스 : 0, 1, 2, . . ., n-1
- 음수인덱스 : -n, -n+1, -n+2, . . ., -2, -1

따라서 문자열의 구성원소는 위치를 나타내는 2개의 인덱스를 갖는다. 예를 들어, 'universe'의 각 원소의 인덱스는 다음과 같다.

```
u   n   i   v   e   r   s   e
0   1   2   3   4   5   6   7
-8  -7  -6  -5  -4  -3  -2  -1
```

문자열의 인덱스와 문자열메소드를 이용하여 문자열에 포함된 정보를 추출하여 다양하게 활용할 수 있다.

3.2.1 문자열의 인덱스와 인덱싱

문자열의 인덱스 1개를 사용하면 특정 위치에 있는 구성요소를 알아낼 수 있다. 이것을 인덱스를 이용한 참조 또는 인덱싱(indexing)이라고 한다. 문자열 인덱싱은 문자 1개로 이루어진 문자열을 만든다. 인덱싱하는 방법은 다음과 같다.

```
문자열 인덱싱
    문자열변수[인덱스]
```

[3]:
```
a='universe'
print(len(a))
print(a[4])
print(a[-3])
print(type(a[3]))
```

```
8
e
r
<class 'str'>
```

아래에서 각 문자에 2개의 인덱스가 대응함을 확인할 수 있다.

```
a[0], a[-8] : 'u'
a[1], a[-7] : 'n'
a[2], a[-6] : 'i'
a[3], a[-5] : 'v'
a[4], a[-4] : 'e'
a[5], a[-3] : 'r'
a[6], a[-2] : 's'
a[7], a[-1] : 'e'
```

문자열의 인덱스와 관련하여 아래 사항을 기억하자.

- a[k]는 왼쪽부터 k+1 번째 원소를 나타낸다.
- a[-k]: 뒤에서부터 k 번째 원소를 나타낸다.

3.2.2 문자열 슬라이싱

문자열에서 여러 개의 인덱스를 사용하여 일부분을 추출하는 것을 슬라이싱(slicing)이라고 한다. 슬라이싱을 해도 원본문자열은 영향을 받지 않으며 슬라이싱한 결과를 변수에 대입할 수 있다.

슬라이싱에 사용할 인덱스는 일정한 규칙을 이용하여 만들어야 한다. 슬라이싱에 사용할 인덱스를 만드는 방법은 다음과 같다.

- 2개의 정수 사용 : [a:b]
- 3개의 정수 사용 : [a:b:h]

슬라이싱에 사용할 인덱스가 정해지면 해당하는 문자를 추출하여 새로운 문자열을 만들어 반환한다.

3.2.3 연속적으로 추출 : 문자열변수[a:b]

인덱스가 a인 원소가 b-1인 원소보다 왼쪽에 위치할 때 인덱스가 a인 원소에서 시작하여 오른쪽 방향으로 연속하여 인덱스 b-1인 원소까지 추출하여 부분문자열을 만든다.

```
[4]: A='university'
     A[2:7]
```

```
[4]: 'ivers'
```

```
[5]: A[2:-3]
```

```
[5]: 'ivers'
```

```
[6]: A[-6:2] #A[-6]=e, A[2]=i
```

```
[6]: ''
```

```
[7]: A[-6:-3]
```

```
[7]: 'ers'
```

슬라이싱 인덱스 [a,b]에서 a 또는 b를 생략하는 경우도 있다. 자주 사용하므로 잘 알아두자.

- [:b]
  - 왼쪽 처음부터 인덱스 b-1인 원소까지 연속 추출
  - [0,b]와 같음
- [a:]
  - 인덱스 a인 원소부터 마지막 원소까지 추출
  - [a,n]과 같음. n은 문자열의 길이

```
[8]: A='0123456789'
     print(A[:3]) # A[0]~A[2]
     print(A[4:]) # A[4]~A[len(A)-1]
     print(A[:-2]) #A[0]~A[-3]
     print(A[-4:]) #A[-4]부터 오른쪽 끝까지
```

```
012
456789
01234567
6789
```

3.2.4 등간격으로 추출 : 문자열변수[a:b:h]

문자열에서 일정한 간격으로 구성원소를 추출할 때 사용하는 슬라이싱 방식이다.

- h>0일 때
  - 인덱스가 a인 원소가 b인 원소보다 왼쪽에 위치해야 함
  - 인덱스가 a부터 오른쪽으로 h만큼 건너뛰며 인덱스 b-1인 원소까지 추출
- h<0일 때
  - 인덱스가 a인 원소가 b인 원소보다 오른쪽에 위치해야 함
  - 인덱스가 a부터 왼쪽으로 |h|만큼 건너뛰며 인덱스 b-1인 원소까지 추출

[9]:
```
symbols='ABCDEFGHIJKLMNOPQRSTUVWXYZ'
print(symbols[2:20:3]) #인덱스가 2, 5,8,11,14,17인 원소
print(symbols[:13:2]) #인덱스가 2, 4,6,8,10,12
```

```
CFILOR
ACEGIKM
```

h<0일 때 [a:b:h] 꼴의 슬라이싱에서 주의해야 한다.

- 인덱스가 a인 원소가 b인 원소보다 오른쪽에 있지 않으면 빈문자열 반환
- 인덱스가 a인 원소부터 왼쪽으로 건너뛰면 문자 추출
- 원래 문자열과 순서가 반대인 문자열 추출

문자열 'ABCDEFGHIJKLMNO'의 원소에 대한 인덱스는 아래와 같다.

A	B	C	D	E	F	G	H	I	J	K	L	M	N	O
0	1	2	3	4	5	6	7	8	9	10	11	12	13	14
-15	-14	-13	-12	-11	-10	-9	-8	-7	-6	-5	-4	-3	-2	-1

이 문자열에 대해 왼쪽 방향으로 등간격으로 추출하는 슬라이싱에 대해 살펴보자.

[10]:
```
symbols='ABCDEFGHIJKLMNOPQRSTUVWXYZ'
print(sb15[13:5:-2]) #
print(sb15[7:4:-1]) # H부터 E까지 왼쪽 방향으로 1칸씩 띄어 추출
sb15[1:9:-2] #인덱스1인 원소 B가 인덱스9인 원소 J의 왼쪽에 위치
```

```
NLJH
HGF
```

[10]:
```
''
```

슬라이싱 인덱스 [a:b:h]에서 a 또는 b가 생략될 수도 있다.

- a가 생략되면 왼쪽 끝부터, 즉, 처음부터를 의미
- b가 생략되면 오른쪽 끝까지를 의미

[11]:
```
print(sb15[:5:-1]) # 오른쪽 끝에서 인덱스 4인 F까지 역순 추출
print(sb15[5::-1]) # 인덱스5부터 왼쪽 끝까지
print(sb15[::-1]) # 오른쪽 끝부터 왼쪽 끝까지. 역순 문자열
```

```
ONMLKJIHG
FEDCBA
ONMLKJIHGFEDCBA
```

3.3 문자열 메소드

문자열이 포함한 정보를 추출하려고 할 때 문자열의 구성이나 불필요한 문자를 제거할 필요가 있다. 이러한 기능을 제공하는 것이 문자열메소드이다. 사용하는 방법은 다음과 같다.

문자열변수.메소드(필요한인자)

아래의 문자열메소드를 실제로 사용할 때는 str 대신 문자열 변수를 넣고 사용한다.

문자열 치환 : replace()

- 문자열변수.replace(a,b) : 문자열에서 모든 a를 b로 바꾼 문자열을 반환
- 문자열변수.replace(a,b,n) : 문자열에서 왼쪽부터 n개의 a를 b로 바꾼 문자열을 반환

[12]:
```
A='파이썬은 가장 많이 사용되는 프로그래밍 언어이다.'
A.replace('파이썬','자바스크립트')
```

[12]: '자바스크립트은 가장 많이 사용되는 프로그래밍 언어이다.'

[13]:
```
'sunoonuniverse'.replace('n','N',2)
```

[13]: 'suNooNuniverse'

[14]:
```
date='2021-12-20'
date.replace('-','.')
```

[14]: '2021.12.20'

문자열에서 특정원소의 위치 : find(), index() 문자열에서 특정 부분문자열의 위치를 인덱스로 반환한다. 여러 개가 있는 경우에는 왼쪽부터 처음 나오는 위치를 반환한다.

- 문자열변수.find(x)
  - x가 문자열에 없으면 -1 반환

  - 문자열변수.rfind(x) : 오른쪽부터 검색하여 처음 나오는 위치 반환
- 문자열변수.index(x)
  - x가 문자열에 없으면 에러 발생
  - 문자열변수.rindex(x)는 오른쪽 끝에서 시작하여 검색

[15]:
```
A='university'
print(A.find('i'))
print(A.rfind('i'))
print(A.find('X'))
```

```
2
7
-1
```

[16]:
```
A='university'
print(A.index('i'))
print(A.rindex('i'))
```

```
2
7
```

문자열 분할 : split() 특정 부분문자열을 기준으로 문자열을 여러 개의 문자열로 나눈다.

- 문자열변수.split() : 공백을 기준으로 문자열을 분리하여 리스트(list)로 반환
- 문자열변수.split(x) : x를 기분으로 문자열을 분리하여 리스트로 반환

참고 3.1 리스트는 여러 개의 파이썬 자료를 대괄호로 묶은 자료이다. 4장에서 자세히 공부한다.

[17]:
```
motto='나는 자랑스러운 한국인이다'
motto.split()
```

[17]: ['나는', '자랑스러운', '한국인이다']

아래에서 문자열 date는 연도, 월, 일의 정보를 담고 있다. 이 문자열로부터 연월일을 추출해 보자.

[18]:
```
date='2022.12.24'
temp=date.split('.')
print(temp)
```

```
['2022', '12', '24']
```

[19]:
```
year=int(temp[0])
month=int(temp[1])
day=int(temp[2])
print("그날은 {}년 {}월 {}일입니다.".format(year, month,day))
```

그날은 2022년 12월 24일입니다.

문자열에서 문자 제거 : strip(), rstrip(), lstrip()

- 문자열변수.strip(x) : 문자열의 앞뒤에서 x를 제거
- 문자열변수.lstrip(x) : 문자열의 앞에서 x를 제거
- 문자열변수.rstrip(x) : 문자열의 뒤에서 x를 제거

[20]:
```
text=' I love you  '
text.strip() #앞뒤에서 공백제거
```

[20]:
```
'I love you'
```

[21]:
```
text.rstrip() #앞에서 공백제거
```

[21]:
```
' I love you'
```

[22]:
```
text.lstrip() #뒤에서 공백제거
```

[22]:
```
'I love you  '
```

문자열 정렬 지정한 공간에 문자열을 배치하고 남는 부분을 특정문자로 채운다.

- 문자열변수.center()
- 문자열변수.rjust()
- 문자열변수.ljust()

[23]:
```
a='산업경영공학과'
print(a.center(20,'%'))
print(a.rjust(20,'%'))
print(a.ljust(20,'%'))
```

```
%%%%%%산업경영공학과%%%%%%%
%%%%%%%%%%%%%산업경영공학과
산업경영공학과%%%%%%%%%%%%%
```

문자열에서 대소문자 변경

- 문자열변수.upper() : 모두 대문자로
- 문자열변수.lower() : 모두 소문자로
- 문자열변수.capitalize() : 모든 단어가 대문자로 시작
- 문자열변수.title() : 첫 단어만 대문자로 시작

[24]:
```
book='darwin, Origin of species'
print(book.upper())
print(book.lower())
print(book.title())
print(book.capitalize()) #
```

```
DARWIN, ORIGIN OF SPECIES
darwin, origin of species
Darwin, Origin Of Species
Darwin, origin of species
```

문자열의 구성 판단

- 문자열변수.startswith(x) : x로 시작하는가?
- 문자열변수.endswith(x) : x로 끝나는가?
- 문자열변수.islower(), str.isupper() : 모두 소문자(대문자) 인가?
- 문자열변수.isalpha(): 모두 알파벳인가?
- 문자열변수.isnumeric() : 모두 숫자인가?
- 문자열변수.isalnum() : 모두 알파벳 또는 숫자인가?

CHAPTER 4

파이썬 묶음자료

파이썬은 거의 모든 분야에서 데이터 처리를 위해 사용되는 프로그래밍 언어로 사용자가 지속적으로 증가하고 있다. 파이썬이 데이터과학에서 사용되는 이유 중의 하나가 편리한 데이터형을 제공하고 있고 많은 패키지를 제공하고 있기 때문이다.

우리가 접하는 데이터는 정형 데이터와 비정형 데이터로 나눌 수 있다.

- 정형 데이터 : 표로 나타낼 수 있는 수치 자료
- 비정형 데이터 : 신문기사, 제품 리뷰, SNS 게시글과 답글 등의 텍스트, 이미지, 동영상 등의 자료

데이터는 아라비아 숫자, 한글 또는 영문 알파벳으로 표현되는 문자열과 숫자로 구성한다. 회사에서 직원과 관련된 아래 정보를 관리하고 처리한다고 생각하자. 수많은 직원의 정보를 관리한다면 개인의 정보를 묶어서 하나의 단위로 저장하고 처리하는 것이 옳은 방향일 것이다. 이런 각각의 정보는 기초자료인 숫자나 문자열로 표현할 수 있다.

- 이름 : 문자열
- 전화번호 : 문자열
- 주소: 문자열
- 급여 : 정수

이 장에서는 파이썬의 기본자료형 여러 개를 묶은 자료형인 이래 에 대하여 공부한다.

- 리스트(list) : 대괄호로 묶은 자료.
  예) `['jklee', 418, '041-530-2114']`
- 튜플(tuple) : 괄호로 묶은 자료.
  예) `('산업경영공학과', 2, '김성공')`
- 딕셔너리(dictionary) : 중괄호 안에 묶은 연관된 자료쌍 .
  예) `{'jklee':418, 'sskim':308}`
- 셋(집합, set) : 수학에서의 집합처럼 중괄호로 묶은 자료.
  예) `{1, 3, 5, 'jklee'}`

자료를 묶는 방식에 따라 자료의 특성과 자료를 다루는 방법과 달라진다. 이러한 자료를 저장하여 관리하는 측면에서 아래 내용을 주로 다룰 예정이다.

- 자료 생성
- 자료 변환
- 자료 추가 및 삭제
- 자료 정렬
- x가 A의 항목인지 조사(멤버쉽 조사)

4.1 리스트

파이썬에서 허용된 어떤 자료라도 대괄호 [ ] 안에 콤마로 구분하여 나열한 자료를 파이썬에서는 리스트(list)라고 한다. 리스트는 파이썬에서 가장 중요한 자료의 하나로 여러 개의 기초자료가 한 단위로 묶인 자료형이다. 리스트를 구성하는 각각의 자료를 항목(item) 또는 원소(element)라고 한다.

파이썬에서 허용되는 모든 자료가 리스트의 항목이 될 수 있지만 우선은 리스트의 구성항목 또는 원소로 다음 자료만 생각하기로 한다.

- 정수 및 실수
- 문자열
- 리스트
- 자료에 대한 연산 수식

우리가 일상생활이나 실무에서 데이터를 수집하여 저장할 때 관련 있는 내용을 묶어서 한 개의 단위로 취급하게 된다. 다음은 리스트로 구성한 자료의 예이다.

```
[90, 78, 54, 30, 95, 40] # 6명의 점수
['lee', '041-530-2114','경기'] # 이름, 전화번호, 사는 지역
['김정수', 85, 90,'B'] # 한명의 성적과 학점
[['김정수', 85, 90,'B'], ['한민정', 90, 40, 'C']] #학생의 성적, 학점
['2020.5.23', 500000] # 특정일의 주식 가격
[['2021.5.23', 80000], ['2021.5.24',79000]] #날짜별 주식 가격
```

이런 리스트를 변수에 대입할 때 리스트변수라고 부르겠다.

리스트의 자료형 내장함수 type()은 파이썬 자료의 자료형을 알려준다. 여러 개의 자료를 대괄호로 묶은 리스트의 정확한 자료형은 list이며 list 클래스의 객체이다. 나타내기 위해

[1]:
```
a=[1,10,100]
print(type(a))
type(a)
```

```
<class 'list'>
```

[1]:
```
list
```

리스트의 특성 리스트는 파이썬이 제공하는 중요 자료형으로 아래 특성을 갖고 있다.

- 리스트는 순서형 자료(sequence type data)로 각 원소에는 순서가 부여되어 있다. (리스트에서 항목의 순서를 나타내기 위해 사용한 정수를 인덱스(index)라고 한다.)
- 리스트는 순회가능한 자료(이터러블, iterable)이다. (순회가능하다는 용어는 자료의 각 항목에 접근할 수 있음을 나타낸다.)

list()와 빈리스트 리스트가 항목을 갖지 않을 때 빈리스트(empty list)라고 한다. 빈리스트는 우리가 자료를 저장하기 전에 리스트변수를 도입하는 과정에서 초기화할 때 주로 사용한다. 두 가지 방식으로 빈리스트를 생성할 수 있다.

- [ ]
- list() : 빈리스트를 만들어주는 내장함수

빈리스트는 자체로 의미가 없지만 항목을 반복적으로 추가하여 방대한 자료로 채울 수 있다.

참고 4.1 list()는 괄호 안에 전달된 자료로부터 리스트를 만들어내는 리스트 객체생성자(constructor)이다. 전달하는 자료가 없으면 빈리스트를 만들지만 적절한 자료를 전달하면 리스트를 만들어낸다.

[2]:
```
Y=list('가나다라마바사아자차카타파하')#문자열의 각 문자가 항목인 리스트 생성
print(Y)
```

```
['가', '나', '다', '라', '마', '바', '사', '아', '자', '차', '카', '타', '파', '하']
```

리스트 관련 내장함수 및 리스트메소드

리스트는 중요한 자료형으로 파이썬에서 내장함수와 리스트에만 작용하는 리스트메소드를 제공하여 자료를 다룰 수 있다. 이런 메소드와 내장함수의 기능 파악은 파이썬 자료에 대해 알아가는 과정에서 중요하다.

파이썬 예약어 del 파이썬 예약어로 del 다음에 오는 어떤 자료라도 삭제한다.

리스트 관련 내장함수 목록 먼저 리스트에 적용할 수 있는 내장함수부터 살펴본다.

- len() : 리스트 원소의 수
- list() : 빈리스트를 생성하거나 기존 자료를 리스트로 변환
- min(), max(), sum() : 항목이 모두 숫자인 리스트의 최대 원소, 최소 원소, 모든 원소의 합
- sorted() : 리스트의 원소 정렬

리스트 관련 내장함수를 사용할 때 괄호 안에 리스트 변수나 자료를 전달하고 실행한다.

```
내장함수(리스트변수 또는 리스트)
```

내장함수 len()은 리스트를 구성하는 항목의 수, 곧, 리스트의 길이(length)를 알려준다.

[3]:
```
A=[20,80,90]
print(len(A))
print(sum(A))
print(max([20,80,90]))
```

```
3
190
90
```

문제 4.1 다음 자료를 리스트로 만들고 내장함수를 이용하여 자료의 합, 평균, 최대값, 최소값을 구하시오.

```
72, 90, 77, 60, 79, 89, 78, 82, 61, 71
```

리스트메소드 목록 리스트메소드란 리스트 형태의 자료에 대한 정보를 제공하고 리스트를 잘 사용할 수 있도록 특정기능을 실행하도록 만들어 놓은 함수이다. 아래에 자주 사용되는 리스트메소드를 나열하였다.

- 항목에 대한 정보 제공 : count(), index()
- 항목 추가 : append(), insert()
- 항목 삭제 : pop(), remove()
- 항목 정렬 : reverse(), sort()
- 리스트 병합 : extend()

리스트메소드를 사용할 때는 다음 형식을 따른다.

리스트변수.메소드이름(필요한인자)

리스트메소드를 사용할 때 다음 사항을 꼭 기억하자.

- 리스트메소드를 실행해도 화면에서 변화는 없다.
- 메소드의 실행결과는 리스트에 즉시 반영되며 원본데이터가 그 자리(in-place)에서 수정된다. 따라서 반환값은 없다.
- 리스트원본을 유지하려면 (**깊은 복사를 써서**) 다른 변수에 대입한 후 리스트메소드를 적용한다.

참고 4.2 (메소드, method)
메소드(method)는 파이썬에서 지원되는 자료와 관련된 정보를 제공하거나 자료를 다룰 수 있도록 기능하는 함수이다. 파이썬에서 지원하는 자료가 다양하므로 메소드로 매우 많다.
자료마다 다른 특성을 갖고 있으며 조작하는 방식도 다르므로 자료형 다음에 메소드를 붙여서 부른다. 곧, 문자열과 관련된 메소드는 문자열메소드, 리스트와 관련된 메소드는 리스트메소드라고 부르게 된다.

리스트의 마지막에 항목 추가하기 빈리스트로 초기화한 변수에 항목을 추가하기위해 리스트메소드 append()를 사용한다. append()는 기존리스트의 마지막 원소 다음에 새 항목을 추가한다.

> 항목 추가하기
> 리스트변수.append(추가할항목)

[4]:
```
language=[]
print(language)

language.append('java')
print(language)

language.append('python')
print(language)

language.append('C')
print(language)
```

```
[]
['java']
['java', 'python']
['java', 'python', 'C']
```

파이썬에서 리스트를 만드는 방법은 다양하다. 키보드로 직접 작성하거나 파일에서 읽어서 변수에 저장할 수 있다. 어떤 경우에는 기존 리스트에서 새로운 리스트를 만들기도 하고 (리스트가 아닌) 기존 자료를 리스트로 변환하기도 한다.

4.1.1 리스트 연산

이미 만들어진 리스트에서 새로운 리스트틀 만들어 낼 수 있다. 이런 과정을 리스트 연산이라고 하며 연결과 복제라는 두 가지 연산이 있다.

- + 연산(연결연산): 두 리스트에서 원소를 순서대로 추출하여 새로운 리스트를 만든다.
- * 연산(복제연산): 기존 리스트의 원소를 순서대로 n번 반복하여 연결하여 새로운 리스트를 만든다.

연결연산에서 순서는 중요하다.

[5]:
```
class11=['김정희','한석봉']
class12=['탕타이손','박하우스','길렐스']
print(class11+class12)
print(class12+class11)

print(3*class11)
print(class12*2)
```

```
['김정희', '한석봉', '탕타이손', '박하우스', '길렐스']
['탕타이손', '박하우스', '길렐스', '김정희', '한석봉']
['김정희', '한석봉', '김정희', '한석봉', '김정희', '한석봉']
['탕타이손', '박하우스', '길렐스', '탕타이손', '박하우스', '길렐스']
```

리스트 확장 리스트메소드 extend()를 이용하여 기존 리스트의 항목을 확장한다. 리스트 A, B에 대해 A.extend(B)는 A의 마지막 원소 뒤에 B의 원소를 차례대로 추가한다. 메소드를 적용한 후에 A는 새로운 리스트로 바뀐다.

[6]:
```
print(class11.extend(class12)) # 리스트 메소드 적용시 반환값 없음
print(class11) #메소드가 적용된 리스트 즉시 변경
```

```
None
['김정희', '한석봉', '탕타이손', '박하우스', '길렐스']
```

문제 4.2 리스트 A, B가 아래와 같다.

```
A=['kim']
B=['seo','woo']
```

다음 리스트를 A와 B로 나타내시오.

(a) `['kim', 'kim', 'kim', 'seo', 'woo', 'kim']`

(b) `[]`

4.1.2 리스트의 인덱스, 인덱싱, 슬라이싱

리스트의 특징 중 하나는 시퀀스형 자료로 각 원소에 순서가 주어져 있고 이 순서를 정수로 표시한다. 즉, 원소의 위치를 알 수 있는 정수가 부여되었다는 것이다. 이 정수를 원소의 인덱스(첨자 또는 색인, index)라고 부르는데 두 가지 타입의 인덱스가 대응한다.

a가 리스트변수이고 n=len(a)일 때 a의 인덱스는 아래와 같다. (원소를 한 줄로 배열할 때 왼쪽부터 붙인 번호로 생각해도 된다.)

- 음아닌 인덱스 : 0,1,2,..., n-1
- 음수 인덱스 : -n,-n+1,.., -2,-1

조금 더 자세히 설명하면 다음과 같다.

- 첫 번째 원소의 인덱스는 0, -n
- 두 번째 원소의 인덱스는 1, -n+1
- ⋮
- 마지막 원소의 인덱스는 n-1, -1

리스트에서 인덱스 k는 앞에서(또는 처음부터) (k+1) 번째를 나타내며, -k는 뒤에서(또는 마지막에서) k 번째를 나타낸다고 이해하면 좋다. 따라서 음아닌 인덱스는 앞쪽부터 참조할 때 편리하고, 음의 인덱스는 뒤쪽부터 참조할 때 편리하다.

```
[7]: a=[1, 4, 7, 10, 13]
```

위 리스트 a에 대해 인덱스는 다음과 같다.

- 음아닌 인덱스: 0, 1, 2, 3, 4
- 음수 인덱스: -5, -4, -3, -2, -1

a	1	4	7	10	13
음아닌 인덱스	0	1	2	3	4
음수 인덱스	-5	-4	-3	-2	-1

한편, 각 인덱스에 해당하는 원소는 다음과 같다.

- a[0], a[-5] : 1
- a[1], a[-4] : 4
- a[2], a[-3] : 7
- a[3], a[-2] : 10
- a[4], a[-1] : 13

문제 4.3 리스트 A가 아래와 같다.

```
a=['u', 'n', 'i', 'v', 'e', 'r', 's', 'e']
```

A에 대해 다음을 구하는 파이썬 코드를 쓰시오.

- 첫 번째 항목
- 앞에서 세 번째 항목.
- 뒤에서 다섯 번째 항목
- 마지막 항목

참고 4.3 (인덱스를 갖는 파이썬 자료) 파이썬의 자료 중에서 항목에 인덱스가 부여될 때 시퀀스(sequence) 자료라고 한다. 인덱스를 통해 인덱싱과 슬라이싱이 가능하다.

(a) 인덱싱 : 인덱스 1개를 통해 항목 접근

(b) 슬라이싱: 여러 개의 항목에 접근

접근한 항목으로 새로운 자료를 만들 수 있을 뿐만 아니라 슬라이싱을 통해 항목을 수정하거나 삭제할 수 있다. 문자열이나 리스트는 대표적인 시퀀스 자료이다.

인덱싱, 항목 수정, 항목 삭제, 항목 추가

리스트에서 1개의 인덱스를 통해 항목(원소)을 참조하는 것을 리스트 인덱싱(indexing)이라고 한다. (문자열의 인덱싱과 동일하다.) 리스트의 인덱싱을 통해 항목 참조(읽기), 항목 삭제, 항목 변경, 항목 추가 등이 가능하다.

인덱스를 사용한 코드에서 허용되지 않은 범위의 인덱스를 사용하면 IndexError가 발생하므로 주의해야 한다.

인덱싱과 항목 참조 아래 코드는 리스트에서 항목에 접근하는 인덱싱을 보여준다.

인덱싱 방식
　　리스트변수[인덱스]

[8]:
```
PLang=['java', 'python', 'C', 'java script']
print(PLang[0]) #앞에서 첫 번째 항목
print(PLang[-1])
print(PLang[2])
PLang[-3]
```

```
java
java script
C
```

[8]:
```
'python'
```

항목을 참조한 후 항목에 적합한 연산을 적용할 수도 있다.

[9]:
```
print(PLang[1]+'이 제일 쉬울거야!!')
print(PLang[0]*2+' '+PLang[3])
```

```
python이 제일 쉬울거야!!
javajava java script
```

[10]:
```
score=[80, 90] #시험 점수
average=(score[0]+score[1])/2
print(average)
```

```
85.0
```

예약어 del과 리스트의 항목 삭제 파이썬의 예약어 del는 del 뒤에 오는 어떤 자료라도 삭제(delete)한다. 이 예약어를 사용하여 리스트의 항목을 삭제할 수 있다.

```
사용방법
    del 삭제할항목(또는 자료)
```

[11]:
```
PLang=['java', 'python', 'C', 'java script']
del PLang[2] # 항목 삭제
print(PLang)
```

```
['java', 'python', 'java script']
```

리스트의 항목 수정 리스트의 항목을 다른 값으로 수정할 필요가 있다면 인덱싱을 통해 값을 바꿀 수 있다.

```
리스트의 항목 수정하기
    리스트변수[삭제할항목의인덱스]=새로운항목
```

작년에 공부했던 과목에서 'r'을 'R'로 바꿔 본다.

[12]:
```
subjects=['Java', 'r', 'Python', 'C']
subjects[1]='R'
print(subjects)
```

```
['Java', 'R', 'Python', 'C']
```

슬라이싱

여러 개의 인덱스를 사용하여 자료의 항목에 접근하는 것을 슬라이싱(slicing)이라고 한다. 슬라이싱을 통해 새로운 자료를 생성하거나 기본 항목을 변경하거나 삭제할 수 있다. 슬라이싱이 복잡하고 어렵게 느껴지는 이유는 슬라이싱에서 사용할 인덱스를 선택하는 방식이 다양하기 때문이라고 생각된다.

가장 일반적인 슬라이싱은 아래 방식을 따른다.

슬라이싱 방식
```
리스트변수[start : end : step]
```

리스트변수 A에 대해 세 값 start, end, step이 갖는 값에 따라 여러 변형된 형태의 슬라이싱을 볼 수 있다.

- A[start: end]
- A[start: end: h]
- A[start: end: -h]

위에서 슬라이싱의 시작 위치인 start나 마지막 위치인 end는 생략할 수 있다.

시작 위치와 마지막 위치를 지정하는 슬라이싱 : A[a:b] 가장 일반적인 슬라이싱 방식에서 step가 1인 경우로 가장 많이 사용하는 슬라이싱 방식이다. 인덱스가 a인 항목에서 시작하여 인덱스가 b-1인 항목까지 오른쪽 방향으로 모두 선택하는 방식이다.

- 리스트 A에서 인덱스가 a, a+1, ..., b-1인 항목을 추출하여 새로운 리스트를 만든다.
- a를 생략하면 A[0:b]와 같다.
- b를 생략하면 b=len(A)일 때와 같다.
- a, b를 모두 생략하면 a=0, b=len(A)일 때와 같으며 슬라이싱의 결과는 A 전체이다.

아래 리스트 A에 여러 형태의 슬라이싱 방식을 적용시켜 본다.

[13]:
```python
A=[0, 1, 2, 3, 4, 5, 6, 7, 8, 9, 10, 11]
```

```
A:  0   1   2  3  4  5  6  7  8  9  10  11 (항목)
    0   1   2  3  4  5  6  7  8  9  10  11 (인덱스)
  -12 -11 -10 -9 -8 -7 -6 -5 -4 -3  -2  -1 (음수 인덱스)
```

음수 인덱스를 사용하는 슬라이싱에서는 A[a]가 A[b]의 왼쪽에 있는 항목이어야 한다. 그렇지 않을 때 슬라이싱의 결과는 빈리스트이다.

[14]:
```python
print(A[-2:-7]) #A[-2]=10, A[-7]=5
```

```
[]
```

아래 코드는 인덱스가 양수와 음수가 섞인 경우의 슬라이싱이다.

[15]:
```python
print(A[2:7])
print(A[-10:7])
print(A[2:-5])
print(A[-10:-5])
```

```
[2, 3, 4, 5, 6]
[2, 3, 4, 5, 6]
[2, 3, 4, 5, 6]
[2, 3, 4, 5, 6]
```

마지막 위치만 지정하는 슬라이싱 A[: b] A[0:b]과 동일하며 0, 1, ⋯, b-1인 원소까지 연속적으로 추출한다.

- 처음부터 인덱스 b-1인 항목까지 모두 추출
- b>0이면 처음부터 b개의 항목으로 만든 리스트를 생성

[16]:
```
print(A[0:4])
print(A[:4]) #처음부처 4개
print(A[:-8]) #A[-8]=4, A[-9]=3
```

```
[0, 1, 2, 3]
[0, 1, 2, 3]
[0, 1, 2, 3]
```

시작위치만 지정하는 슬라이싱 A[a:] A[a, n]과 같다. (단, n=len(A)) 인덱스가 a인 항목부터 시작하여 오른쪽 방향으로 모든 항목을 추출한다.

- 적용 인덱스 : a, a+1, ..., n-1
- 인덱스 a인 원소부터 마지막 원소까지 추출
- A[-k:]는 마지막 k개의 항목을 추출

[17]:
```
print(A[3:12]) #12=len(A)
print(A[3:])
```

```
[3, 4, 5, 6, 7, 8, 9, 10, 11]
[3, 4, 5, 6, 7, 8, 9, 10, 11]
```

[18]:
```
print(A[-3:]) # 마지막 3개
print(A[9:]) #인덱스 9인 항목부터 모두
```

```
[9, 10, 11]
[9, 10, 11]
```

[19]:
```
print(A[:]) # A[:]는 A자신
```

```
[0, 1, 2, 3, 4, 5, 6, 7, 8, 9, 10, 11]
```

문제 4.4 리스트 A에 대한 문제에 답하시오.

```
A=[31, 26, 32, 86, 67, 27, 67, 43, 58, 21]
```

(a) 처음 항목 5개를 추출하는 파이썬 코드를 쓰시오
(b) 마지막 항목 3개를 추출하는 코드를 쓰시오.

문제 4.5 항목이 문자열인 리스트

```
a=['d', 'i', 'c', 't', 'i', 'o', 'n', 'a', 'r', 'y']
```

에 대해 다음 결과가 나오는 파이썬 슬라이싱 코드를 쓰시오. 단, 인덱스는 0 또는 자연수만 사용하시오.

(a) ['i', 'c', 't', 'i']
(b) [t', 'i', 'o', 'n', 'a']
(c) [i', 'o', 'n', 'a', 'r', 'y']
(d) ['t']

문제 4.6 음수 인덱스만 써서 문제 4.5를 해결하시오.

일정한 간격으로 추출하는 슬라이싱 A[a:b:h]

- h>0이면 오른쪽 방향으로 인덱스를 h만큼 증가시키며 추출
- h<0이면 왼쪽 방향으로 인덱스를 -h만큼 감소시키며 추출

h>0인 경우라면 A[a]가 A[b]의 왼쪽에 있어야 하며, h<0인 경우라면 A[a]가 A[b]의 오른쪽에 있어야 한다. 그렇지 않으면 슬라이싱의 결과는 빈리스트이다.

[20]:
```
print(A[8:3:2])
print(A[3:8:2])
```

```
[]
[3, 5, 7]
```

음수를 사용하여 슬라이싱 할 때는 A[a:b:h]에서 항목 A[a], A[b]의 위치를 고려해야 한다. 두 항목의 위치가 적절하지 못하면 슬라이싱이 되지 않는다.

- h>0: A[a]가 A[b]의 왼쪽에 위치, 오른쪽으로 h만큼 건너뜀
- h<0: A[a]가 A[b]의 오른쪽에 위치, 왼쪽으로 |h|만큼 건너뜀

[21]:
```
print(A[3:-2:-2]) # 왼쪽 방향으로는 A[3]=3에서 A[-2]=10 쪽으로 슬라이싱 불가능
print(A[3:-2:2])
print(A[-2:3:-2]) # 항목의 순서가 바뀜
```

```
[]
[3, 5, 7, 9]
[10, 8, 6, 4]
```

슬라이싱 A[a:b:h]에서 a 또는 b가 생략될 수 있다. a가 생략되면 a=0일 때와 같고, b가 생략되면 b=len(A)일 때와 같다.

[22]:
```
print(A[:7:2])
print(A[3::2])
print(A[-8::2])
print(A[::3])
print(A[::-1]) # 순서가 반대인 리스트
```

```
[0, 2, 4, 6]
[3, 5, 7, 9, 11]
[4, 6, 8, 10]
[0, 3, 6, 9]
[11, 10, 9, 8, 7, 6, 5, 4, 3, 2, 1, 0]
```

문제 4.7 리스트 a에 대해 결과가 아래인 슬라이싱 코드를 쓰시오.

```
a=['d', 'i', 'c', 't', 'i', 'o', 'n', 'a', 'r', 'y']
```

(a) `[d', 't', 'n']`
(b) `['d', 'c', 'i', 'n']`
(c) `['r', 'n', 'i']`

문제 4.8 음수 인덱스를 써서 문제 4.7를 해결하시오.

4.1.3 리스트에서 항목의 추가, 삭제, 수정

리스트에서는 인덱싱이나 슬라이싱을 통해 항목 수정, 항목 삭제 및 추가가 가능하다. 이때 파이썬 키워드 del이나 리스트 메소드를 사용한다.

- list.append(x) : 리스트의 마지막에 x 추가
- list.insert(k, x) : 인덱스가 k인 곳에 x 추가
- del list[k] : 인덱스가 k인 항목 제거
- del list[a:b] : 슬라이싱 삭제
- list.clear() : 모든 항목 삭제

항목 추가

항목을 추가할 때 다음 리스트메소드를 사용한다.

- list.append(x); 리스트의 마지막에 x 추가
- list.insert(k, x) : 인덱스가 k인 곳에 x 추가
- 사용법 : 리스트변수. 메소드이름()

다음은 이름, 중간고사 및 기말고사를 저장한 리스트이다. 평균과 학점을 추가해보자.

[23]:
```
st=['한경희', 90, 80]
print(st)
st.append((st[2]+st[2])/2)
print(st)
st.append('B')
print(st)
```

```
['한경희', 90, 80]
['한경희', 90, 80, 80.0]
['한경희', 90, 80, 80.0, 'B']
```

이제 반복적으로 평균과 학점을 추가할 수 있다.

[24]:
```
st2=['박경후', 45, 52]
st3=['김경성', 19, 86]
st4=['이선영', 100, 90]

st=st2
st.append((st[2]+st[2])/2)
st.append('F')
print(st)

st=st3
st.append((st[2]+st[2])/2)
st.append('B')
print(st)

st=st4
st.append((st[2]+st[2])/2)
st.append('A')
print(st)
```

```
['박경후', 45, 52, 52.0, 'F']
['김경성', 19, 86, 86.0, 'B']
['이선영', 100, 90, 90.0, 'A']
```

식당 주문 처리 식당에 온 사람들이 메뉴판을 보고 주문하고 있다. 아래 코드는 3명으로부터 차례로 주문을 받은 후 주문 내용을 리스트 변수 orders에 저장한다. (사람수가 많아지면 적절히 코드를 수정하자.)

[25]:
```
menu=['설렁탕','김치찌개','백반','두부전골']
menu_items="""
**차림표**
 0. 설렁탕
 1. 김치찌개
 2. 백반
 3. 두부전골
"""
orders=[]

print('메뉴 번호를 입력하세요. ')
choice=int(input(menu_items))
print('{} 주문하셨습니다'.format(menu[choice]))
orders.append(menu[choice])

print('메뉴 번호를 입력하세요. ')
choice=int(input(menu_items))
print('{} 주문하셨습니다'.format(menu[choice]))
orders.append(menu[choice])

print('메뉴 번호를 입력하세요. ')
choice=int(input(menu_items))
print('{} 주문하셨습니다'.format(menu[choice]))
orders.append(menu[choice])

print('주문 완료: ', orders)
```

메뉴 번호를 입력하세요.

```
**차림표**
 0. 설렁탕
 1. 김치찌개
 2. 백반
 3. 두부전골
1
김치찌개 주문하셨습니다
메뉴 번호를 입력하세요.

**차림표**
 0. 설렁탕
 1. 김치찌개
 2. 백반
 3. 두부전골
1
김치찌개 주문하셨습니다
메뉴 번호를 입력하세요.

**차림표**
 0. 설렁탕
 1. 김치찌개
 2. 백반
 3. 두부전골
3
두부전골 주문하셨습니다
주문 완료: ['김치찌개', '김치찌개', '두부전골']
```

Python 프로젝트 : 식당 주문 처리

식당 메뉴 중에서 주문한 음식과 갯수가 아래와 같다. orders를 분석하여 최종 주문 결과를 주방에 전달하는 문제를 해결해보자.

```
orders=['백반','김치찌개','백반','백반','김치찌개','백반']
```

주방에는 아래 형식의 문장으로 전달한다.

```
설렁탕 주문: 0개
  백반 주문: 4개
  김치찌개 주문: 2개
  두부전골 주문: 0개
```

방법1

- 각 음식의 주문량을 알아낸다 : orders.count(음식)
- 모든 음식에 대한 주문량 정보를 삽입한 문자열을 출력한다.
  `"{} 주문: {}개".format(음식,주문량)`

[26]:
```
orders=['백반','김치찌개','백반','백반','김치찌개','백반']
print('설렁탕 주문: {}개'.format(orders.count('설렁탕')))
print('백반 주문: {}개'.format(orders.count('백반')))
print('김치찌개 주문: {}개'.format(orders.count('김치찌개')))
print('두부전골 주문: {}개'.format(orders.count('두부전골')))
```

```
설렁탕 주문: 0개
백반 주문: 4개
김치찌개 주문: 2개
두부전골 주문: 0개
```

방법2

메뉴의 각 항목에 인덱스를 이용하여 접근하고 적절한 변수를 도입한다.

- 차림표의 각 음식 : dish=menu[i]
- 음식 주문수 : orders.count(dish)

설렁탕의 주문수를 확인하고 싶다면 인덱스 0을 사용한다. 다른 음식의 경우에는 인덱스만 바꾸면 된다.

[27]:
```
i=0
dish=menu[i]
count=orders.count(dish)
print('{} 주문:{}'.format(dish,count))
```

설렁탕 주문:0

이제 다른 음식의 주문량도 아래와 같이 확인할 수 있다.

[28]:
```
menu=['설렁탕','김치찌개','백반','두부전골']
orders=['백반','김치찌개','백반','백반','김치찌개','백반']

i=0
dish=menu[i]
count=orders.count(dish)
print('{} 주문:{}'.format(dish,count))

i=1
dish=menu[i]
count=orders.count(dish)
print('{} 주문:{}'.format(dish,count))

i=2
dish=menu[i]
count=orders.count(dish)
print('{} 주문:{}'.format(dish,count))

i=3
dish=menu[i]
count=orders.count(dish)
print('{} 주문:{}'.format(dish,count))
```

설렁탕 주문:0
김치찌개 주문:2
백반 주문:4
두부전골 주문:0

참고 4.4 (반복문의 필요성) 위 코드를 보면 변수에 대입한 값을 제외하면 코드가 모두 같다. 거의 동일한 코드의 실행을 효과적으로 코딩하는 방법이 반복문의 사용이다. 여기서 위 코드를 for문을 사용하여 아래와 같이 줄일 수 있다.

```
menu=['설렁탕','김치찌개','백반','두부전골']
orders=['백반','김치찌개','백반','백반','김치찌개','백반']
n=len(menu)
for i in range(n):
    dish=menu[i]
    count=orders.count(dish)
    print('{} 주문:{}'.format(dish,count))
```

참고 4.5 (선택실행의 필요성) 주문량이 1 이상인 음식만 주방에 전달하는 것이 바람직하다. 조건을 충족시키는 음식만 뽑아내야 한다. 이때 조건문 if를 사용한다.

```
menu=['설렁탕','김치찌개','백반','두부전골']
orders=['백반','김치찌개','백반','백반','김치찌개','백반']
n=len(menu)
for i in range(n):
    dish=menu[i]
    count=orders.count(dish)
    if count>=1:
        print('{} 주문:{}'.format(dish,count))
```

위 코드의 실행결과는 다음과 같다.

```
김치찌개 주문:2
백반 주문:4
```

삽입위치 지정하는 insert() append()는 마지막 항목 다음에 원소를 추가하지만 insert()는 위치를 지정하고 원소를 추가할 수 있다. 중국 음식점의 메뉴에서 면(noodle)음식 다음에 '만두'를 추가하고 싶다. '우동' 다음에 추가하므로 추가할 위치의 인덱스는 3이다.

[29]:
```
food=['짜장면', '짬뽕','우동', '볶음밥', '탕수육']
k=3
x='만두'
food.insert(k, x)
print(food)
```

```
['짜장면', '짬뽕', '우동', '만두', '볶음밥', '탕수육']
```

항목 수정

여기서는 인덱싱과 슬라이싱을 이용하여 리스트의 기존 원소를 다른 데이터로 바꾸는 방법에 대해 알아본다.

- 인덱싱 이용
  - 리스트변수[인덱스]=바꿀내용
  - 바꿀 내용에는 숫자, 문자열 등 어떤 파이썬 자료도 가능하다.
- 슬라이싱 사용
  - 리스트변수[a:b]=새로운항목
  - 새로운 항목은 iterable 자료이어야 한다.

  (슬라이싱의 결과가 리스트이므로 바꿀 내용도 항목을 갖는 자료이어야 한다.)

참고 4.6 (이터러블, 순회가능한 자료) 자료를 구성하는 모든 항목에 접근가능한 파이썬 자료를 iterable 이라고 한다. 여러 개의 항목으로 구성된 자료는 모두 이터러블이다. 반면에 정수나 실수는 이터러블이 아니다.

주문받은 음식이 순서대로 order에 저장되어 있다고 하자. 2번째 손님이 주문한 만두를 짜장면으로 바꾸자.

[30]:
```
order=['짜장면', '만두', '짜장면', '짬뽕', '우동', '볶음밥']
order[1]='짜장면'
print(order)
```

```
['짜장면', '짜장면', '짜장면', '짬뽕', '우동', '볶음밥']
```

수정된 주문은 앞 3명이 모두 짜장면인데 짜장면 주문을 모두 취소하거나 다른 음식으로 바꿀 수 있다. 여러 항목을 한꺼번에 바꿀 때 슬라이싱을 사용하면 좋다. 아래 코드에서는 여러 개를 빈리스트로 대체하여 삭제하는 효과를 발생시킨다.

[31]:
```
order[:2]=[]
order
```

[31]:
```
['짜장면', '짬뽕', '우동', '볶음밥']
```

아래에서는 리스트의 항목 3개를 2개로 교체한다.

[32]:
```
order=['짜장면', '짜장면', '짜장면', '짬뽕', '우동', '볶음밥']
print(order[1:4])
order[1:4]=['탕수육', '볶음밥']
print(order)
```

['짜장면', '짜장면', '짬뽕']
['짜장면', '탕수육', '볶음밥', '우동', '볶음밥']

리스트의 항목을 리스트로 바꿀 수도 있다. 어떤 항목이 리스트일 때 이런 리스트를 **중첩리스트**(neted list)라고 한다.

[33]:
```
animal_gr= ['포유류', '조류', '어류']

mammals=['whale', 'dog', 'cat']
birds = ['eagle', 'parrot']
fish = ['tuna', 'eel']

animal_gr[0]=mammals
animal_gr[1]=birds
animal_gr[2]=fish
print(animal_gr)
```

```
[['whale', 'dog', 'cat'], ['eagle', 'parrot'], ['tuna', 'eel']]
```

항목삭제
리스트에서 원소를 삭제하는 여러 리스트메소드가 있다.

- list.remove(x) : 리스트에서 원소 x를 삭제. x가 없는 원소이면 ValueError 발생.
- list.pop() : 마지막 원소를 삭제한다.
- list.pop(k) : 인덱스 k인 원소를 삭제한다. k가 리스트의 인덱스 범위에 없는 정수이면 IndexError 발생.

[34]:
```
food=['짜장면', '짬뽕', '우동','탕수육', '만두', '볶음밥']
food.remove('탕수육')
print(food)
```

['짜장면', '짬뽕', '우동', '만두', '볶음밥']

pop()은 마지막 원소인 '볶음밥'을 리스트에서 삭제한다.

[35]:
```
food.pop()
print(food)
```

['짜장면', '짬뽕', '우동', '만두']

이제 인덱스 2인 원소 우동을 삭제한다.

[36]:
```
food.pop(2)
print(food)
```

['짜장면', '짬뽕', '만두']

4.1.4 리스트 정렬

리스트에 자료를 저장하고 활용하고 싶을 때 자료를 정렬하는 경우가 많다. 리스트를 정렬할 때에는 기준이 될 인덱스를 정하고 오름차순이나 내림차순으로 정렬하게 된다.

- 오름차순 정렬(ascending sort)
  - 텍스트의 경우 : 첫 문자의 코딩값이 커지는 순서로 정렬
  - 수치 자료 : 값이 증가하는 순서로 정렬
  - 텍스트와 수치가 섞인 자료의 정렬은 불가능하다.
- 내림차순 정렬(descending sort)
  - 텍스트의 경우 : 첫 문자의 코딩값이 작아지는 순서로 정렬
  - 수치 자료 : 값이 감소하는 순서로 정렬

리스트에 저장한 자료를 정렬할 때 세 방법을 쓸 수 있다. sorted()와 list.sort()에서는 키워드인자 reverse=False[True]와 정렬기준 key=None를 사용하여 다양한 방법으로 자료를 정렬할 수 있다.

- 파이썬 내장함수 sorted() 사용
- 리스트 메소드 list.sort()
  - 제자리에서 정렬
  - 정렬결과를 원본에 대입하므로 원본이 바뀐다.
- 역순 정렬
  - list.reverse(sequence): 자료의 순서를 뒤집어 정렬한 후 원본과 저장한다.
  - 내장함수 reversed(sequence)

내장함수 sorted()로 정렬

내장함수 sorted()를 사용하면 이터러블 자료를 다양한 방법으로 정렬할 수 있다.

```
sorted(iterable, key=None, reverse=False)
```

key에 기준함수를 지정할 때 다음 사항을 기억해야 한다.

- key : 람다함수나 itemgetter를 써서 만든 정렬함수의 결과를 기준으로 정렬(뒤에서 자세히 설명함)
- 기본적으로 오름차순 정렬이지만 reverse=True는 내림차순으로 정렬한다.

내장함수 sorted(), reversed() sorted()는 기본적으로 1차원 리스트를 오름차순이나 내림차순으로 정렬한 결과를 반환하지만 원래의 리스트는 변화시키지 않는다. reversed()는 역순으로 정렬한 리스트를 반환한다. 정렬한 결과를 활용하려면 다른 변수에 대입한 후 사용할 수 있다.

[37]:
```
A=[-3,10,8,7,2]
print(A, ':원본')
print(sorted(A),':오름차순 정렬')
print(sorted(A, reverse=True), ':내림차순 정렬')
print(A,':원본 변경 없음')
```

```
[-3, 10, 8, 7, 2] :원본
[-3, 2, 7, 8, 10] :오름차순 정렬
[10, 8, 7, 2, -3] :내림차순 정렬
[-3, 10, 8, 7, 2] :원본 변경 없음
```

실무나 실생활에서 문자열을 오름차순이나 내림차순으로 정렬하는 경우가 많다. 이때 파이썬은 문자열의 첫 글자의 인코딩값을 사용하여 정렬한다. 문자열 'Beautiful'과 'beautiful'에서 'B'의 인코딩값이 'b'보다 작다.

[38]:
```
print(ord('B'))
print(ord('b'))
```

```
66
98
```

[39]:
```
words=['True', 'colors', 'are', 'beautiful', 'Beautiful', 'like',
 'a', 'rainbow']
print(words)
print(sorted(words))
print(sorted(words, reverse=True))
r_words=list(reversed(words))
print(r_words)
```

```
['True', 'colors', 'are', 'beautiful', 'Beautiful', 'like', 'a',
'rainbow']
['Beautiful', 'True', 'a', 'are', 'beautiful', 'colors', 'like',
'rainbow']
['rainbow', 'like', 'colors', 'beautiful', 'are', 'a', 'True',
'Beautiful']
```

```
['rainbow', 'a', 'like', 'Beautiful', 'beautiful', 'are', 'colors',
'True']
```

한글 문자열도 sorted()를 써서 정렬할 수 있다.

[40]:
```
hangul=['당타이손', '김병수', '박하우스', '길렐스', '김정희', '박경수']
print(hangul, ':원본')
print(sorted(hangul),':오름차순 정렬')
print(sorted(hangul, reverse=True), ':내림차순 정렬')
print(hangul,':원본 변경 없음')
```

```
['당타이손', '김병수', '박하우스', '길렐스', '김정희', '박경수'] :원본
['길렐스', '김병수', '김정희', '당타이손', '박경수', '박하우스'] :오름차순 정렬
['박하우스', '박경수', '당타이손', '김정희', '김병수', '길렐스'] :내림차순 정렬
['당타이손', '김병수', '박하우스', '길렐스', '김정희', '박경수'] :원본 변경 없음
```

리스트메소드 sort()와 reverse() 사용법과 효과면에서 list.sort()는 sorted(list)와 비슷하고 list.reverse()는 reversed(list)와 비슷하다. 차이점은 다음과 같다.

- 리스트메소드는 제자리에서 정렬하며 반환값이 없고 원본을 변경시킨다.
- 내장함수는 정렬된 결과를 반환하며 원본을 유지한다.

[41]:
```
hangul=['당타이손', '김병수', '박하우스', '길렐스', '김정희', '박경수']
print(hangul, ':원본')
print(hangul.sort())
print(hangul,':원본은 오름차순으로 정렬됨')
```

```
['당타이손', '김병수', '박하우스', '길렐스', '김정희', '박경수'] :원본
None
['길렐스', '김병수', '김정희', '당타이손', '박경수', '박하우스'] :원본은 오름차순으로 정렬됨
```

[42]:
```
hangul=['당타이손', '김병수', '박하우스', '길렐스', '김정희', '박경수']
print(hangul, ':원본')
print(hangul.sort(reverse=True))
print(hangul,':원본은 내림차순으로 정렬됨')
```

```
['당타이손', '김병수', '박하우스', '길렐스', '김정희', '박경수'] :원본
None
['박하우스', '박경수', '당타이손', '김정희', '김병수', '길렐스'] :원본은 오름차순으로 정렬됨
```

list.reverse()는 역순으로 순서만 바꾼다. 아래에서 hangul.reverse()와 슬라이싱 hangul[::-1]은 동일하다.

[43]:
```
hangul=['당타이손', '김병수', '박하우스', '길렐스', '김정희', '박경수']
print(hangul, ':원본')
print(hangul.reverse())
print(hangul,':원본은 역순으로 정렬됨')
```

```
['당타이손', '김병수', '박하우스', '길렐스', '김정희', '박경수'] :원본
None
['박경수', '김정희', '길렐스', '박하우스', '김병수', '당타이손'] :원본은 역순으로 정렬됨
```

리스트 복사(대입, 얕은 복사, 깊은 복사)
연산자 =을 이용한 대입연산은 연산자 오른쪽에 있는 자료를 대입연산자의 왼쪽 변수에 대입한다. 아래에서는 대입을 통해 a에 저장된 값이 변수 b에 대입된다.

[44]:
```
a=[1,2,3]
b=a
print(b)
```

```
[1, 2, 3]
```

대입을 통해 다른 변수에 값을 저장하게 되면 심각한 상황이 생길 수 있다. 두 변수가 동일한 메모리 주소를 갖기 때문에 하나를 수정하면 다른 변수에 저장된 자료도 바뀐다.

[45]:
```
print(id(a))
print(id(b))
```

```
1761408792640
1761408792640
```

[46]:
```
a[2]=30
print(a)
print(b)
```

```
[1, 2, 30]
[1, 2, 30]
```

리스트메소드인 copy()나 슬라이싱을 사용하여 이 문제를 피할 수 있을 것으로 보이다. 메모리 주소가 달라지기 때문이다.

[47]:
```
a=[1,2,3]
b=a
b1=a.copy()
b2=a[:]
print('a의 메모리 주소: %d'%id(a))
print('b의 메모리 주소: %d'%id(b))
print('b1의 메모리 주소: %d'%id(b1))
print('b2의 메모리 주소: %d'%id(b2))
```

```
a의 메모리 주소: 1761409109184
b의 메모리 주소: 1761409109184
b1의 메모리 주소: 1761409109376
b2의 메모리 주소: 1761409108992
```

b1, b2의 주소는 다르지만 원소의 주소는 같다. 따라서 copy()나 슬라이싱에 의한 복사도 복사본에서 원소를 수정할 경우 원본의 변경을 방지할 수 없다.

[48]:
```
print('a[0]의 메모리 주소: %d'%id(a[0]))
print('b[0]의 메모리 주소: %d'%id(b[0]))
print('b1[0]의 메모리 주소: %d'%id(b1[0]))
print('b2[0]의 메모리 주소: %d'%id(b2[0]))
```

```
a[0]의 메모리 주소: 1761328654640
b[0]의 메모리 주소: 1761328654640
b1[0]의 메모리 주소: 1761328654640
b2[0]의 메모리 주소: 1761328654640
```

[49]:
```
b[0]=4
print(a)
print(b)
```

```
[4, 2, 3]
[4, 2, 3]
```

이제 대입, copy(), 슬라이싱을 사용한 복사의 문제점을 알게 된다.

- 얕은 복사(shallow copy) : 메모리 주소를 공유하는 자료 복사
    - 대입에 의한 복사
    - list.copy()를 사용한 복사

- 슬라이싱을 사용한 복사

• 깊은 복사(deep copy) : 메모리 주소가 달라지는 자료 복사

원본을 유지한 상태에서 다른 처리를 원하다면 얇은 복사가 아닌 깊은 복사를 사용하여 다른 변수에 대입한 후 사용해야 한다.

[50]:
```
import copy
a=[1,2,3]
b=copy.deepcopy(a)
print(id(a))
print(id(b))
```

```
1761409108608
1761409106048
```

[51]:
```
print('a[0]의 메모리 주소: %d'%id(a[0]))
print('b[0]의 메모리 주소: %d'%id(b[0]))

print('a[1]의 메모리 주소: %d'%id(a[1]))
print('b[1]의 메모리 주소: %d'%id(b[1]))

print('a[2]의 메모리 주소: %d'%id(a[2]))
print('b[2]의 메모리 주소: %d'%id(b[2]))
```

```
a[0]의 메모리 주소: 1761328654640
b[0]의 메모리 주소: 1761328654640
a[1]의 메모리 주소: 1761328654672
b[1]의 메모리 주소: 1761328654672
a[2]의 메모리 주소: 1761328654704
b[2]의 메모리 주소: 1761328654704
```

리스트의 깊은 복사에서 원소의 주소는 같지만 복사본에서의 원소수정이 원본에 영향을 주지 않는다.

[52]:
```
b[1]=4
print(a)
print(b)
```

```
[1, 2, 3]
[1, 4, 3]
```

4.1.5 중첩 리스트

파이썬에서 허용되는 모든 자료가 리스트의 원소가 될 수 있다. 리스트는 자료가 일렬로 나열되어 있으므로 일차원 자료로 볼 수 있으며 엑셀에서는 한 행에 쓸 수 있다. 어떤 리스트의 원소가 리스트일 때 중첩리스트(nested list)라고 한다.

아래 animal_groups은 중첩리스트의 예이다. 중첩리스트에서도 인덱싱과 슬라이싱은 앞에서 살펴본 것과 같다.

[53]:
```
animal_groups = [['고래', '코끼리', '호랑이'], ['eagle', 'parrot'], '어류']
print(animal_groups[0])
print(animal_groups[:2])
print(animal_groups)
```

```
['고래', '코끼리', '호랑이']
[['고래', '코끼리', '호랑이'], ['eagle', 'parrot']]
[['고래', '코끼리', '호랑이'], ['eagle', 'parrot'], '어류']
```

중첩리스트 animal_groups에서 인덱스 0인 원소는 길이가 2인 리스트이다. 따라서 리스트의 인덱싱과 슬라이싱이 적용될 수 있을 것이다.

[54]:
```
print(animal_groups[0][0])
print(animal_groups[0][1])
print(animal_groups[0][2])
```

```
고래
코끼리
호랑이
```

[55]:
```
print(animal_groups[0][:2])
```

```
['고래', '코끼리']
```

아래에서 animal_groups은 길이 2인 중첩리스트인데 항목의 길이는 각각 3, 2, 2이다.

[56]:
```
fish = ['tuna', 'eel']
animal_groups[2]=fish
print(animal_groups)
```

```
[['고래', '코끼리', '호랑이'], ['eagle', 'parrot'], ['tuna', 'eel']]
```

'호랑이'는 인덱스 0인 리스트에서 인덱스가 2인 항목으로 animal_groups[0][2]로 참조한다. 마찬가지로 'eel'은 인덱스 2인 원소에서 인덱스 1인 원소이다.

[57]:
```
print(animal_groups[0][2])
print(animal_groups[2][1])
```

호랑이
eel

4.1.6 2차원 리스트

중첩리스트 중에서 각 항목의 길이가 같은 1차원 리스트라면 각 항목을 표(table)의 행(row)이라고 생각할 수 있다. 각 항목을 다른 행에 쓰면 데이터가 직사각형 형태로 배열된다. 이런 형태의 리스트를 2차원리스트라고 한다. 2차원으로 배열된 데이터는 일상생활을 비롯한 다양한 분야에서 나타난다.

- 1차원리스트 : 모든 항목이 리스트가 아닌 리스트
- 2차원 리스트 : 모든 항목의 길이가 같은 1차원 리스트. 엑셀 시트에 있는 표 형태의 자료 시트
- 3차원리스트: 각 항목이 같은 크기의 2차원리스트인 리스트

2차원 리스트도 리스트이므로 인덱싱, 슬라이싱 뿐만 아니라 리스트메소드를 사용할 수 있다. 아래에서 data는 2차원 리스트이다.

[58]:
```
data=[['한경희', 17, 59], ['박경후', 45, 52], ['김경성', 19, 86],
      ['이선영', 63, 53]]
```

2차원 리스트 A에 대한 인덱싱과 슬라이싱

- 행인덱스: 0 행의 수-1, 열인덱스: 0 열의 수-1
- A[k]: 1개의 인덱스를 사용한 인덱싱으로 결과는 1차원리스트
- A[a:b] : 슬라이싱으로 결과는 2차원 리스트
- A[i][j] : 행인덱스와 열인덱스를 사용한 인덱싱

아래에서는 pprint라는 모듈에서 정의된 pprint를 사용하여 2차원 리스트를 표 형태로 출력하였다.

[59]:
```
from pprint import pprint
data=[['한경희', 17, 59], ['박경후', 45, 52], ['김경성', 19, 86],
      ['이선영', 63, 53]]
pprint(data, indent=3, width=20)
pprint(data[:2][1], indent=2, width=20)
print(data[3][:2])
```

```
[  ['한경희', 17, 59],
   ['박경후', 45, 52],
   ['김경성', 19, 86],
   ['이선영', 63, 53]]
   ['박경후', 45, 52]
   ['이선영', 63]
```

표 형태의 자료에서 행인덱스와 열인덱스를 사용하여 각 개별 자료에 접근하려면 접근할 수 있다.

[60]:
```
print(data[2][0])
print(data[2][1])
print(data[2][2])
```

```
김경성
19
86
```

4.1.7 3차원리스트

다음 조건을 만족시키는 리스트를 3차원 리스트라고 한다.

- 각 항목이 2차원리스트
- 모든 항목에서 행과 열의 수가 같음

아래의 data3은 길이가 3인 3차원리스트이다.

[61]:
```
data3=[[[ 0,  1,  2,  3],[ 4,  5,  6,  7]], #0층
       [[ 8,  9, 10, 11],[12, 13, 14, 15]], #1층
       [[16, 17, 18, 19],[20, 21, 22, 23]]] #2층
```

각 항목은 2차원리스트이므로 평면 데이터가 3겹 쌓였다고 이해할 수 있다. 층을 나타내는 인덱스, 각 층에서 행과 열을 나타내는 인덱스가 있으므로 3차원리스트는 3개의 인덱스를 가질 수 있을 것으로 예상할 수 있다.

먼저 층을 선택하는 인덱싱과 슬라이싱의 예시를 보자. 인덱싱의 결과는 2차원리스트이며 슬라이싱의 결과는 3차원리스트임을 확인하자.

[62]:
```
print(data3[2])
print(data3[1:3])
```

```
[[16, 17, 18, 19], [20, 21, 22, 23]]
[[[8, 9, 10, 11], [12, 13, 14, 15]], [[16, 17, 18, 19], [20, 21, 22, 23]]]
```

층을 선택한 후에는 항목, 즉, 행에 대한 인덱싱이나 슬라이싱이 가능하다. 또한 각 층의 행이 1차원 리스트이므로 인덱싱과 슬라이싱이 가능하다.

[63]:
```
print(data3[2][0]) # 각 층에서 행에 대한 인덱싱
print(data3[2][0:]) # 각 층에서 행에 대한 슬라이싱
print(data3[2][1][3]) # 각 층의 각 행에서 인덱싱
print(data3[2][1][2:]) # 각 층의 각 행에서 슬라이싱
```

```
[16, 17, 18, 19]
[[16, 17, 18, 19], [20, 21, 22, 23]]
23
[22, 23]
```

3차원 리스트도 인덱스를 가지며 인덱스를 사용한 인덱싱과 슬라이싱은 동일하게 적용될 수 있다. 3개의 인덱스를 사용한다는 점에서 2차원에서와 비슷하므로 쉽게 일반화할 수 있을 것이다.

4.2 튜플

튜플(tuple)은 괄호( ) 안에 항목을 콤마로 구분하여 나열한 묶음자료이다. 파이썬에서 허용되는 모든 형태의 자료가 항목으로 쓰일 수 있다.

[64]:
```
tp=(3, 3.14, '산업경영공학과',3,[10,20])
print(type(tp))
```

```
<class 'tuple'>
```

위 튜플의 항목은 정수, 실수, 문자열, 리스트이다. 튜플도 또다른 튜플의 항목이 될 수 있다.

[65]:
```
(('삼성전자','005930'),('SK하이닉스','000660'))
```

한편, 콤마로 나열된 자료도 파이썬에서는 튜플로 인식된다.

[66]:
```
a=1, #원소가 하나인 튜플을 만들 때 콤마는 필수
b=10,20
print(type(a))
print(type(b))
```

```
<class 'tuple'>
<class 'tuple'>
```

내장함수 tuple()과 튜플

내장함수 tuple()은 문자열, 리스트 등의 이터러블 자료를 튜플로 변환한다. 이터러블 자료의 항목이 원소인 튜플을 만든다는 의미이다.

[67]:
```
print(tuple('파이썬을 공부합시다'))
print(tuple([1,2,3,4]))
```

```
('파', '이', '썬', '을', ' ', '공', '부', '합', '시', '다')
(1, 2, 3, 4)
```

()를 [ ]로 바꾼다면 리스트가 되므로 튜플이 왜 필요한지 질문할 수 있다. 이유는 다음과 같다.

- 변경이 되면 안되는 자료를 저장할 자료형이 필요하다.
- 리스트보다 적은 메모리를 사용한다.
- 처리속도가 빠르다.

파이썬에서는 실행 중에 변경을 원하는 자료는 리스트로 만들고 변경해서는 안되는 자료는 튜플로 작성한다. 튜플의 이런 특징으로 인해 자료변경과 관련된 튜플메소드는 거의 없지만 인덱싱, 슬라이싱, 연산은 리스트에서와 동일하다.

아래 튜플의 특징을 요약한다.

- 튜플의 각 항목은 인덱스를 갖는다.
- 튜플의 각 항목은 인덱스를 통해 접근할 수 있다.
- 튜플은 변경이 불가능한(immutable) 자료이다.

튜플이 변경 불가능한 자료라는 의미는 생성된 튜플에 항목의 추가, 삭제나 수정을 할 수 없다는 뜻이다. 이런 종류의 시도는 에러를 발생시키다.

튜플의 인덱싱과 슬라이싱

튜플은 리스트와 자료 구조가 동일하다. 각 항목이 인덱스를 갖고 있으며 리스트에서와 마찬가지로 인덱싱과 슬라이싱을 사용할 수 있다.

먼저 인덱싱의 예를 제시한다.

[68]:
```
student=('jklee','산업경영공학과','3학년',[80,90,85],'A')
print(len(student))
print(student[3])
print(student[-4])
```

```
5
[80, 90, 85]
산업경영공학과
```

튜플 슬라이싱의 결과는 튜플이다.

[69]:
```
print(student[0:1])
print(student[1:3])
print(student[3:5])
print(student[-2:])
```

```
('jklee',)
('산업경영공학과', '3학년')
([80, 90, 85], 'A')
([80, 90, 85], 'A')
```

예제 4.1 튜플 indiana가 아래와 같다.

```
indiana=('Kindom of crystal skull','Dial of destiny','Lost ark',
    'Temple of doom','Last crusade')
```

실행한 결과가 아래와 같은 슬라이싱 코드를 쓰시오.

(a) `('Lost ark', 'Temple of doom','Last crusade')`

(b) `('Kindom of crystal skull','Dial of destiny')`

튜플 연산

리스트에서와 마찬가지로 덧셈연산과 정수곱연산이 정의된다.

- + : 튜플 연결
- 정수곱 : 곱한 정수만큼 튜플을 연결

[70]:
```
A=('수학','영어')
B=('math','eng')
print(A+B)
print(2*B)
```

```
('수학', '영어', 'math', 'eng')
('math', 'eng', 'math', 'eng')
```

튜플메소드

항목을 추가하거나 수정하는 것은 자료의 변경에 해당한다. 튜플은 변경불가능한 자료이기 때문에 제자리에서 자료를 변경하는 메소드를 제공하지 않고 튜플에 대한 정보만 제공하는 2개의 튜플메소드만 사용할 수 있다.

- tuple.index(항목) : 처음 나오는 항목의 인덱스
- tuple.count(항목) : 튜플 안에서 항목의 빈도수(frequency)

```
[71]: tp=(3, 3.14, '산업경영공학과',3,[10,20])
print(tp.index(3.14))
print(tp.count(3))
print(tp.index(3))
```

```
1
2
0
```

참고 4.7 파이썬 기초자료 메소드는 메소드를 실행하자마자 메소드의 효과가 즉시 반영되어, 즉, 제자리(in-place)에서 자료를 변경한다. 리스트메소드 중 제자리에서 작동하지않는 메소드만 튜플에서 살아남았다고 볼 수 있다.

4.3 딕셔너리

딕셔너리(dictionary)란 사전으로 의미를 모르는 한글 단어나 영어 단어를 찾아 의미를 알아낼 수 있다. 사전에 등록된 단어와 뜻은 밀접한 관계를 맺고 있으며 자료의 집합으로서 사전은 몇 가지 특징을 갖고 있다.

- 사전에 등록된 단어는 모두 다르다.
- 단어와 뜻은 한 몸체처럼 연결되어 있다.
- 단어를 사전에서 찾으면 단어 관련 정보를 알 수 있다.
- 리스트에서와 다르게 사전에서 찾아볼 단어가 앞에서부터 몇 번째 순번에 있는지는 중요하지 않다.

파이썬 딕셔너리 사전에 등록한 단어와 뜻의 관계를 파이썬에서 실현한 자료구조를 **딕셔너리**(dictionary)라고 한다.

- 딕셔너리는 관련 있는 자료 2개를 콜론(:)으로 구분하여 묶은 파이썬 자료구조이다.
- 콜론 앞에 있는 자료는 키(key), 콜론 뒤의 자료는 값(value)라고 한다. 이때 키 : 값을 **키-값 쌍**이라고 한다.
- 여러 개의 키-값 쌍을 콤마(,)로 구분하여 중괄호 속에 나열하면 파이썬의 딕셔너리가 만들어진다.

파이썬 딕셔너리의 특징 파이썬에서 정의된 딕셔너리를 공부할 때 다음 사항을 꼭 기억해야 한다.

1. 동일한 딕셔너리에서 키는 유일해야 한다. 실수로 키가 동일한 키-쌍을 2개 이상 입력하면 마지막에 입력된 키-쌍만 살아남는다.
2. 딕셔너리는 이터러블 자료지만 시퀀스 자료는 아니다.
    - 인덱스가 없으므로 인덱싱, 슬라이싱 불가능

   - 딕셔너리의 각 항목에 접근할 수 있다.
3. 키를 통해서만 키에 대응된 값에 접근할 수 있다.
4. 리스트나 딕셔너리는 키로 사용할 수 없다.

딕셔너리에 자료를 저장할 때 키로 사용할 자료는 '유일성이 보장된 데이터'이어야 한다. 이 조건은 필수적이며 실생활이나 업무에서 키로 사용할 자료는 다양하다. 개인식별번호, 전화번호, 차량번호, 주식종목 코드 등은 개체마다 유일하다. 사람의 이름, 가게 상호, 회사이름 등은 소규모 그룹에서는 유일하므로 키로 사용할 수도 있지만 일반적으로는 중복될 수 있으므로 적합하지 못하다.

4.3.1 딕셔너리 생성

딕셔너리란 두 자료를 콜론(:)으로 연결한 키-값 쌍을 중괄호({ }) 안에 콤마로 구분하여 나열한 파이썬 자료이다. 다음은 딕셔너리의 예이다.

- offices={'lee':'407호', 'yoon':'303호'}
- credits={'수학':'A', '영어':'C', 'gpa':3.5}

키로는 유일한 값을 사용해야 한다. 키와 쌍을 이룰 자료는 파이썬에서 사용되는 모든 자료가 허용된다. 따라서 정수, 실수, 문자열, 리스트, 딕셔너리, 튜플 등이 값이 될 수 있는 것이다.

딕셔너리 자료를 만들 때 다음 방법을 사용할 수 있다.

- 키보드 입력
- 기존 딕셔너리에 키-값 쌍 추가
- 다른 자료에서 딕셔너리 만들기

다음은 K팝 그룹의 이름과 멤버수로 만든 딕셔너리이다. 딕셔너리는 dict형 자료임을 확인할 수 있다.

[72]:
```
KPops = {'잔나비': 5, '트와이스': 9, '블랙핑크': 4, 'BTS': 7}
print(KPops)
print(type(KPops))
```

```
{'잔나비': 5, '트와이스': 9, '블랙핑크': 4, 'BTS': 7}
<class 'dict'>
```

len()은 파이썬에서 허용하는 어떤 자료에 대해서도 원소의 수를 알려주는 내장함수이다.

[73]:
```
sports={'축구': 11, '야구': 9, '농구': 5, '배구': 6}
print(len(sports))
```

```
4
```

딕셔너리는 자료 표현에서 매우 유용하다. 자체로 보면 구조가 어렵게 느껴질 수 있지만 엑셀에 담을 수 있는 자료로 변환할 수 있다. 다음은 리스트나 딕셔너리가 값인 딕셔너리의 예이다.

[74]:
```
dict_list={'김영수': [81, 49], '이선영': [63, 53],
           '박경후': [45, 52], '한경희':[60,59]}
```

[75]:
```
dict_score={'mid':{'김영수':81,'이선영':63,'박경후':45,'한경희':60},
 'final':{'김영수':49, '이선영':53, '박경후':52,'한경희':59}}
```

먼저 딕셔너리를 데이터과학에서 사용되는 패키지인 pandas를 사용하여 시리즈와 데이터프레임으로 바꿔보자. (팬더스는 뒤에서 자세히 공부한다. 여기서는 딕셔너리가 얼마나 유용한 자료인지 설명하기위해 코드를 도입한다.)

[76]:
```
import pandas as pd
pd.Series(sports)
```

[76]:
```
축구    11
야구     9
농구     5
배구     6
dtype: int64
```

[77]:
```
A=pd.DataFrame(dict_list)
A.transpose()
```

[77]:

	0	1
김영수	81	49
이선영	63	53
박경후	45	52
한경희	60	59

[78]:
```
pd.DataFrame(dict_score)#딕셔너리로부터 표 만들기
```

[78]:

	mid	final
김영수	81	49
이선영	63	53
박경후	45	52
한경희	60	59

키를 통한 참조

위 딕셔너리 sports에서 키 '축구'의 값은 11, 키 '배구'의 값은 6이다. 자료 sports에서 키 '축구'와 연관된 값을 참조(읽기)하거나 접근하려면 sports['축구']를 실행한다. 이 과정을

키를 통한 참조라고 한다. 일반적으로 다음 형식으로 키를 통해 값에 접근할 수 있다.

딕셔너리변수[참조할키]

키를 통해 값을 참조할 때 딕셔너리에 참조할 키가 없으면 에러가 발생하고 실행이 중단된다는 점에 주의하자.

[79]:
```
sports={'축구': 11, '야구': 9, '농구': 5, '배구': 6}
sports['농구']
```

[79]: 5

다음 코드는 keyError를 발생시킨다. 없는 키 '하키'를 통해 값에 접근하려고 시도했기 때문이다.

```
sports['하키']
```

dict.get() 없는 키를 통해 참조할 때 실행중단을 막으려면 딕트메소드 get()을 사용하면 좋다. get()에 키와 경고 문자열을 입력하고 실행하면 에러가 발생하지 않고 실행될 뿐만 아니라 입력된 문자열을 출력한다.

[80]:
```
sports.get('하키', print('없는 종목입니다.'))
sports.get('하키', '없는 종목입니다.')
```

없는 종목입니다.

[80]: '없는 종목입니다.'

기존 딕셔너리에 키-값 쌍 추가

빈딕셔너리(empty dictionary)를 저장한 변수나 기존 딕셔너리에 키-값 쌍을 추가하여 데이터를 만들 수 있다. 빈 딕셔너리는 다음과 같이 두 가지 방법으로 생성할 수 있다.

- {}
- dict()

추가하는 요령은 다음과 같다.

- 딕트변수[추가할키]=추가할값
- 추가할 키가 기존에 있는 키이면 값만 바뀐다.

빈딕셔너리 address에 친구 이름과 전화번호 키-값 쌍을 추가해 보자.

[81]:
```
address={}
address['jklee']='010.8899.3345'
address
```

[81]:
```
{'jklee': '010.8899.3345'}
```

[82]:
```
address['pskang']='010.7777.6542'
print(address)
```

```
{'jklee': '010.8899.3345', 'pskang': '010.7777.6542'}
```

기존에 존재하는 키로 키-값 쌍을 추가하면 기존 키-값 쌍이 갱신된다.

[83]:
```
address['jklee']='010-3455-0407'
address['sskim']='010-2378-9086'
address
```

[83]:
```
{'jklee': '010-3455-0407', 'pskang': '010.7777.6542',
'sskim': '010-2378-9086'}
```

딕셔너리에서 키를 통해 값에 접근하여 데이터를 활용할 수 있다. 다음 코드에서는 키와 값을 이용하여 문자열을 만든다.

[84]:
```
info='{}의 연락처는 {}입니다.'.format('jklee',address['jklee'])
print(info)
```

```
jklee의 연락처는 010-3455-0407입니다.
```

[85]:
```
info='{}의 연락처는 {}입니다.'.format('pskang',address['pskang'])
print(info)
```

```
pskang의 연락처는 010.7777.6542입니다.
```

[86]:
```
info='%s의 연락처는 %s입니다.'%('sskim',address['sskim'])
print(info)
```

```
sskim의 연락처는 010-2378-9086입니다.
```

dict()로 다른 자료로부터 딕셔너리 만들기

내장함수 dict()는 빈딕셔너리를 만들 때 사용되기도하지만 기존자료를 딕셔너리로 변환할 때 사용되기도 한다. dict()에 전달하는 자료는 키와 값의 역할을 할 수 있는 2개의 항목을 가진 자료이어야 한다.

- 키=값 형태의 나열을 전달
  - 대입연산자 왼쪽은 변수로 간주된다.
  - 이 형식에서 공백없는 텍스트는 키로 사용될 수 있다.
- 원소가 2개인 자료로 구성된 리스트나 튜플을 전달

대입형식의 키-값 쌍 키로 사용될 영어텍스트나 한글 텍스트(문자열)를 따옴표 없이 대입연산자 = 왼쪽에 쓴다.

- 문자열을 만들 때 사용되는 따옴표(인용부호)를 쓰지않아도 딕셔너리에서는 문자열로 바뀐다.
- 대입형식에서 숫자는 키로 사용될 수 없다. 다른 방식으로 딕셔너리를 만든다면 숫자를 키로 사용할 수 있다.

```
[87]: dict(a=100, 김치='good', 라면='soso')
```

```
[87]: {'a': 100, '김치': 'good', '라면': 'soso'}
```

튜플의 모든 원소가 길이2인 튜플을 딕셔너리로 변환

```
[88]: a=(('a',[97,90]), ('b',98), ('c',99))
      dict(a)
```

```
[88]: {'a': [97, 90], 'b': 98, 'c': 99}
```

리스트나 튜플을 딕셔너리로 변환 2차원리스트의 원소가 모두 길이가 2이면 딕셔너리로 변환할 수 있다.

```
[89]: a=[['a',97], ['b',98]]
      dict(a)
```

```
[89]: {'a': 97, 'b': 98}
```

```
[90]: dict([[2,(2,3,4)], [3,'c']])
```

```
[90]: {2: (2, 3, 4), 3: 'c'}
```

```
[91]: dict([('a',97), ('b',98), ('c',99)])
```

```
[91]: {'a': 97, 'b': 98, 'c': 99}
```

zip형 자료를 딕셔너리로 변환

zip()은 전달된 자료에서 원소를 뽑아 순서쌍으로 만들어 묶어주는 내장함수이다. zip()에 전달된 자료가 2개일 때 딕셔너리로 변환할 수 있다.

[92]:
```
A=[97, 98, 99, 100, 101, 102, 103]
B=['a', 'b', 'c', 'd', 'e', 'f', 'g']
dict(zip(A,B))
```

[92]:
```
{97: 'a', 98: 'b', 99: 'c', 100: 'd', 101: 'e', 102: 'f', 103: 'g'}
```

4.3.2 키-값 쌍 추가, 삭제, 값 변경

딕셔너리에서 키를 써서 항목을 변경하거나 삭제할 수 있다.

- 딕트변수[k]=v
  - k가 없는 키이면 키-값 쌍 k:v를 추가
  - k가 기존에 있는 키이면 값을 v로 변경
- del 딕트변수[k] : 키가 k인 키-값 쌍 삭제
- 딕트변수.pop(k) : 키 k에 대응되는 값을 출력한 후 키가 해당 키-값 쌍 삭제

[93]:
```
data={'김영수':[81, 49],'이선영':[63, 53],'김경성':[19, 86]}
print(data)
data['박경후']=[45, 52]
print(data)
data['이선영']=[63,73]
print(data)
```

```
{'김영수': [81, 49], '이선영': [63, 53], '김경성': [19, 86]}
{'김영수': [81, 49], '이선영': [63, 53], '김경성': [19, 86], '박경후': [45,
52]}
{'김영수': [81, 49], '이선영': [63, 73], '김경성': [19, 86], '박경후': [45,
52]}
```

[94]:
```
del data['이선영']
print(data)
```

```
{'김영수': [81, 49], '김경성': [19, 86], '박경후': [45, 52]}
```

[95]:
```
data.pop('박경후')
```

[95]:
```
[45, 52]
```

[96]:
```
print(data)
```

```
{'김영수': [81, 49], '김경성': [19, 86]}
```

4.3.3 딕셔너리 멤버십 조사

Y가 딕셔너리 변수일 때 in 또는 not in을 써서 x가 Y의 키인지 조사할 수 있다.

- x in Y : x가 Y의 키이면 True, 그렇지않으면 False 반환
- x not in Y : x가 Y의 키이면 False, 그렇지않으면 True 반환
- for문에서 사용할 때 제어변수는 키에 해당한다.

[97]:
```
data={'김영수':[81, 49],'이선영':[63, 53],'김경성':[19, 86]}
print('이선영' in data)
print('김영석' not in data)
```

```
True
True
```

4.3.4 딕셔너리 메소드

이제 딕트(dict) 메소드에 대해 살펴본다.

- dict.clear()
- dict.copy() : 얕은 복사(shallow copy)
- dict.fromkeys(a,b) : a와 b로부터 키-값을 만들어 딕셔너리 생성
- dict.keys() : 딕셔너리 키를 보여주는 유사집합(set-like ojbect) 생성
- dict.values() : 딕셔너리의 값을 보여주는 유사집합(set-like ojbect) 생성
- dict.items() : 딕셔너리 키-값 쌍을 보여주는 유사집합(set-like ojbect) 생성
- dict.pop(key) : key 삭제 후 해당 값 반환
- dict.popitems() : 임의의 키-값 쌍 삭제
- dict.update() : 딕셔너리 병합

dict.fromkeys(seq, value) 키와 값이 준비되었을 때 딕셔너리를 생성할 때 편리하게 사용할 수 있는 메서드이다.

- seq: 딕셔너리의 키(key)가 될 시퀀스 자료
- value: 딕셔너리의의 값이 될 자료

[98]:
```
k=['A', 'B', 'C', 'D', 'E']
v=20
dict.fromkeys(k,v)
```

[98]:
```
{'A': 20, 'B': 20, 'C': 20, 'D': 20, 'E': 20}
```

dict.keys(), dict.values(), dict.items()

딕셔너리의 키, 값을 이용하여 집합과 비슷한 자료를 생성한다.

- 이 자료들은 iterable이고 각 원소에 접근할 수 있다.
  - 따라서 for문에서 반복을 위해 사용될 수 있다.
  - sequence가 아니므로 인덱스를 갖지 않으므로 인덱싱을 사용할 수 없다.
- 키나 값 전체가 필요하면 list()를 이용하여 변환한 후 사용하기도 한다.

[99]:
```
data={'김영수':[81, 49],'이선영':[63, 53],'김경성':[19, 86]}
print(data.keys())
print(data.values())
print(data.items())
```

```
dict_keys(['김영수', '이선영', '김경성'])
dict_values([[81, 49], [63, 53], [19, 86]])
dict_items([('김영수', [81, 49]), ('이선영', [63, 53]), ('김경성', [19, 86])])
```

[100]:
```
list(data.keys())
```

[100]:
```
['김영수', '이선영', '김경성']
```

[101]:
```
list(data.items())
```

[101]:
```
[('김영수', [81, 49]), ('이선영', [63, 53]), ('김경성', [19, 86])]
```

딕셔너리 병합 및 갱신 : dict.update()

두 딕셔너리를 합쳐 새로운 딕셔너리를 만들 수도 있고 기존의 딕셔너리에 다른 딕셔너리의 키-값을 모두 추가할 수 있다.

다음은 두 딕셔너리를 병합하여 새로운 딕셔너리를 만드는 코드이다.

[102]:
```
data={'이선영':[63, 53],'김경성':[19, 86]}
temp={'이하늘':[90,87], '권미영':[100,99]}
print({**data, **temp})
```

```
{'이선영': [63, 53], '김경성': [19, 86], '이하늘': [90, 87], '권미영': [100,
99]}
```

dict.update() 아래 코드는 temp의 모든 키-값쌍을 기존 딕셔너리 data에 추가한다. 따라서 data가 변경된다.

[103]:
```
data.update(temp)
print(data)
print(temp)
```

```
{'이선영': [63, 53], '김경성': [19, 86], '이하늘': [90, 87], '권미영': [100,
99]}
{'이하늘': [90, 87], '권미영': [100, 99]}
```

4.3.5 딕셔너리 정렬

딕셔너리는 항목을 정렬하는 메소드를 제공하지 않는다. 따라서 파이썬 자료를 정렬하는 일반적 방법을 적용해야 한다. 다음은 파이썬에서 일반적인 데이터를 정렬할 때 사용되는 기초적인 방법이다.

- sorted(dict.items(), reverse=False or True)를 이용한 정렬
- operator.itemgetter를 사용한 정렬
- 람다함수를 사용한 정렬(8장 파이썬 함수에서 다시 설명)

여기서는 내장함수 sorted()를 사용하여 키나 값을 기준으로 정렬하는 방법에 대해 알아본다.

- key를 이용한 정렬
  `sorted(dict.items(), key=operator.itemgetter(0))`
- value를 이용한 정렬
  `sorted(dict.items(), key=operator.itemgetter(1))`
- sorted(dict.items()): 키 기준 정렬결과를는 딕셔너리를 리스트로 변환

[104]:
```
mid={'김영수':81,'이선영':63,'김경성':19,'박경후':45,'한경희':17}
print(sorted(mid.items(), reverse=True))
print(sorted(mid.items(), reverse=False))
```

```
[('한경희', 17), ('이선영', 63), ('박경후', 45), ('김영수', 81), ('김경성', 19)]
[('김경성', 19), ('김영수', 81), ('박경후', 45), ('이선영', 63), ('한경희', 17)]
```

다음은 operator 모듈을 불러온 후 내장함수 itemgetter()를 사용하여 정렬하는 방법에 대한 설명이다.

[105]:
```
import operator
print(sorted(mid.items(), key=operator.itemgetter(0),reverse=True ))
print(sorted(mid.items(), key=operator.itemgetter(0),reverse=False ))
```

```
[('한경희', 17), ('이선영', 63), ('박경후', 45), ('김영수', 81), ('김경성', 19)]
[('김경성', 19), ('김영수', 81), ('박경후', 45), ('이선영', 63), ('한경희', 17)]
```

[106]:
```
print(sorted(mid.items(),  key=operator.itemgetter(1),reverse=True ))
print(sorted(mid.items(),  key=operator.itemgetter(1),reverse=False ))
```

```
[('김영수', 81), ('이선영', 63), ('박경후', 45), ('김경성', 19), ('한경희', 17)]
[('한경희', 17), ('김경성', 19), ('박경후', 45), ('이선영', 63), ('김영수', 81)]
```

4.4 셋(set)

파이썬에서 셋은 중괄호 안에 원소를 나열한 자료형으로 개별원소에 접근할 수 있는 이터러블 자료이지만 각 원소에는 순서가 없다. 즉, 인덱스가 없으므로 인덱싱이나 슬라이싱은 불가능하다는 특징을 갖는다.

한편, 셋은 구조와 연산 측면에서 수학에서의 집합과 거의 같다. 셋은 원소의 추가, 삭제 및 합집합, 교집합, 차집합 등의 연산 및 파이썬 고유의 멤버십 조사 연산을 지원한다. 수학의 집합과 다르게 원소에 몇 가지 제한이 있다.

- 원소는 불변(immutable)자료이어야 한다.
- 수정 가능한 리스트와 딕셔너리는 셋의 원소가 될 수 없다.

4.4.1 셋 생성

셋은 중괄호 안에 콤마로 원소를 나열하여 생성할 수 있다.

[107]:
```
print(type({1,2,3}))
type({1,2,3})
```

```
<class 'set'>
```

[107]:
```
set
```

원소가 리스트나 딕셔너리인 셋을 만드려고 시도하면 TypeError가 발생한다. 다음 코드를 실행하여 확인하기 바란다.

```
X={[1,2,3], 10,20}
```

셋을 만드는 다른 방법은 내장함수 set()을 사용하여 공집합을 만들거나 이터러블 자료를 셋으로 변환하는 것이다.

[108]:
```
A=set()
B=set('SMU') # 문자열이나 리스트, 튜플, range() 등을 전달하고 실행
C=set(range(5))
print(A)
```

```
print(B)
print(C)
```

```
set()
{'M', 'U', 'S'}
{0, 1, 2, 3, 4}
```

셋메소드

셋은 자료를 추가하거나 삭제하는 메소드들 제공한다. 또한 3가지 연산 메소드와 포함관계를 제공하는 메소드도 제공한다.

- 원소 추가 및 삭제, 복사 메소드
  - set.add()
  - set.discard(), set.remove(), set.pop(), set.clear()
  - set.copy()
- 집합연산 관련 메소드
  - set.difference(), set.difference_update()
  - set.intersection(), set.intersection_update()
  - set.symmetric_difference()
  - set.union(), set.update()
- 두 셋의 포함관계, 서로소 여부
  - set.issubset(), set.issuperset()
  - set.isdisjoint()

4.4.2 원소 추가 및 삭제

여기서는 원소를 추가하거나 삭제하는 메소드에 대하여 알아본다.

원소 추가: add()

[109]:
```
even={2,4,6}
even.add(8)
even.add(10)
print(even)
```

```
{2, 4, 6, 8, 10}
```

원소 삭제

- remove(x) : x가 원소이면 삭제, 아니면 KeyError 발생
- discard(x) : x가 원소일 때만 삭제
- pop() : 공집합이 아닐 때 임의의 원소를 삭제

[110]:
```
X={2, 4, 6, 8, 11}
X.remove(11)
print(X)
```

```
{2, 4, 6, 8}
```

[111]:
```
X={2, 4, 6, 8, 11}
X.discard(11)# 제자리에서 원소제거, 반환값 없음
print(X)
```

```
{2, 4, 6, 8}
```

[112]:
```
X={1, 2, 4, 6, 8}
X.discard(1)# 제자리에서 원소제거, 리턴값은 None
print(X)
```

```
{2, 4, 6, 8}
```

셋과 얕은복사

[113]:
```
X={1, 2, 4, 6, 8}
Y=X
Z=X.copy()
print('X의 메모리 주소:', id(X))
print('Y의 메모리 주소:', id(Y))
print('Z의 메모리 주소:', id(Z))
```

```
X의 메모리 주소: 1761446151104
Y의 메모리 주소: 1761446151104
Z의 메모리 주소: 1761446152000
```

셋메소드인 set.copy()는 얕게 복사한다. 위에서 X,Y의 주소는 같지만 Z의 주소는 다르다. 한편, 모든 원소는 메모리 주소가 같다.

[114]:
```
for x,y,z in zip(X,Y,Z):
    print(x,y,z)
    print(id(x), id(y), id(z))
```

```
1 1 1
1761328654640 1761328654640 1761328654640
2 2 2
1761328654672 1761328654672 1761328654672
4 4 4
1761328654736 1761328654736 1761328654736
6 6 6
1761328654800 1761328654800 1761328654800
8 8 8
1761328654864 1761328654864 1761328654864
```

4.4.3 파이썬 집합연산 메소드

집합 A와 B에 대해 집합연산의 파이썬 메소드는 다음과 같다.

- 합집합
  - $A \cup B$: A.union(B)
  - $A = A \cup B$: A.update(B) 또는 A|B|
- 교집합
  - $A \cap B$: A.intersection(B) 또는 $A\&B$
  - $A = A \cap B$: A.intersection_update(B)
- 차집합
  - $A - B$: A.difference(B)
  - $A = A - B$: A.difference_update(B)
- 대칭차집합
  - $A \triangle B = (A - B) \cup (B - A)$: A.symmetric_difference(B) 또는 $A^\wedge B$

A는 20이하 2의 배수의 집합이고, B는 20이하 3의 배수의 집합이라고 하자. 집합 A, B에 대해 집합연산의 결과를 살펴보자.

union
두 자료를 중복없이 합치는 경우에 쓸 수 있다.

- 수학적 표현: $A \cup B = \{x|x \in A \ or \ x \in B\}$
- 파이썬 표현 : A|B 또는 A.union(B)

[115]:
```
A=set(range(2,21,2))
B=set(range(3,21,3))
print('A:', A)
print('B:', B)
```

```
A: {2, 4, 6, 8, 10, 12, 14, 16, 18, 20}
B: {3, 6, 9, 12, 15, 18}
```

[116]:
```
print(A.union(B))
print(A|B)
print(A)
```

```
{2, 3, 4, 6, 8, 9, 10, 12, 14, 15, 16, 18, 20}
{2, 3, 4, 6, 8, 9, 10, 12, 14, 15, 16, 18, 20}
{2, 4, 6, 8, 10, 12, 14, 16, 18, 20}
```

셋메소드 A.update(B)는 합집합의 결과를 A에 대입한다.

- 합집합 후 제자리에서 A에 대입하므로 A가 바뀜
- 축약연산을 적용하여 A|=B로 쓸 수 있다.

[117]:
```
print(A)
A.update(B)
print(A)
```

```
{2, 4, 6, 8, 10, 12, 14, 16, 18, 20}
{2, 3, 4, 6, 8, 9, 10, 12, 14, 15, 16, 18, 20}
```

intersection
두 자료에서 공통부분, 즉, 중복된 자료를 추출한다.

- 수학적 표현 : $A \cap B = \{x|x \in A \, and \, x \in B\}$
- 파이썬 표현 : A&B 또는 A.intersection(B)
- A.intersection_update(B)
  - 교집합의 결과를 제자리에 A에 대입하므로 A가 바뀜
  - 축약연산을 적용하여 A&=B로 쓸 수 있다.

[118]:
```
A={2, 4, 6, 8, 10, 12, 14, 16, 18, 20}
B={3, 6, 9, 12, 15, 18}
```

```
print(A.intersection(B))
print(A&B)
print(A)
```

```
{18, 12, 6}
{18, 12, 6}
{2, 4, 6, 8, 10, 12, 14, 16, 18, 20}
```

[119]:
```
print(A)
A.intersection_update(B)
print(A)
```

```
{2, 4, 6, 8, 10, 12, 14, 16, 18, 20}
{18, 12, 6}
```

difference

A에만 있는 자료를 추출할 수 있는 연산으로 반환값을 대칭차집합이라고 한다.

$$A - B = \{x | x \in A \, and \, x \notin B\}$$

[120]:
```
A={2, 4, 6, 8, 10, 12, 14, 16, 18, 20}
B={3, 6, 9, 12, 15, 18}
print(A-B)
print(B-A)
print((A-B)|(B-A))
```

```
{2, 4, 8, 10, 14, 16, 20}
{9, 3, 15}
{2, 3, 4, 8, 9, 10, 14, 15, 16, 20}
```

symmetric difference

A와 B 한쪽에서 있는 원소만 추출하는 연산이다.

- 수학적 표현 : $A \triangle B = (A - B) \cup (B - A)$
- 파이썬 표현 : A.symmetric_difference(B) 또는 `A^B`

[121]:
```
print(A^B)
print((A-B)|(B-A))
print(A.symmetric_difference(B))
```

```
{2, 3, 4, 8, 9, 10, 14, 15, 16, 20}
{2, 3, 4, 8, 9, 10, 14, 15, 16, 20}
{2, 3, 4, 8, 9, 10, 14, 15, 16, 20}
```

4.4.4 셋 정렬

파이썬의 셋 자료는 정렬메소드를 갖고 있지 않다. 따라서 셋을 정렬하려면 내장함수 sorted()를 사용해야 한다. 리스트로 변환하여 리스트메소드를 사용할 수는 있다.

[122]:
```
A={5,2,7,1,8}
print(sorted(A))
print(sorted(A, reverse=True))
```

```
[1, 2, 5, 7, 8]
[8, 7, 5, 2, 1]
```

4.5 항목이 숨겨진 파이썬 묶음자료

여기서는 내장함수 range(), zip(), enumerate()에 의해 생성된 자료에 대해 알아본다. 이 자료를 보통 함수 이름 다음에 객체를 붙여 지칭한다. 예컨대 따라서 range()로 생성한 자료는 range 객체라고 한다.

참고 4.8 (객체) 여기서 객체는 단순히 파이썬에서 허용된 자료라고 이해하기로 하자. 좀더 정확하게는 클래스에서 생성된 자료를 객체라고 한다.

4.5.1 range 객체

내장함수 range()를 사용하여 만든 자료형으로 모든 항이 정수인 등차수열을 생성하여 저장한다. 아래 3가지 형태로 range 객체를 생성할 수 있다.

- range(a,b)
- range(n)
- range(a,b,h)

range 객체는 아래의 특징을 갖고 있다.

- 문자열, 리스트, 튜플처럼 항목에 접근할 수 있는 인덱스를 갖고 있다.
  - 인덱스는 양수, 음수 모두 가능
  - 인덱싱 가능
  - 슬라이싱 가능

- 항목 전체를 한꺼번에 볼 수 없다.
  - 간격이 일정한 정수를 빠른 속도로 생성하고 이용할 수 있다.
  - list(), tuple(), set() 등을 써서 전체항목을 확인할 수 있다.

레인지 객체는 간격이 일정한 정수가 필요한 경우나 for 반복문에서 주로 사용한다.

range(a,b) 꼴 객체

a+1, ⋯, b-1이 항목인 range 객체이다.

[123]:
```
b=range(2,10)
print(b) #항목을 볼 수 없다.
print(list(b))
```

```
range(2, 10)
[2, 3, 4, 5, 6, 7, 8, 9]
```

[124]:
```
print(b[2], b[-6])
```

```
4 4
```

[125]:
```
print(b[:3])
print(b[1:5])
print(b[-3:])
```

```
range(2, 5)
range(3, 7)
range(7, 10)
```

range(0,n)의 항목은 0,1,⋯,n-1인데 보통 range(n)으로 쓴다. 곧, range(0,n)과 range(n)은 같다.

[126]:
```
print(list(range(0,4)))
```

```
[0, 1, 2, 3]
```

range(n) 꼴 객체

n이 자연수일 때 항목이 0,1,2,⋯,n-1인 range 객체를 생성한다. 각 항목은 문자열, 리스트, 튜플의 인덱스를 닮았다.

[127]:
```
a=range(5)
len(a)
```

```
a
```

[127]: range(0, 5)

[128]:
```
print(a[0],a[1],a[2],a[3],a[4])
print(a[-1],a[-2],a[-3],a[-4],a[-5])
```

```
0 1 2 3 4
4 3 2 1 0
```

range 객체는 인덱스를 갖는 자료이므로 당연히 인덱싱과 슬라이싱이 가능한 자료이다. 슬라이싱의 결과는 다시 range 객체이다.

[129]:
```
print(a[1:3])
print(a[2:])
print(a[-1:])
```

```
range(1, 3)
range(2, 5)
range(4, 5)
```

range(a,b,h) 꼴 객체

a 이상 b보다 작은 a+kh(k=0,1,2,⋯) 꼴의 모든 정수가 항목인 객체이다.

- h>0이면 range객체의 항목은 점점 커진다.
- h<0이면 range객체의 항목은 점점 작아진다.

[130]:
```
print(list(range(2,30,3)))
```

```
[2, 5, 8, 11, 14, 17, 20, 23, 26, 29]
```

[131]:
```
c=range(20, 0, -2)
print(c)
print(list(c))
```

```
range(20, 0, -2)
[20, 18, 16, 14, 12, 10, 8, 6, 4, 2]
```

4.5.2 zip 객체

내장함수 zip()를 사용하여 만든 파이썬 자료형으로 zip() 함수의 인자로 전달된 여러 개의 자료에서 항목을 뽑아낸 후 결합하여 원소쌍을 만든다.

```
zip(자료1, 자료2, ...)
```

이 자료는 아래 특징을 갖는다.

- 모든 항목을 한꺼번에 접근할 수는 없다.
- 각 항목은 튜플이다.
- 인자로 전달하는 자료의 길이는 서로 다를 수 있다.

zip 객체는 항목을 볼 수 없지만 list() 또는 tuple() 등을 사용하여 전체 항목을 확인할 수 있다. zip객체 안에 포함된 항목의 수는 인자로 사용된 자료의 최소 길이와 같다.

[132]:
```
A=[1,2,3]
B=['a','b','c','d']
x=zip(A,B)
print(list(x))
```

```
[(1, 'a'), (2, 'b'), (3, 'c')]
```

zip()의 전달된 자료가 인덱스를 갖는 자료이면 zip객체의 각 항목은 인덱스가 같은 원소끼리 묶여져 있다. 이렇게 생성항 zip 객체는 주로 for 반복문에서 사용된다.

[133]:
```
ball_game=['축구','야구', '농구','배구']
players=[11,9,5,6, 2]# 경기에 필요한 인원
list(zip(ball_game, players))
```

[133]:
```
[('축구', 11), ('야구', 9), ('농구', 5), ('배구', 6)]
```

인덱스를 갖지않는 자료를 묶어 zip 객체를 만들 수도 있지만 잘 사용하지는 않는다. 아래는 리스트와 셋으로 zip 객체를 생성한 예이다. 각 자료에서 항목을 뽑는 순서가 보이는 것과 다른다.

[134]:
```
A={3,1,2}
B={'a','b','c','d'}
X=list(zip(A,B))
print(X)
```

```
[(1, 'd'), (2, 'a'), (3, 'b')]
```

참고 4.9 (zip 객체 언패킹) zip 객체를 만들 때 사용한 자료의 수가 n개이면 각 항목인 튜플의 길이도 n이다. zip객체의 항목을 사용할 때 n개의 변수를 사용하면 튜플의 항목에 쉽게 접근할 수 있다. 이 과정을 언패킹(unpacking)이라고 한다. 아래는 언패킹을 사용한 예시이다.

[135]:
```
ball_game=['축구','야구', '농구']
players=[11,9,5,6, 2]
for a,b in zip(ball_game,players):
    tmp='{} 경기 선수: {}명'.format(a,b)
    print(tmp)
```

```
축구 경기 선수: 11명
야구 경기 선수: 9명
농구 경기 선수: 5명
```

4.5.3 enumerate 객체

내장함수 enumerate()는 파이썬 이터러블 자료에 카운터(counter)를 부여한 자료를 만드는 함수이다. 이 자료의 원소는 카운터와 자료의 항목으로 만들어진 튜플이다. 0부터 시작하는 카운터는 인덱스와 비슷하지만 enumerate 객체가 인덱스를 갖는 것은 아니라는 것에 주의해야 한다.

기본적인 사용법은 다음과 같다.

```
enumerate(자료, start=0)
```

카운터를 지정하는 방식은 아래와 같다.

- 카운터 시작값이 0: enumerate()에 자료만 전달
- 카운터 시작값 지정: start에 시작값을 지정하고 enumerate() 호출

생성된 enumerate형 자료(객체)는 인덱스와 비슷한 정수, 즉, 카운터를 갖지만 인덱싱이나 슬라이싱은 사용할 수 없다.

[136]:
```
ball_game={'축구','야구', '농구','배구'}
list(enumerate(ball_game))
```

[136]:
```
[(0, '축구'), (1, '농구'), (2, '야구'), (3, '배구')]
```

enumerate객체의 항목에 접근하여 자료에 대한 조작이 필요할 수도 있다.

아래 코드에서 enumerate 객체 A의 항목이 3개이므로 3개의 변수에 항목을 대입한 후 각 항목을 사용할 수는 있다. 항목의 수가 매우 큰 자료에서 생성된 enumerate 객체를 이런 방식으로 사용할 수는 없다.

[137]:
```
country=['Korea','Japan','Canada']
a,b,c=enumerate(country,1)
print(a,b,c)
```

```
(1, 'Korea') (2, 'Japan') (3, 'Canada')
```

각 자료에 번호를 붙인 enumerate 객체를 사용하는 자료 처리는 보통 반복문을 이용하며 항목을 카운트와 자료로 언패킹한다.

참고 4.10 (enumeate 객체와 반복문) enumeate 객체도 항목 전체를 볼 수 없지만 for 반복문에서 각 항목에 접근할 수 있다. enumerate 객체 항목의 카운트와 자료의 항목을 언패킹하여 사용할 수 있다.

[138]:
```
country=['Korea','Japan','Canada']
for i, nation in enumerate(country,1):
    print(i, nation)
```

```
1 Korea
2 Japan
3 Canada
```

CHAPTER 5

불 자료와 논리연산

불 자료는 True와 False라는 상수값으로 이루어진 파이썬 자료로 파이썬에서는 세 가지 목적으로 사용된다.

- 파이썬 문장이 (논리적으로) 참인지 거짓인지 판단
- 변수가 빈자료인지 아닌지 판단
- 1 또는 0을 표현

5.1 불 자료와 명제

명백하게 참인지 거짓인지 판정할 수 있는 문장을 명제(proposition)라고 부르는데 명제를 이용하여 논리적 추론을 추구하는 것은 수학, 논리학, 철학 등에서 자주 사용되는 기술이다.

불(Bool)의 상수형 자료예약어 True와 False는 명제의 논리값인 참과 거짓을 표현하기위해 주로 사용된다.

- True : 명제가 참(true)을 나타내는 예약어
- False: 명제가 거짓(false)임을 나타내는 예약어

True와 False의 정확한 자료형은 bool[1]이다.

[1]:
```
print(type(True))
type(False)
```

```
<class 'bool'>
```

[1]:
```
bool
```

불 상수 True와 False는 부등식이나 등식의 성립 여부를 확인할 때 사용할 수 있다.

[2]:
```
print(2+3>6)
print(3-6<=-3)
```

[1]Bool은 명제의 구조를 수학적으로 정립한 영국의 수학자이다.

```
print(10+20==30)
```

```
False
True
True
```

불 자료가 포함된 사칙연산 식에서 파이썬은 True를 1, False를 0으로 인식한다.

[3]:
```
print(True+9)
print(5*False)
print(True+True+False)
```

```
10
0
2
```

5.2 내장함수 bool()

bool()은 불 자료를 만들어내는 생성자 함수로 괄호 안에 변수나 자료형을 전달하고 실행하면 불 자료형의 값을 반환한다.

- 반환값이 False인 경우
  - 빈자료 : 원소가 없는 자료형인 빈문자열, 빈리스트, 빈튜플, 빈딕셔너리 등
  - 실수 0.0 또는 정수
  - None
- 반환값이 True인 경우
  - 원소를 갖는 자료
  - 0아닌 숫자

항목이 없는 자료는 숫자0은 불자료로서는 False이다.

[4]:
```
zero=["", [], {}, (), 0, 0.0 ]
print(bool(zero[0])) #빈문자
print(bool(zero[1])) #빈리스트
print(bool(zero[2])) #빈 딕셔너리
print(bool(zero[3])) #빈 튜플
print(bool(zero[4])) # 정수 0
print(bool(zero[5])) # 실수 0
```

```
False
False
False
False
False
False
```

반면에 0아닌 숫자나 항목을 가진 자료는 불 자료는 True이다.

[5]:
```
print(bool(1))
print(bool('sun'))
print(bool([1,2,3,4]))
```

```
True
True
True
```

5.3 파이썬에서의 관계연산

참과 거짓인 파이썬 문장을 이용하여 자료를 처리하는 과정은 모든 프로그래밍 언어에서 필수적인 내용이다. 변수에 저장된 값을 이용하여 명제값이 참 또는 거짓을 갖는 명제를 구성하여 자료처리에 활용한다.

파이썬에서는 3 가지 형태의 연산을 이용하여 명제함수를 만든다. 두 자료의 상호관계를 다루므로 관계연산이라고 부르기도 한다.

(a) 대소 또는 선후 비교 연산 : 부등호 기호를 사용하여 수학의 부등식 성립여부와 문자열의 선후를 비교한다.
- <, <=, >, >=
- 대소 관계 : 크기 비교
- 선후 비교 : 문자열에서 시작 문자의 인코딩 값을 비교

(b) 같은지 다른지 조사
- ==, !=
- 수식에서 등식의 성립 여부
- 파이썬 자료의 값이 서로 같은지 다른지 비교

(c) 멤버쉽(membership) 조사 연산
- in, not in
- 어떤 항목이 자료의 원소인지 조사

참과 거짓을 판단할 수 있는 파이썬 문장을 변수에 대입할 수 있다. 대입하는 명제를 괄호로 감싸면 혼동을 피할 수 있다. 변수의 자료형은 bool이다.

숫자의 대소비교 수식과 변수를 포함한 부등식의 성립여부를 판단하여 True 또는 False를 반환하다.

[6]:
```
i=5
print(i>7)
print(i+2>3)
print(2+3<=5)
```

```
False
True
True
```

부등식으로 표현된 명제를 변수에 대입하면 부등식의 성립여부가 불 값으로 저장된다. 이때 오른쪽의 부등식을 먼저 계산한 후 변수에 결과값을 대입한다.

[7]:
```
i=4
A=(i>6)
B=3<4
print(A, B)
```

```
False True
```

예제 5.1 어떤 도로의 제한속도가 시속 60km라고 한다. 자동차의 속도를 측정하여 과속인지 아닌지 확인하는 파이썬 문장을 만들어 보자. 단, 자동차의 속도는 측정기를 통해 파이썬에서 input()으로 전달된다고 가정하자.

[8]:
```
speed=float(input('자동차 속도(단위 km): '))
test=(speed>60)
print('과속 ? : %s'%test)
```

```
자동차 속도(단위 km): 65
과속 ? : True
```

[9]:
```
speed=float(input('자동차 속도(단위 km): '))
test=(speed>60)
print('과속 ? : %s'%test)
```

```
자동차 속도(단위 km): 55
과속 ? : False
```

문제 5.1 어린이/노인 보호구역의 제한속도는 30km인데 (측정오차를 고려하여) 단속속도는 41km라고 한다. 측정 속도에 따른 범칙금이 얼마인지 콘솔에 출력하는 코드를 작성하시오. 단, 위반시 범칙금(벌금, fine)은 6만원이다.

해결 전략

- 예제 5.1의 코드를 조금 수정하면 측정속도에 따라 범칙금을 계산할 수 있다.
- 범칙금 계산에서 불 자료값 True는 1, False는 0으로 변환된다는 사실을 이용하자.

문자열 선후 비교 문자열 사이의 부등식은 시작문자의 인코딩 값을 수치로 비교한다. 첫 문자가 같으면 두 번째 문자의 인코딩을 비교할 것이다.

자료를 오름차순이나 내림차순으로 정렬할 때 문자열의 선후 비교를 이용할 수 있다.

[10]:
```
print('The'>'the')
print('T의 아스키 인코딩', ord('T'))
print('t의 아스키 인코딩', ord('t'))
```

```
False
T의 아스키 인코딩 84
t의 아스키 인코딩 116
```

[11]:
```
print('Sunday'>'Saturday')
print(ord('u'), ord('a'))
```

```
True
117 97
```

[12]:
```
print('가나다'<='가나는')
print(ord('다'), ord('는'))
```

```
False
45796 45716
```

같은지 다른지 비교 ==나 !=는 등식의 성립 여부나 자료가 서로 같은지 조사할 때 자주 사용되는 연산자이다.

[13]:
```
print(2+3==5)
i=int(input('정수 입력: '))
print(i!=1)
```

```
True
정수 입력: 5
True
```

[14]:
```
print('The'=='the')
print('The'!='the')
```

```
False
True
```

[15]:
```
print('mememe'=='me'*2+'meme')
```

```
False
```

회문

뒤로부터 읽을 때와 원래 순서로 읽을 때 똑같은 문장을 회문(palindrome)이라고 한다. 이때 공백은 무시한다. 예를 들어, radar, madam, level이나 'was it a cat i saw?' 등은 회문의 예이다.

예제 5.2 (회문) 단어나 문장을 입력받아 회문인지 판단하는 파이썬 코드를 작성해 보자.

해결 전략

- 입력된 단어나 문장 words을 뒤에서부터 읽자. words[::-1]이 거꾸로 읽은 문장이다.
- words와 words[::-1]이 같은지 조사하면 회문인지 아닌지 판별할 수 있다.

[16]:
```
words=input('단어나 문장 입력: ')
print("회문 여부:", words==words[::-1])
```

```
단어나 문장 입력: 지은이 이름이 이은지
회문 여부: True
```

[17]:
```
words=input('단어나 문장 입력: ')
words=words.replace(' ', '') # 문장 내 공백을 모두 제거
print("회문 여부:", words==words[::-1])
```

```
단어나 문장 입력: pets on step
회문 여부: False
```

멤버쉽 조사

not in이나 in을 사용하여 어떤 항목이 자료의 구성원소인지 아닌지 조사하여 True 또는 False를 반환하여 알려준다. 파이썬 키워드 not in, in은 이 경우에 연산자 역할을 한다.

멤버쉽 조사
```
a in A
a not in A
```

[18]:
```
print('e' in 'the')
print('h' not in 'the')
```

```
True
False
```

[19]:
```
A=[1, 10, 100]
a=6
print(a in A)
print(a not in A)
```

```
False
True
```

다음은 어느 동호회의 회원목록이다. 입력받은 이름받고 회원인지 아닌지 멤버쉽연산자를 써서 확인한다.

[20]:
```
members=['hskang', 'jklee', 'mskim','goosoo']
name=input()

Y=name in members
print('회원여부 ?: {}'.format(Y))

N=name not in members
print('비회원여부?: {}'.format(N))
```

```
mskim
회원여부 ?: True
비회원여부?: False
```

5.4 불 연산과 합성명제

불 자료형인 False와 True에 or, and, not의 연산을 정의할 수 있다. 이 연산은 논리합, 논리곱, 논리부정의 참과 거짓을 정의하며 복잡한 조건식을 만들 때 활용된다.

- or 또는 || (double vertical bar, double vertical slash)
- and 또는 &&(double ampersand)
- not
- 불 연산의 우선 순위
  - 괄호로 묶인 식이 최우선
  - not>and>or

5.4.1 or와 논리합(double vertical bar, double vertical slash)

불 자료형에 대해 or연산은 다음과 같이 정의한다.

- True or True → True
- True or False → True
- False or True → True
- False or False → False

or연산에 의해 두 명제 p, q에 대해 논리합(disjunction) p or q(또는 p||q의 진리값은 다음과 같다.

p	q	p or q
T	T	T
T	F	T
F	T	T
F	F	F

예제 5.3 극장에서 영화를 보기 위해 표를 살 때 나이가 15세 이하이거나 65세 이상이면 2000원을 할인 받을 수 있다. 성인의 티켓은 7000원이라고 하자. 나이를 입력하면 할인대상인지 확인한 후 티켓값을 알려주는 간단한 코드를 작성해 보자.

[21]:
```
age=13
adult=7000
discount=2000*(age<=15 or age>=65)
cost=adult-discount
print('티켓가격',cost)
```

티켓가격 5000

[22]:
```
age=64
adult=7000
discount=2000*(age<=15 or age>=65)
cost=adult-discount
print('티켓가격', cost)
```

티켓가격 7000

다음 코드에서는 나이를 키보드를 통해 입력받고 할인 대상인지 판단하여 할인액을 정한다.

[23]:
```
age=int(input("나이: "))
adult=7000
discount=2000*(age<=15 or age>=65)
cost=adult-discount
print('티켓가격', cost)
```

나이: 35
티켓가격 7000

5.4.2 and와 논리곱

불 자료형에 대해 and 연산은 다음과 같이 정의한다.

- True and True → True
- True and False → False
- False and True → False
- False and False → False

불 and 연산에 의해 두 명제 p, q에 대해 논리곱(conjunction) p and q(또는 p&&q의 진리값은 다음과 같다.

p	q	p and q
T	T	T
T	F	F
F	T	F
F	F	F

초과속도에 따른 차등 범칙금

운전자가 일반도로의 제한속도를 넘기면 범칙금 통지서를 받는다. 범칙금은 초과속도(overspeed)에 따라 달라지는데 다음 규칙을 따른다고 하자.

- 20km 이하 초과 : 3만원

- 20~40km 초과 : 6만원
- 40~60km 초과 : 9만원
- 60km 이상 초과 : 12만원

이 조건을 파이썬 문장으로 쓰면 다음과 같다.

- overspeed<=20
- 20<overspeed and overspeed<=40
- 40<overspeed and overspeed<=60
- overspeed>60

자동차의 속도를 측정할 때 운전자의 초과속도는 위 4가지 중에서 단 하나에만 해당되고 나머지 조건은 성립하지 않는다. 이 사실을 이용하여 초과속도에 따라 범칙금을 계산할 수 있다.

예제 5.4 제한 속도가 60km인 도로의 단속속도는 71km이다. 다음은 자동차의 속도를 측정하여 과속을 판단한 후 범칙금을 정하는 파이썬 프로그램을 작성한 예이다. 범칙금을 계산할 때 불 자료와 정수의 곱셈을 사용하였다. (이 방법보다 if-elif-else를 사용하는 것이 훨씬 편하고 이해하기 좋다.)

[24]:
```
speed=float(input("자동차 속도(단위 km): "))
overspeed=speed-60

cond1= overspeed<=20
cond2= 20<overspeed and overspeed<=40
cond3= 40<overspeed and overspeed<=60
cond4= overspeed>60
fine=3*cond1+6*cond2+9*cond3+ 12*cond4

print("초과속도: {}".format(overspeed))
print("범칙금: {}".format(fine))
```

```
자동차 속도(단위 km): 75
초과속도: 15.0
범칙금: 3
```

부등호 2개가 사용된 부등식 $5 < x \le 7$의 파이썬 표현은 3가지 형식으로 쓸 수 있다.

- 5<x and x<=7
- (5<x) &&(x<=7)
- 5<x<=6

다른 형태의 부등식도 비슷하게 표현할 수 있다.

[25]:
```
overspeed=50
print((20<overspeed) & (overspeed<=40))
print(20<overspeed<=40)
print(60>overspeed>=40)
```

```
False
False
True
```

예제 5.5 (윤년(leap year) 판단) 달력 2월은 보통 28이지만 어떤 해에는 29일이다. 2월 일수가 29인 해를 윤년이라고 한다. 키보드로 입력받은 연도가 윤년인지 판단하는 코드를 작성하시오.

해결 전략

특정 연도 year가 다음 조건 중 하나를 만족하면 윤년이다.

- 400으로 나눠진다.
- 4로 나눠지지만 100으로는 나눠지지 않는다.

이제 윤년 판단조건을 파이썬으로 옮기면 다음과 같다.

```
cond_1= year%400==0
cond_2= (year%4==0) and (year%100 !=0)
```

[26]:
```
year=int(input("연도 입력: "))

cond_1= year%400==0
cond_2= (year%4==0) and (year%100 !=0)

test=cond_1 or cond_2
result='입력한 연도의 윤년 여부: {}'.format(test)

print(result)
```

```
연도 입력: 2024
입력한 연도의 윤년 여부: True
```

5.4.3 not과 논리부정

파이썬에서 불 형 자료의 부정은 아래와 같이 정했다.

- not True → False
- not False → True

이제 명제 p에 대해 논리부정 not p의 진리값은 다음과 같다.

p	not p
True	False
False	True

논리합이나 논리곱의 부정을 표시할 때 반드시 괄호를 사용하는 것이 좋다. 괄호가 없으면 우선적으로 not 다음에 오는 단일 명제를 부정하기 때문이다.

아래에서 not p는 True지만 q는 False이므로 논리곱의 결과는 False이다.

[27]:
```
x=7
p=x>8
q=x==6

not p and q
```

[27]: False

[28]:
```
not(p and q)
```

[28]: True

연산의 우선 순위

- 괄호로 묶인 식이 최우선
- not > and > or

주어진 연도가 윤년인지 아닌지 판단하는 식을 다음과 같이 써도 결과는 같다. 논리연산에서 연산의 우선 순위를 고려하여 and 좌우의 명제로 논리곱을 계산한 후 논리합을 계산하기 때문이다. 그럼에도 불구하고 괄호를 사용하면 선후관계를 명확하고 정확하게 서술할 때 도움이 된다.

- year%400==0 or (year%4==0 and year%100 !=0)
- year%400==0 or year%4==0 and year%100 !=0

논리에 대한 드모르강(de Morgan) 법칙

- not(p and q)와 not p or not q의 진리값은 같다.
- not (p or q)와 not p and not q의 진리값은 같다.

[29]:
```
x=7
p=x>8
```

```
q=x==6

print(not(p and q))
print(not p or not q)
```

```
True
True
```

CHAPTER 6

선택 실행

프로그래밍 언어로 작성된 코드가 실행되는 과정을 살펴보면 세가지 형태로 나눠 생각할 수 있다.

- 순차적 구조 : 위에서 아래로 차례대로 실행
- 선택 구조 : 상황에 따라 실행할 코드를 선택
- 반복 구조 : 어떤 블록을 순차대로 실행하고 (변수값 변경 후) 블록을 처음부터 되풀이

선택과 반복은 프로그래밍에서 가장 중요한 요소의 하나로 자료 처리 과정에서 중심적인 역할을 한다. 선택 실행은 상황에 맞는 처리내용을 선택하여 관련된 부분만 실행하고 나머지는 건너뛴다. 여기서는 세 구문을 공부한다.

- if : 특정상황에서 실행하거나 실행하지 않음
- if-else : 두 상황에서 1개만을 선택하여 실행
- if-elif-else : 여러 개의 상황 중에서 1개만 선택하여 실행

6.1 조건식과 블록

선택 실행에서는 특정상황을 논리값이 True 또는 False인 파이썬 문장으로 표현하는데 이 문장을 조건식이라고 한다. 각 상황에 맞게 처리할 부분을 다른 파이썬 문장과 구분되게 코딩하며 이 부분을 블록이라고 한다.

6.1.1 조건식

조건식이란 상황을 표현한 파이썬 문장으로 보통 변수를 포함한다. 변수에 값이 대입될 때마다 논리값이 True이거나 False로 명확하게 정해져야 한다. 변수에 값이 대입될 때 함수값이 참 또는 거짓인 함수로 볼 수 있으므로 명제함수라고 부를 수도 있다. 이 명제함수를 조건(condition) 또는 조건식(test)이라고 부른다.

어떤 업무를 해결하는 프로그램에서 상황을 파이썬 문장으로 표현하는 것은 매우 중요하며 논리연산에 대한 이해해야 한다. 특정상황을 명제함수로 표현할 수 있다면 많은 문제를 해결할 수 있다.

6.1.2 블록과 들여쓰기

파이썬 블록은 콜론(:) 다음 줄부터 덩어리로 묶여 하나처럼 실행될 수 있는 파이썬 문장들로 구성되며 4칸 들여쓰기하여 구분한다. 들여쓰기한 칸 수가 같으면 동일한 블록에 속한 문장으로 간주되며 같은 블록에 있는 문장들은 위에서 아래로 순차적으로 실행된다.

블록 안에 또다른 블록이 올 수 있으며 기존 블록보다 4칸 오른쪽으로 들여써야 한다. 파이썬에서 블록이 허용되는 대표적인 문법구조는 다음과 같다.

- if 블록
- else 블록
- elif 블록
- for 블록
- while 블록
- def 블록(파이썬 함수 정의)
- class 블록
- try 블록, except 블록

6.2 if문

조건식이 True일 경우에만 블록의 문장들을 순차적으로 실행하고 거짓일 경우에는 블록을 건너뛴 후 실행이 계속된다. 문법적 구조는 다음과 같다.

```
if 조건식:
    참일때실행문장1
    참일때실행문장2
        .
        .
    참일때실행문자n
(if문이후)
```

응용에서는 처리를 원하는 상황을 부등식, 동일성 비교, 멤버쉽 연산 등을 통해 파이썬 문장으로 구현해야 한다.

예제 6.1 (미세먼지 경고) 미세먼지 측정치를 키보드로 입력받은 후 농도가 90 이상일 때에만 경고문을 출력하는 코드를 작성해 보자.

해결전략

- 표준입력을 통해 미세먼지 농도를 입력받아 변수 PM(particulate matter)에 저장한다.
- 처리를 원하는 상황을 파이썬 문장으로 표현한다. 여기서는 PM>=90이다.

이제 코드는 다음과 같다.

[1]:
```
PM=int(input("미세먼지 농도: "))
if PM>=90:
    print("미세먼지에 주의하십시요.")
    print("마스크를 착용합시다!")
print('if문 이후에 실행되는 문장입니다.')
```

```
미세먼지 농도: 95
미세먼지에 주의하십시요.
마스크를 착용합시다!
if문 이후에 실행되는 문장입니다.
```

예제 6.2 (노인 우대 할인) 65세 이상의 노인은 정상적인 티켓 가격 9000원보다 1000원 할인된 가격으로 영화 티켓을 구입할 수 있다. 나이를 입력받아 티켓 가격을 알려주는 간단한 코드를 작성해 보자.

[2]:
```
age=int(input('나이 입력: '))
fare=9000
if age>=65:
    fare-=1000
print('영화티켓가격:{}'.format(fare))
```

```
나이 입력: 66
영화티켓가격:8000
```

예제 6.3 (윤년 판단) if문을 사용하여 입력된 연도가 윤년이면 "입력한 연도 ____년은 윤년입니다."라고 출력하는 코드를 작성하시오.

[3]:
```
year=int(input("연도 입력: "))
if year%400==0 or (year%4==0 and year%100 !=0):
    result='입력한 연도 {}년은 윤년입니다.'.format(year)
    print(result)
```

```
연도 입력: 2024
입력한 연도 2024년은 윤년입니다.
```

6.3 if-else문

if블록과 else블록을 가지며 문법적 구조는 다음과 같다.

```
if 조건식:
    true블록(조건식이 참일 때 실행할 블록)
else: #조건식 불필요, 조건식이성립하지않는상황임
        false블록(조건식이 거짓일 때 실행할 블록)
```

두 가지 상황 중에서 하나를 선택하여 블록을 실행한다. 주의할 점은 둘 중에서 하나는 반드시 실행한다는 점이다.

- 조건식이 참일 때 : true블록을 실행하지만 else블록을 건너뛰어 실행이 if-else 다음으로 이동
- 조건식이 거짓일 때 : true블록을 건너뛰고 false블록을 실행

예제 6.4 면접점수가 90이상이면 "합격입니다"라는 메세지를 발송하고 90미만이면 "불합격"이라는 메세지를 출력하도록 코딩하시오.

해결 전략

- 표준입력을 통해 면접점수를 입력받아 interview에 저장
- 조건식 interview>=90

[4]:
```
interview=int(input("면접점수: "))
if interview>=90:
    result='합격'
else:
    result='불합격'
print(result)
```

```
면접점수: 95
합격
```

6.4 중첩 if문

선택 실행 구조의 블록에 if문 또는 f-ele문이 있을 때 중첩if문(nested if)이라고 한다. 여러 번 중첩되면 실행을 따라가는 것이 복잡해지지만 자주 쓰이므로 잘 알아둘 필요가 있다.

다양한 형태의 중첩if가 존재하므로 다음 중첩if문에 대해 실행순서의 이동만 살펴보겠다.

```
if test1:
    if test2:
        test2-true-block #test1 참, test2 참
        else:
        test2-false-block # test1참, test2 거짓
```

```
    else:
      test1-false-block #test1 거짓
```

test1이 True일 때와 False일 때로 나누어 생각하면 중첩if문의 실행구조를 어렵지않게 이해할 수 있다.

- test1이 참일 때
  - test2-true-block: test1이 참이고, test2가 참일 때 실행, 다른 블록 모두 건너뜀
  - test2-false-block: test1이 참이고, test2가 거짓일 때 실행, 다른 블록 모두 건너뜀
- test1이 거짓일 때 : 앞에 블록 건너뛰고 test1-false-block블록만 실행

예제 6.5 (중첩 if문) 어떤 회사에서 전공시험으로 면접대상자를 선발한 후 면접을 실시하여 점수로 직원을 선발한다. 전공시험의 합격기준은 80점, 면접시험의 합격기준은 90점이다. 전공시험 및 면접시험의 점수를 입력받아 합격여부를 알려주는 파이썬코드를 작성해 보자.

해결 전략

- 전공시험으로 면접대상자를 구분 : if-else

```
if major>=80:
    pass
else:
    print('불합격입니다.')
```

- 면접은 전공시험 합격자만 응시 : pass 부분을 채움

```
if interview>=90:
    print('합격입니다')
else:
    print('불합격입니다')
```

면접시험 점수에 의한 판정결과를 전공시험판정의 true블록에 쓰면 코드가 완성된다.

[5]:

```
major=int(input('전공시험점수: '))
interview=int(input('면접시험점수: '))
if major>=80:
    if interview>=90:
        result='합격'
    else:
        result='불합격입니다'
else:
    result='불합격입니다.'
print(result)
```

전공시험점수: 85
면접시험점수: 95
합격

예제 6.6 (가격에 따른 할인률 차등) 편의점에서 특별행사로 상품을 할인판매하고 있다. 상품의 할인률은 가격에 따라 서로 다르다.

- 상품가격이 1만 원 이하: 할인없음
- 상품가격이 1만 원 이상 2만 원 미만: 1%
- 상품가격이 2만 원 이상 : 2%

상품가격을 입력받아 할인율을 정한 후 판매가격을 알려주는 코드를 작성하시오.

해결 전략

- 가격이 1만 원 기준으로 할인율 결정

```
if price<10000:
    rate=0
else:
    pass  #가격이 1만 원 이상일 때
```

- 가격이 1만 원 이상일 때 : 2만 원이 기준값인 if-else문

```
if price<2000:
    rate=0.01
else:
    rate=0.02
```

price<10000의 false-block에 '2만 원이 기준값인 if-else문'을 삽입하여 코드를 완성한다.

[6]:
```
price=int(input('상품가격: ')) #상품가격 입력
#할인율 결정과정
if price<10000:
    rate=0 #
else:
    if price<20000:
        rate=0.01
    else:
        rate=0.02
# 할인된 가격계산
discount=price*rate
new_price=price-discount
print(new_price)
```

```
상품가격: 25000
24500.0
```

6.5 if-elif-else문

if-elif-else는 if문의 else 블록에 있는 if-else 블록을 줄여쓴 구조라고 볼 수 있다.

- elif블록의 조건식 : else블록에 있는 if문의 조건식
- else블록 : else블록에 있는 if-else문의 else블록

if-elif-else 구조는 들여쓰기가 없는 시인성이 매우 뛰어난 실행구조이다. 예제 6.6의 중첩if문을 아래처럼 쓸 수 있다.

```
if price<10000:
    rate=0
elif price<20000: #not(price<10000) and price<20000, 10000<=price<20000
    rate=0.01
else: # not price>20000
    rate=0.02
```

아래에서 가격을 입력받아 할인된 가격을 알려주는 코드를 if-elif-else문을 사용하여 수정하였다.

[7]:
```
price=int(input('상품가격: ')) #상품가격 입력
#할인율 결정과정
if price<10000:
    rate=0
elif price<2000:
    rate=0.01
else:
    rate=0.02

discount=price*rate # 할인액
new_price=int(price-discount)# 할인된 가격계산
print(new_price)
```

```
상품가격: 30000
29400
```

일반적인 if-elif-...-elif-else 구문

변수 1개로 표현될 수 있는 여러 상황 중에서 하나만 선택하여 처리를 수행하는 문법구조이다.

```
if test_1:
    block_1
elif test_2:
    block_2
....
elif test_n
    block_n
else:
    block_(n+1)
```

이 구조를 사용할 때 아래 내용을 기억하면 좋다.

- 가장 많이 처리할 상황을 (가능하다면) 위쪽에 둔다.
- 위에서부터 조건을 조사하다가 조건식이 참인 블록만 처리한다.
- 처리한 블록 다음은 모두 건너뛴다.
- else블록은 생략할 수 있다.

예제 6.7 일반도로의 제한속도 60km를 넘길 때 받는 범칙금 통지서의 범칙금을 정하는 파이썬 코드를 if-elif-else문을 써서 작성하시오. 단, 초과속도에 따른 범칙금은 다음과 같다.

- 20km 이하 초과 : 3만 원
- 20 40km 초과 : 6만 원
- 40 60km 초과 : 9만 원
- 60km 이상 초과 : 12만 원

(주행속도가 60km/h 이하이면 초과속도를 0으로 놓아야 한다.)

[8]:
```
speed=int(input('측정속도: ')) #자료입력
if speed>=60:#자료처리를 위한 준비
    overspeed=speed-60
else:
    overspeed=0
print('초과속도:%d km/h'%overspeed)
# 교통위반 범칙금
if overspeed==0:
    fine=0
elif overspeed<=20:
    fine=3
elif overspeed<=40:
    fine=6
elif overspeed<=60:
    fine=9
else:
```

```
    fine=12

print('범칙금: {} 만 원'.format(fine)) # 범칙금 부과
```

```
측정속도: 65
초과속도:5 km/h
범칙금: 3 만 원
```

Python 프로젝트 : 음료 주문 처리

카페에서 음료 주문을 처리하고 싶다. 주문할 때마다 아래와 같이 동작하는 프로그램을 작성하시오.

1. 프로그램이 실행되면 아래처럼 콘솔에 출력하고 음료를 선택하는 입력창을 띄운다.

   ```
   제공하는 음료는 다음과 같습니다.
    1. 커피
    2. 주스
   ```

2. 고객이 원하는 1 또는 2를 입력하면 주문 가능한 음료를 보여주고 선택하도록 유도한다.
   - 1번 선택시 커피 종류를 출력
     ```
     커피 종류를 선택하세요:
       1. 아메리카노
       2. 카푸치노
       3. 아이스 아메리카노
     ```
   - 2번 선택시 주스 종류를 출력
     ```
     주스 종류를 선택하세요:
       1. 딸기 주스
       2. 오렌지 주스
     ```

3. 주문받은 내용을 다음 형태로 확인.

   ```
   아메리카노를 주문하셨습니다.
   ```

4. 주문받은 내용을 리스트 orders에 추가

[9]:
```
guide='제공하는 음료는 다음과 같습니다. \n 1. 커피\n 2. 주스'
print(guide)

choice=input('원하는 음료 번호를 선택하세요: ')

orders=[] # 주문받은 음료를 저장할 리스트
if choice=='1':
```

```
    coffee_guide='커피 종류를 선택하세요: \n 1. 아메리카노 \n 2. 카푸치노 \n 3. 아이스 아메리카노'
    print(coffee_guide)
    coffee=int(input('커피 주문번호: '))
    if coffee==1:
        order='아메리카노'
    elif coffee==2:
        order='카푸치노'
    elif coffee==3:
        order='아이스 아메리카노'
    else:
        print('없는 메뉴입니다.')
elif choice=='2':
    juice_guide='주스 종류를 선택하세요: \n 1. 딸기 주스 \n 2. 오렌지 주스'
    print(juice_guide)
    juice=int(input('주스 주문번호: '))
    if juice==1:
        order='딸기 주스'
    elif juice==2:
        order='오렌지 주스'
    else:
        print('없는 메뉴입니다.')

print('{}를 주문하셨습니다.'.format(order))

orders.append(order)
```

```
제공하는 음료는 다음과 같습니다.
 1. 커피
 2. 주스
원하는 음료 번호를 선택하세요: 1
커피 종류를 선택하세요:
 1. 아메리카노
 2. 카푸치노
 3. 아이스 아메리카노
```

```
커피 주문번호: 3
아이스 아메리카노를 주문하셨습니다.
```

주문내용은 아래와 같다.

[10]:
```
orders
```

[10]:
```
['아이스 아메리카노']
```

문제 6.1 여러 명의 손님에게서 주문을 받고 주문내용을 확인하는 코드를 작성하시오.

(a) 손님이 2명일 때

(b) 손님이 3명일 때

참고 6.1 음료 주문을 받는 것은 동일 내용을 처리하며 주문하는 사람 수가 달라져도 처리 내용은 거의 같다. 다음 장에서 반복실행은 이런 상황을 쉽게 코딩할 수 있게 해준다. 아래는 반복문을 사용한 전형적인 코딩이다.

[11]:
```
coffee_guide='커피 종류를 선택하세요: \n 1. 아메리카노 \n 2. 카푸치노 \n 3. 아이스 아메리카노'
coffee=['아메리카노', '카푸치노','아이스 아메리카노']

juice_guide='주스 종류를 선택하세요: \n 1. 딸기 주스 \n 2. 오렌지 주스'
juice=['딸기 주스', '오렌지 주스']

drinks=[coffee, juice]
guide=[coffee_guide, juice_guide]

orders=[] # 주문받은 음료를 저장할 리스트
guests=int(input("손님 수: "))

for _ in range(guests):
    print('제공하는 음료는 다음과 같습니다. \n 1. 커피\n 2. 주스')
    choice=input('원하는 음료 번호를 선택하세요: ')
    choice=int(choice)

    print(guide[choice-1])

    order_no=int(input('주문번호: '))
    order=drinks[choice-1][order_no-1]
```

```
    print('{}를 주문하셨습니다.'.format(order))
    orders.append(order)
    print()

print("전체주문: ", orders)
```

[12]:
```
coffee_guide='커피 종류를 선택하세요: \n 1. 아메리카노 \n 2. 카푸치노 \n 3. 아이스 아메리카노'
coffee=['아메리카노', '카푸치노','아이스 아메리카노']

juice_guide='주스 종류를 선택하세요: \n 1. 딸기 주스 \n 2. 오렌지 주스'
juice=['딸기 주스', '오렌지 주스']

drinks=[coffee, juice]
guide=[coffee_guide, juice_guide]

orders=[] # 주문받은 음료를 저장할 리스트

ing=True

while ing:
    print('제공하는 음료는 다음과 같습니다. \n 1. 커피\n 2. 주스')
    choice=input('원하는 음료 번호를 선택하세요: ')
    choice=int(choice)

    print(guide[choice-1])

    order_no=int(input('주문번호: '))
    order=drinks[choice-1][order_no-1]

    print('{}를 주문하셨습니다.'.format(order))
    orders.append(order)
    add=input("더 주문하시나요?(Y/N): ")
    if add=='N':
```

```
        ing=False
        break
    print()

print("전체주문: ", orders)
```

CHAPTER 7

반복실행

완전히 같거나 비슷한 일을 되풀이할 때 반복한다고 한다. 아래와 같은 경우를 프로그래밍에서 반복이라고 한다.

- 내용이 동일한 처리가 되풀이
- 세부적 내용은 다르지만 처리 내용이 규칙적으로 변화

아래와 같이 화면에 출력시키고 싶다고 하자. 왼쪽은 동일한 처리의 반복이고 오른쪽은 규칙적 변화가 있는 반복의 예이다.

```
<동일반복>      <규칙적 반복>
 대한민국           2월
 대한민국           4월
 대한민국           6월
 대한민국           8월
 대한민국          10월
 대한민국          12월
```

처리내용이 규칙적으로 반복되는 상황을 프로그래밍언어로 처리하려면 문제 속에 숨어있는

- 규칙성
- 패턴

을 발견하는 것이 중요하다.

위에서 오른쪽의 문자열 출력은 문자열에 변수 i=2,4,6,8,10,12에 저장된 값을 삽입하여 화면에 출력하면 해결할 수 있다.

```
"{}월".format(i)
```

문자열을 여섯 번 반복하여 출력하는 반복문으로 아래와 같이 짧은 코드로 해결할 수 있다.

```
for i in 2,4,6,8,10,12:
    print("{}월".format(i))
```

이와 같이 반복문을 쓰면 작성할 코드의 길이를 줄일 수 있고 수정이나 유지관리가 쉬워지는 장점이 있다

이 장에서는 for문과 while문을 이용한 반복실행에 대해 공부한다. 두 반복문의 특징을 간단히 요약할 수 있다.

- for문 : 주어진 자료의 갯수만큼 실행. 반복횟수를 알 때 사용하는 반복문.
- while문 : 조건이 충족되는 경우에만 실행. 반복 횟수를 미리 알 수 없는 반복문.

7.1 for문

먼저 for문의 문법구조는 다음과 같다.

```
for 제어변수 in 반복자료(이터러블):
    반복처리실행블록
<for문이후의파이썬문장>
```

위에서 사용된 용어의 의미는 아래와 같다.

- 이터러블(iterable): 자료를 구성하는 각 항목에 접근할 수 있는 파이썬 자료형.
- 제어변수: 이터러블 자료의 원소를 나타내기 위해 사용하는 변수
- 실행블록 : 제어변수와 관련된 처리내용을 코딩한 들여쓰기한 코드들

for 문의 실행순서 파이썬에서 for문을 실행할 때에는 이터러블 자료에 있는 항목을 제어변수에 대입한 후 블록의 문장을 실행한다. 마지막 항목이 제어변수에 대입되고 블록의 실행이 끝나면 for문이 종료되고 이 실행된다. 좀더 자세히 쓰면 아래와 같다.

1. 제어변수에 이터러블 자료의 첫 번째 항목을 대입한 후 블록의 모든 문장 실행
2. 제어변수에 다음 항목을 대입하고 블록의 모든 문장 실행
3. 제어변수에 대입할 다음 항목이 있으면 과정 2를 계속
4. 제어변수에 대입할 항목이 없으면 반복문 종료

for문에서의 반복횟수 반복횟수는 이터러블 자료의 항목 수와 같다. 따라서 for문은 반복횟수를 미리 아는 반복문이라고 이해할 수 있다.

[1]:
```
X=[-1,2,4]
Y=[]
count=0 #  반복횟수
for x in X:
    sq=x**2
    Y.append(sq)
    count=count+1
```

```
print(Y)
print("반복횟수:%d회"%count)
```

```
[1, 4, 16]
반복횟수:3회
```

위 파이썬 코드가 실행될 때 제어변수 x에 대입되는 값과 블록의 실행내용은 다음과 같다.

```
x<- -1 :
        sq<- 1
        Y<-[1]
        count<-1
x<- 2  :
        sq<- 4
        Y<- [1,4]
        count<-2
x<-6   :
        sq<- 16
        Y<- [1,4,16]
        count<-3
```

for문을 이용한 반복실행 데이터분석에서 자료를 처리하는 과정은 반복적으로 나타나는 경우가 많다. 따라서 반복실행의 실행구조를 잘 이해하는 중요하다.

실행구조를 잘 이해한 다음에는 해결할 문제를 잘 분석하여 문법구조에 맞춰 파이썬 자료를 만들고 코딩한다. 이 때 이터러블, 제어변수, 반복처리 알고리즘을 잘 선택해야 한다.

- 반복에 사용할 이터러블 자료형 선택
- 제어변수의 식별자(이름) 선택
- for문의 제어변수가 어떻게 사용될지 고려하여 반복처리 알고리즘을 고안하고 코딩

for문에서 사용되는 이터러블 자료로부터 두 가지 형태의 반복유형을 관찰할 수 있다.

- 정수에 대한 규칙적 반복
  - 정수가 제어변수에 대입된 후 블록을 실행
  - 정수는 등차수열이어야 함
- 파이썬 자료에 대한 순회 반복
  - 이터러블의 항목이 제어변수에 대입된 후 블록을 실행
  - 항목의 자료구조를 이용

7.1.1 정수 등차수열에 대한 반복

규칙적으로 변하는 정수에 대해 반복처리를 하는 경우이다. 이때 for문의 제어변수에 대입할 수 있는 정수의 형태와 생성방법은 다음과 같다.

- 제어변수에 대입되는 값이 정수 $a, a+h, a+2h, \ldots$ 일 때
- 반복자료: range(a,b,h)

제어변수에 대입되는 정수 값이 등차수열을 이루는 경우로 등차수열의 항들을 range()로 생성할 수 있다.

- range(n) : $\{0, 1, 2, \ldots, n-1\}$
- range(a,b) : $\{a, a+1, \ldots, b-1\}$
- range(a,b,h) : a 이상이고 b 보다 작은 $a+kh$ 꼴인 정수

이제 range()가 반복자료인 반복실행의 예를 살펴보고 코딩해 보자.

예제 7.1 아래 문자열을 출력하는 프로그램을 작성해 보자.

```
 2월
 4월
 6월
 8월
10월
12월
```

출력되는 문자열에서 규칙성을 관찰할 수 있다. '{}월' 형태의 문자열에 2,4,..,12가 삽입되어 출력된다. 이 사실을 고려하여 반복실행을 구상할 수 있다.

- 반복에 사용할 자료: range(2,13,2)
- 문자열의 형태: '{}월'.format(i)
- 문자열에 변수에 저장된 값 삽입 후 문자열을 화면에 반복 출력

[2]:
```python
for i in range(2,13,2):
    tmp='{}월'.format(i)
    print(tmp)
```

예제 7.2 자연수 n 이 주어질 때 $k \in \{1, 2, \ldots, n\}$ 의 제곱(square) k^2 을 콘솔에 출력하는 프로그램을 작성해 보자.

해결 전략

- 제어변수 : k
- 반복자료: range(1,n+1)

[3]:
```
n=5
for k in range(1,n+1):
    print(k**2, end=' ')
```

```
1 4 9 16 25
```

예제 7.3 아래와 같이 출력하는 프로그램을 작성해 보자.

```
Korea
 orea
  rea
   ea
    a
```

해결 전략

- 문자열을 5번 화면에 출력 : for i in range(5)
- 출력된 문자열의 빈칸 수가 일정한 규칙을 따른다. 빈칸의 수가 $0, 1, \cdots, 4$이며 빈칸 수와 출력된 문자 갯수의 합이 5이다.
- 출력할 문자열은 다음 형태이다.

```
word='Korea'
' '*i+wordl[i:]
```

[4]:
```
word='Korea'
n=len(word)
for i in range(n):
    tmp=' '*i+word[i:]
    print(tmp)
```

예제 7.4 (곱셈표(구구단) 출력) 다음 형태의 곱셈표를 출력하는 프로그램을 작성해 보자.

(a) 세로 배열 곱셈표

```
7*1=7
7*2=14
7*3=21
7*4=28
7*5=35
7*6=42
7*7=49
7*8=56
7*9=63
```

(b) 가로 배열 곱셈표

```
1*7=7 2*7=14 3*7=21 4*7=28 5*7=35 6*7=42 7*7=49 8*7=56 9*7=63
```

곱셈공식을 출력하는 문제의 해결전략은 아래와 같다.

해결 전략

- `"{}*{}={}".format(7, i, 7*i)` 꼴의 문자열을 9번 출력
- 제어변수 $i \in range(1, 10)$

[5]:
```
dan=7
for i in range(1,10):
    formula="{}*{}={}".format(dan, i, dan*i)
    print(formula)
```

곱셈공식을 가로로 배열하려면 `print(formula, end='  ')`을 사용한다.

[6]:
```
i=7
for dan in range(1,10):
    formula="{}*{}={}".format(dan, i,  dan*i)
    print(formula, end=' ')
```

곱셈공식을 문자열로 저장한 후 나중에 출력할 수도 있다. 이때 문자열 연결연산과 줄바꿈 이스케이프문자 \n을 사용한다.

문제 7.1 예제 7.4의 곱셈공식을 문자열에 저장하여 똑같이 출력하도록 코딩하시오.

7.1.2 누적합 계산

반복문에서 블록을 실행할 때마다 어떤 값을 누적시키는 상황을 자주 볼 수 있다. 누적합이란 여러 개의 숫자를 계속해서 더하는 것을 의미한다. 예컨데 1+2+3+4는 누적합의 예이다.

인간이나 컴퓨터가 숫자를 합하는 과정은 다음과 같이 숫자 2개를 합하는 과정을 반복한다. 1+2+3+4를 계산하는 과정을 자세히 쓰면 다음과 같다.

```
1+2=3
3+3=6
6+4=10
```

이 3 단계 계산을 변수를 도입하여 파이썬 코드로 작성하자.

```
S=1+2
S=S+3
S=S+4
```

합을 계산하는 과정에 도입한 변수 S는 보통 0으로 초기화한 다음에 사용하므로 위 코드를 아래처럼 수정한다.

```
S=0
S=S+1
S=S+2
S=S+3
S=S+4
```

이제 반복문의 패턴이 나타나는 것을 볼 수 있는데 for문의 문법구조와 들어맞으므로 쉽게 코딩할 수 있다.

[7]:
```
S=0
for k in range(1,5):
    S=S+k
print(S)
```

```
10
```

예제 7.5 다음 합을 구하는 프로그램을 작성하시오.

$$3^2 + 6^2 + \cdots + 30^2 \tag{7.1}$$

1. 합을 저장할 변수를 도입하고 0으로 초기화 : S
2. 더하는 과정
```
S=0
S=S+3**2
S=S+6**2
.....
S=S+30**2
```

이제 배수의 합을 더하는 과정을 for문의 구조에 맞출 수 있다.

해결 전략

- 합을 저장할 변수 초기화
- 제어변수 k가 갖는 값 : 3,6,9,...,30
- for문의 이터러블 자료 : range(3,31,3)
- 반복문 블록
```
S=S+k**2
```

이제 파이썬 코드를 작성한다.

[8]:
```
S=0
for k in range(3,31,3):
    S=S+k**2
print(S)
```

3465

한편 (7.1)를 아래 식으로 변형할 수 있다.

$$\sum_{k=1}^{10}(3k)^2$$

이 누적합을 구하는 코딩에서는 S에 더하는 수가 살짝 바뀐다.

[9]:
```
S=0
for k in range(1,11):
    S=S+(3*k)**2
print(S)
```

3465

문제 7.2 10 이상 30 이하 홀수의 제곱의 합을 구하여라.

$$S = 11^2 + 13^2 + \cdots + 29^2$$

수열의 합 구하기

3의 배수 제곱의 합을 구하는 파이썬 코드에서 제어변수와 관련된 부분은 k**2 또는 (3*k)**2인데 수열의 일반항에 해당한다.

수열의 합을 구하는 다른 문제에서도 일반항을 파이썬 문장으로 나타낼 수 있다면 수열의 합을 구할 수 있을 것이다.

수열 $\{a_k\}_{k=1}^{n}$ 의 합을 수학적으로 표현하면 다음과 같다.

$$S = a_1 + a_2 + \cdots + a_n$$

이제 S를 구하는 문제를 반복횟수가 정해진 반복문으로 해결할 수 있다.

```
S=0
for k in range(1,n+1):
    S=S + (k로나타낸수열의일반항)
```

예제 7.6 다음 수열의 합을 구하여라.

$$\frac{1}{2} + \frac{1}{2^2} + \cdots + \frac{1}{2^{10}}$$

해결 전략

- 제어변수 k의 값 :1,2,...,10
- for문의 이터러블 자료 : range(1,11)
- 일반항 :1/2**k 또는 2**(-k)

[10]:
```
S=0
for k in range(1,11):
    S=S+1/2**k
print(S)
```

```
0.9990234375
```

누적합의 일반적인 알고리즘

수열의 합을 구하는 문제에서 일반항을 파이썬 문장으로 바꿀 수 있으면 어렵지 않게 해결할 수 있었다. 반복되는 처리에서 실행블록에서 만들어져 누적된 값에 더해지는 수는 수식으로 나타내기 어려운 경우가 많다.

이 경우에도 블록에서 더할 수를 계산할 수 있다면 수열의 합과 본질적으로 같은 문제로 볼 수 있다. 따라서 일반적인 for문에서 누적합을 구하는 알고리즘은 다음과 같다.

```
S=0
for x in A:
    v_x=블록에서더할값
        S=S+v_x
```

예제 7.7 30 이하의 자연수 중에서 3 또는 7로 나누어지는 수의 합을 구하여라.

해결 전략

- $k \in range(1, 31)$에 대한 반복문
- 자료 k에 대한 반복에서 누적합에 더할 수 z를 결정
  - 3 또는 7로 나누어지면 k를 더하고 그렇지 않으면 0을 더한다.
  - if-else문 사용

[11]:
```
S=0
for k in range(1,31):
    if k%3==0 or k%7==0:
        z=k
    else:
```

```
        z=0
    S=S+z
print(S)
```

214

3 또는 7의 배수가 아니면 더하지 않는 것과 같다. 따라서 위 코드에서 if-else문을 if문으로 바꾸면 코드가 더 간단해진다. 아래에서는 실제로 더해지는 수를 리스트 K에 저장하였다.

[12]:
```
S=0
K=[] #3 또는 7의 배수를 저장할 변수
for k in range(1,31):
    if k%3==0 or k%7==0:
        S=S+k
        K.append(k)
print("합", S)
```

합 214

참고 7.1 (누적곱)

(a) 누적합을 구하는 과정과 리스트에 항목을 추가하는 과정이 매우 닮았다.

(b) S=1, 덧셈을 곱셈으로 바꾸면 누적곱(cumulative product)을 계산할 수 있다.

예제 7.8 100 이상 150 이하인 13의 배수를 곱한 값을 계산하시오.

[13]:
```
P=1
for x in range(100,151):
    if x%13==0:
        P=P*x
print(P)
```

226203120

위 코드에서 13의 배수를 확인하도록 코딩되었다. 최소인 13의 배수를 알 수 있다면 코드를 단축할 수 있다. 실제로 최소인 배수는 104이다.

[14]:
```
P=1
for x in range(104,151,13):
    P=P*x
print(P)
```

226203120

7.1.3 제어변수와 무관한 for문

for문의 블록이 제어변수에 관계 없는 경우도 있다. 이런 반복문에서는 (구조적으로는) 동일한 처리가 정해진 횟수만큼 반복된다. 역으로 제어변수가 필요하지않은(사용되지 않는) 반복처리에서는 range(n)와 for문을 사용한다.

```
for i in range(n): #
    반복처리블록
```

for문의 제어변수가 실행블록에서 사용되지 않으면 제어변수 대신 언더스코어를 써도 된다.

문자열을 아래와 같이 5번 출력해 보자.

```
나는 한국인이다.
나는 한국인이다.
나는 한국인이다.
나는 한국인이다.
나는 한국인이다.
```

동일한 처리를 5번 실행하므로 range(5)를 사용하여 for문으로 작성한다.

[15]:
```
a='나는 한국인이다.'
for i in range(5):
    print(a)
```

Python 프로젝트 : 반복문을 사용한 식당 주문 처리

메뉴가 설렁탕, 김치찌개, 백반, 두부전골인 식당에 손님 3명이 방문하였다. 각 손님의 주문과정은 아래와 같다.

- 손님이 메뉴표를 보고 음식 번호를 키보드를 통해 입력한다.
- 손님이 주문한 요리를 리스트 변수 orders에 저장한다.
- 주문 내용을 화면에 출력하고 확인하게 한다.

```
**차림표**
  1. 설렁탕
  2. 김치찌개
  3. 백반
  4. 두부전골개
2
김치찌 주문하셨습니다.
```

손님이 주문한 요리를 리스트 orders에 저장하고 주문 내용을 화면에 출력하도록 프로그램을 작성하시오.

해결 전략

- 4개의 음식 이름은 리스트에 저장
- 제어변수와 관계없는 동일 반복
- 메뉴 안내문은 문자열로 작성. 주문 전에 화면에 출력
- 손님은 메뉴를 화면에서 확인한 후 번호로 주문
- 주문 내용을 확인하는 문자열을 화면에 출력

[16]:
```
menu=['설렁탕','김치찌개','백반','두부전골']
menu_items="""
**차림표**
  1. 설렁탕
  2. 김치찌개
  3. 백반
  4. 두부전골
"""
orders=[]
customers=3 #손님 수
for i in range(customers):
    print('주문할 메뉴 번호를 입력하세요. ')
    choice=int(input(menu_items))
    dish= menu[choice-1]
    confirm='{}번 {}을 주문하셨습니다'.format(choice,dish)
    print()
    orders.append(menu[choice])
print('최종주문 확인:%s'%orders)
```

```
주문할 메뉴 번호를 입력하세요.

**차림표**
  1. 설렁탕
  2. 김치찌
  3. 백반
  4. 두부전골
1
```

```
주문할 메뉴 번호를 입력하세요.

**차림표**
  1. 설렁탕
  2. 김치찌개
  3. 백반
  4. 두부전골
3

주문할 메뉴 번호를 입력하세요.

**차림표**
  1. 설렁탕
  2. 김치찌
  3. 백반
  4. 두부전골
2

최종주문 확인: ['김치찌개', '두부전골', '백반']
```

문제 7.3 위 코드에서 주문 내용은 중복될 수 있다. 주문을 최종 집계하면 백반 3명, 설렁탕 1명 등이 될 것이다. 각 메뉴를 몇 개씩 주문했는지 알려주는 프로그램을 다음 조건하에서 작성하여라.

- 식당을 방문하는 팀의 인원은 input()을 써서 입력받음
- for문을 사용할 것
- 주문한 메뉴만 주문 수를 화면에 출면
- 화면출력 예: 백반 3개, 설렁탕 1개

문제 7.4 메뉴가 백반, 설렁탕, 김치찌개, 두부전골인 식당에 단체 손님이 방문하였다. 주문한 내용을 메뉴와 주문수가 키-값 쌍인 딕셔너리 order_dict에 저장하고 결과를 화면에 출력하는 프로그램을 작성하여라.

- 식당을 방문하는 팀의 인원은 input()을 써서 입력받음
- for문을 사용할 것
- in 사용하여 새로운 주문이 기존 주문 메뉴인지 확인, if 사용
- 주문할 때마다 해당하는 키-값 쌍에서 값을 1 증가시킴

7.1.4 이터러블에서의 순회 반복

여기서는 for문과 같이 쓰이는 여러 파이썬 이터러블 자료에 대한 **순회반복**에 대해 알아 본다.

- 모든 이터러블 자료에 대해 for문을 구성할 수 있다.
- 대표적인 이터러블 자료
  - 문자열, 리스트, 튜플 등의 시퀀스 자료
  - 딕셔너리나 셋같은 비시퀀스 자료

제어변수에 이터러블 자료의 모든 항목이 대입된 후 반복문의 블록이 실행되므로 순회반복이라는 용어를 사용하였다. 순회반복에서는 제어변수에 자료의 항목이 대입되므로 항목의 자료특성을 이용하여 처리내용을 블록에 코딩한다.

문자열과 for문

for문에서 이터러블 자료로 문자열을 사용하면 문자열의 각 문자가 순서대로 제어변수에 대입된다.

예제 7.9 문자열 `'Korea'`의 각 문자에 대한 아스키 인코딩 정수값을 알아내는 프로그램을 작성하시오.

[17]:
```
nation='Korea'
for ch in nation:
    print("{}: {}".format(ch, ord(ch)))
```

```
K: 75
o: 111
r: 114
e: 101
a: 97
```

텍스트의 단문자 카운트 매우 긴 텍스트에서 알파벳이 몇 개씩 사용되었는지 확인하는 프로그램을 작성해 보자.

- 대문자, 소문자는 구별하지 않음
- 알파벳을 제외한 다른 문자는 카운트하지 않음
- 키가 알파벳 소문자이고 개수가 값인 키-값쌍을 딕셔너리에 저장

구체적으로 아래와 같이 진행한다.

- 문자열메소드 str.lower()로 모든 문자를 소문자로 변환
- 소문자로 구성된 문자열 alpha 사용
- 딕셔너리 freq의 모든 키-값 쌍에서 값은 0으로 초기화

- 텍스트의 각 문자 ch가 alpha의 항목인지 아닌지 in을 사용하여 조사하고 True일 때만 키-값 쌍에서 값을 1 증가시킴

[18]:
```
novel="""It is a truth universally acknowledged, that a single
man in possession of a good fortune, must be in want of a wife."""
novel=novel.lower() # 모두 소문자로
alpha='abcdefghijklmnopqrstuvwxyz'

freq=dict.fromkeys(list(alpha),0) # 모든 키-값 쌍에서 값이 0=
for ch in novel:
    if ch in alpha:
        freq[ch]+=1
```

리스트와 for문

리스트에서의 for문의 문법구조는 다음과 같다.

```
for 제어변수 in 리스트자료또는변수:
    제어변수를포함하는실행블록
```

리스트-for문의 실행순서는 다음과 같다.

(a) 첫 번째 항목을 제어변수에 대입하고 블록 실행
(b) 리스트의 다음 원소를 제어변수에 대입하고 블록실행
(c) 다음 원소가 없으면 반복문 종료
(d) 다음 항목이 있으면 위 과정 (b), (c)를 반복

아래 파이썬 코드는 항목이 문자열인 리스트에 대한 간단한 반복문이다.

[19]:
```
moto="""나는 자랑스러운 대한민국 국민입니다"""
words=moto.split() #문자열을 단어로 분리
print(words)
for word in words:
    print(ord(word[0])) # 첫 글자 유니코드 인코딩 정수
words.sort() #인코딩 정수를 사용한 오름차순 정렬
print(words)
```

```
['나는', '자랑스러운', '대한민국', '국민입니다']
45208
51088
```

```
45824
44397
['국민입니다', '나는', '대한민국', '자랑스러운']
```

리스트의 모든 원소가 실수라면 for문을 이용하여 누적합을 구할 수 있다. 또한 누적합으로부터 평균, 분산, 표준편차를 계산할 수 있다.

예제 7.10 통계자료를 리스트 [70, 80, 30, 90,100]에 저장하였다. 자료 전체의 합, 평균, 분산, 표준편차, 최대값, 최소값을 구하는 코드를 작성하시오.

[20]:
```
nums=[70, 80, 30, 90,100]
S=0
for x in nums:
    S+=x
avg=S/len(nums)

SS=0 #분산
for x in nums:
    SS+=(x-avg)**2
var=SS/len(nums)
std=(var)**(1/2)

print("합:%d , 평균: %.2f"%(S,avg))
print("분산:%d , 표준편차: %.2f"%(var,std))
print("최소값:%d , 최대값: %.2f"%(min(nums),max(nums)))
```

```
합:370 , 평균: 74.00
분산:584 , 표준편차: 24.17
최소값:30 , 최대값: 100.00
```

문제 7.5 예제 7.10의 통계자료는 자료 갯수와 값이 고정되어 있다. 키보드를 통해 입력자료의 갯수 n 및 n개의 자료를 입력받아 기초통계량[1]을 계산하는 코드로 수정하시오.

아래 파이썬 코드는 리스트의 항목이 문자열일 때 문자열메소드를 사용하여 누적합에 더할 숫자를 생성한다.

[1]자료 합, 평균, 분산, 표준편차

[21]:
```
cities=['Seoul','New York','London','Seattle','Yakima']
n=0  #S로 시작하는 도시의 수
for city in cities:
    if city.startswith('S'):
        n=n+1
print("S로 시작하는 도시는 {}개이다.".format(n))
```

S로 시작하는 도시는 2개이다.

zip 및 enumerate에 대한 for문

파생형 묶음자료인 zip과 enumerate도 반복문에서 자주 사용된다.

아래의 코드는 파생형 묶음자료 zip 객체를 사용하는 for문이다. 2개의 자료로 zip형 자료를 만들고 언팩(unpack)한 2개의 변수를 제어변수로 사용하였다.

[22]:
```
capitals=['Seoul','New York','Paris','Wien']
nations=['Korea','USA', 'France', 'Austria', 'Canada']
for capital, nation in zip(capitals, nations):
    m="%s is the capital of %s."%(capital,nation)
    print(m)
```

```
Seoul is the capital of Korea.
New York is the capital of USA.
Paris is the capital of France.
Wien is the capital of Austria.
```

zip은 파이썬 프로그래밍의 유연성을 보여준다. zip 사용없이 for문으로 반복처리한다면 코드의 가독성도 낮아질 수 있다.

문제 7.6 위 코드를 range()를 사용한 for문으로 다시 작성하여라.

enumerate 객체는 이터러블의 각 항목에 연속적인 카운트를 부여한 자료형이다. 카운터와 항목이 튜플로 묶여 enumerate의 항목을 이룬다.

[23]:
```
A=set('ABCDF')
for x in enumerate(A,1):
    print(x)
```

```
(1, 'B')
(2, 'C')
(3, 'F')
```

```
(4, 'A')
(5, 'D')
```

enumerate()를 사용한 반복문에서는 카운터와 항목을 언팩한 후 각각을 독립적으로 사용할 수 있다.

[24]:
```
A=set('ABCDF')
for i, gpa in enumerate(A,10):
    print('{}. {}'.format(i//3+3,gpa.lower()))
```

```
6. b
6. c
7. f
7. a
7. d
```

튜플과 for문

튜플에서 for문의 문법구조 및 실행순서는 리스트에서와 동일하다. 아래 코드는 시각화 패키지인 matplotlib.pyplot에서 색과 선모양을 나타내는 약어를 설명하는 코드이다.

[25]:
```
colors=(['b','blue','파랑'],['r','green','녹색'],
        ['m','magenta','자주색'],['c','cyan','청록색'])
for x in colors:
    a="'%s': %s의 약자로 %s입니다."%(x[0],x[1],x[2])
    print(a)
```

```
'b': blue의 약자로 파랑입니다.
'r': green의 약자로 녹색입니다.
'm': magenta의 약자로 자주색입니다.
'c': cyan의 약자로 청록색입니다.
```

[26]:
```
linestyle=(('-','solid line','실선'),(':','dotted line','대쉬선'),
           ('--','dashed line', '점선'))
for symbol,style, exp in linestyle:
    a="'%s': %s, %s"%(symbol,style,exp)
    print(a)
```

'-': solid line, 실선
':': dotted line, 대쉬선
'--': dashed line, 점선

딕셔너리와 for문

딕셔너리는 시퀀스 자료는 아니지만 각 항목에 접근할 수 있는 이터러블이다. 따라서 for문과 같이 쓸 수 있다.

딕셔너리 for 문의 문법구조는 다음과 같다.

```
for 제어변수 in 딕셔너리변수: #제어변수는 딕셔너리의 키를 순회
    제어변수를포함한실행블록
```

딕셔너리 for문에서 제어변수는 키를 나타낸다. 이를 확인해 보자.

[27]:
```
orders={'설렁탕': 0, '김치찌개': 0, '백반': 1, '두부전골': 2}
for x in orders:
    print(x)
```

설렁탕
김치찌개
백반
두부전골

딕셔너리-for문에서 제어변수를 써서 키-값쌍의 값에 접근할 수 있다. orders가 식사 주문정보일 때 주문이 있는 메뉴, 즉, 키-값 쌍에서 값이 1 이상인 메뉴만 뽑아서 주방에 전달할 수 있다.

[28]:
```
to_chev={}
for dish in orders:
    if orders[dish]>=1:
        to_chev[dish]=orders[dish]
print(to_chev)
```

{'백반': 1, '두부전골': 2}

대소문자 무시한 알파벳 갯수 팝송 가사에 사용된 알파벳의 숫자를 조사해 보자.

- 사용된 알파벳과 빈도수를 딕셔너리에 저장
- 알파벳 이외에는 무시
- 대문자, 소문자는 구분하지 않음

우선 가사를 구성하는 알파벳의 빈도를 조사하여 딕셔너리에 저장한다.

[29]:
```
yesterday="""Yesterday
All my troubles seemed so far away
Now it looks as though they're here to stay
Oh, I believe in yesterday
Suddenly
I'm not half the man I used to be
There's a shadow hanging over me
Oh, yesterday came suddenly
Why she had to go
I don't know, she wouldn't say
I said something wrong
Now I long for yesterday"""
```

[30]:
```
symbol='ABCDEFGHIJKLMNOPQRSTUVWXYZ'
freq=dict.fromkeys(symbol,0) # 알파벳 빈도수 초기화
for ch in yesterday:
    ch=ch.upper() #각 문자를 대문자로 변환
    if ch in symbol: #알파벳일 때만 빈도수 1 증가
        freq[ch]+=1
```

빈도를 저장한 딕셔너리에서 여러 정보를 추출할 수 있다.

[31]:
```
M='A' # 값이 최대인 키-값 쌍의 키라고 임시로 가정
for alpha in freq:
    if freq[alpha]>=freq[M]:
        M=alpha
print('빈도가 최대인 알파벳: ', M)
```

빈도가 최대인 알파벳: E

아래 코드는 알파벳의 빈도를 막대그래프로 그려본다. 알파벳 E가 가장 많이 나타나고 그 다음으로 O가 나타난다. (matplotlib.pyplot을 이용한 시각화는 13장에서 자세히 공부할 예정이다.)

[32]:
```
import matplotlib.pyplot as plt
plt.bar(freq.keys(),freq.values())
plt.show()
```

예제 7.11 딕셔너리 freq에서 빈도수가 5이상인 알파벳만 보여주는 프로그램을 작성하시오.

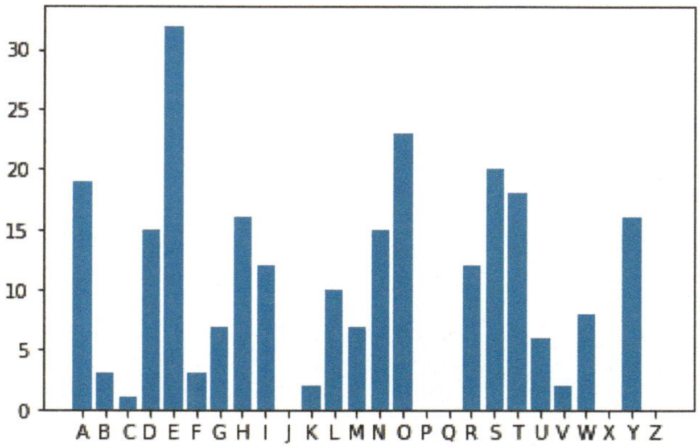

해결 전략

조건이 성립할 때만 처리하므로 if문을 사용하여 키-값 쌍을 골라낸다.

[33]:
```
counting={}
for alph in freq:
    if freq[alph]>=5:
        counting[alph]=freq[alph]
print(counting)
```

```
{'A': 19, 'D': 15, 'E': 32, 'G': 7, 'H': 16, 'I': 12, 'L': 10, 'M': 7, 'N':␣
↪15,
'O': 23, 'R': 12, 'S': 20, 'T': 18, 'U': 6, 'W': 8, 'Y': 16}
```

문제 7.7 딕셔너리 freq에서 빈도수가 0인 알파벳을 알려주는 프로그램을 작성하시오.

예제 7.12 딕셔너리 record가 학생의 점수 정보를 저장하고 있다.

```
record={'김영수': [50, 23], '이선영': [54, 37],
        '김경성': [78, 66], '박경후': [28, 50]}
```

점수의 평균을 구해 키-값 쌍의 값에 추가하는 코드를 작성하시오.

해결 전략

- 키를 이용하여 값인 점수 자료에 접근

- 리스트 인덱싱으로 각 점수에 접근
- 리스트메소드 append()로 평균 추가

[34]:
```
record={'김영수': [50, 23], '이선영': [54, 37],
        '김경성': [78, 66], '박경후': [28, 50]}
for student in record:
    mid=record[student][0]
    final=record[student][1]
    average=(mid+final)/2
    record[student].append(average)
record
```

[34]:
```
{'김영수': [50, 23, 36.5],
 '이선영': [54, 37, 45.5],
 '김경성': [78, 66, 72.0],
 '박경후': [28, 50, 39.0]}
```

문제 7.8 딕셔너리 record에 대한 다음 문제를 해결하는 코드를 작성하시오.

(a) 평균값만 뽑아서 새로운 딕셔너리 avg에 저장

(b) 평균이 40점 미만인 사람의 이름을 출력

(c) input()으로 입력받은 사람의 평균값을 조회

Python 프로젝트 : 로또 판매점

로또 번호 6개를 생성하고 추첨한 당첨번호와 일치하는 수가 몇 개인지 확인하고 출력하는 프로그램을 작성해 보자.

해결 전략

- random 모듈을 사용하여 랜덤하게 표본 추출
- 로또 번호를 리스트로 생성 : range(1,46)에서 중복 없이 6개 추출
- 당첨번호 추첨도 동일하게 난수 6개 생성
- 일치하는 숫자를 확인하기 쉽도록 리스트를 셋으로 변환
- 셋메소드 set.intersection()로 당첨번호와 일치하는 숫자 확인
- 일치하는 숫자가 있다면 오름차순으로 정렬한 후 출력

[35]:
```
import random

n=6 #로또 개수
lottos=[]
for i in range(n): #로또 6개 발행
    lotto=random.sample(range(1,46), 5)
    # print(lotto)
    lottos.append(set(lotto))

win=random.sample(range(1,46), 5)#당첨번호 추첨
win.sort()
print('당첨번호\n', win)
win=set(win)

for i,lotto in enumerate(lottos,1): #일치하는 숫자 확인, 정렬 후 출력
    coincide=win&lotto#일치하는 번호 찾기,교집합 연산
    if len(coincide)>=1: #꽝 아니면 출력
        coincide=sorted(coincide)#출력을 위한 정렬
        print("%d 번째 로또에서 일치하는 숫자: %s"%(i,coincide))
```

7.1.5 중첩for 문

for문의 실행블록 안에 for문이 있을 때 중첩for문(nested for loop)이라고 부른다.

```
for a in A:
    A블록의일부
    for b in B:
        b에대한블록
    A블록의일부
<A블록의 외부>
```

이중 중첩for문의 실행구조는 다음과 같다.

- A의 첫 번째 원소가 a에 대입되고 안쪽의 for문 실행
- A의 두 번째 원소가 a에 대입되고 안쪽의 for문 실행
- ...
- A의 마지막 원소가 a에 대입되고 안쪽의 for문 실행

이중 중첩for문의 형태를 2가지로 나눌 수 있다.

- 안쪽의 for문이 바깥쪽 for문의 제어변수와 관계없는 경우
- 안쪽의 for문이 바깥쪽의 제어변수에 의해 달라지는 경우

안쪽의 for문이 바깥쪽 for문의 제어변수와 관계없는 경우 동일한 처리가 반복되는 블록에 for문이 있다고 단순하게 생각하면 좋다. 다음 코드는 1~9의 각 수를 띄어 출력하는 작업을 4번 반복한다.

- 바깥쪽 for문은 행을 출력
- 안쪽 for문은 각 행의 항목을 출력

아래 코드는 i=1,2,3에 대해 2~4행의 블록을 반복적으로 실행한다. 실행블록 안에 for문이 사용된 중첩for문이다.

[36]:
```
for i in range(1,4):
    for j in range(1, 10):
        print(j, end=' ')
    print() # 없으면 모든 숫자가 한 행에 출력됨, 줄바꿈의 역할
```

```
1 2 3 4 5 6 7 8 9
1 2 3 4 5 6 7 8 9
1 2 3 4 5 6 7 8 9
```

안쪽의 for문이 바깥쪽의 제어변수에 의해 달라지는 경우 숫자를 아래와 출력하는 문제를 생각해 보자.

```
0
0 1
0 1 2
```

각 행을 출력하는 코드는 아래와 같다.

```
i=0
for j in range(1):
        print(j, end=' ')
i=1
for j in range(2):
        print(j, end=' ')
i=2
for j in range(3):
        print(j, end=' ')
```

이 코드의 규칙성은 각 반복문의 반복자료 range()를 행번호 i로 나타낼 수 있다는 점이다. 안쪽 for문의 반복자료가 바깥쪽 제어변수에 의해 정해진다. 곧, 다음과 같다.

```
range(i+1) <---i
```

[37]:
```
for i in range(3):
    for j in range(i+1):
        print(j, end=' ')
    print()
```

문제 7.9 아래와 같이 출력하는 프로그램을 작성하시오.

```
0123456789
1234567890
2345678901
3456789012
4567890123
5678901234
6789012345
7890123456
8901234567
9012345678
```

아래 코드는 문자열 'Busan'에 알파벳 모음(vowel)이 몇 개인지 카운트하고 있다.

[38]:
```
vowels=['a','e','i','o','u'] # 알파벳 모음
city='Busan'
count_vowel=0
for ch in city:
    if ch in vowels:
        count_vowel+=1
print("%s에서 모음의 개수 : %d"%(city,count_vowel))
```

```
Busan에서 모음의 개수 : 2
```

물론 city에 다른 도시를 대입할 수 있다. 더 나아가 city에 대입할 도시를 리스트로 작성한 후 각 항목에 대해 위 코드를 실행할 수 있다. 이런 방식으로 중첩된 반복문을 작성하게 된다.

예제 7.13 리스트 ['Seoul','New York','London','Seattle','Yakima'] 의 각 항목에서 모음이 몇 개인지 카운트하는 코드를 작성하시오.

리스트-for문의 실행 블록에 위 코드를 재활용한다.

[39]:
```
cities=['Seoul','New York','London','Seattle','Yakima']
vowels=['a','e','i','o','u'] # 알파벳 모음
for city in cities:
    count_vowel=0 # 각 도시의 모음 수를 0으로 초기화
```

```
for ch in city:
    if ch in vowels:
        count_vowel+=1
print("%s에서 모음의 개수 : %d"%(city,count_vowel))
```

```
Seoul에서 모음의 개수 : 3
New York에서 모음의 개수 : 2
London에서 모음의 개수 : 2
Seattle에서 모음의 개수 : 3
Yakima에서 모음의 개수 : 3
```

문제 7.10 예제 7.13의 각 도시가 키이고 모음 수가 값인 딕셔너리를 생성하는 코드를 작성하시오.

중첩for문을 설명할 때 구구단을 출력하는 문제는 매우 유명하다.

예제 7.14 다음 형태로 구구단을 출력해 보자.

```
1*1= 1  2*1= 2  3*1= 3  4*1= 4  5*1= 5  6*1= 6  7*1= 7  8*1= 8  9*1= 9
1*2= 2  2*2= 4  3*2= 6  4*2= 8  5*2=10  6*2=12  7*2=14  8*2=16  9*2=18
1*3= 3  2*3= 6  3*3= 9  4*3=12  5*3=15  6*3=18  7*3=21  8*3=24  9*3=27
1*4= 4  2*4= 8  3*4=12  4*4=16  5*4=20  6*4=24  7*4=28  8*4=32  9*4=36
1*5= 5  2*5=10  3*5=15  4*5=20  5*5=25  6*5=30  7*5=35  8*5=40  9*5=45
1*6= 6  2*6=12  3*6=18  4*6=24  5*6=30  6*6=36  7*6=42  8*6=48  9*6=54
1*7= 7  2*7=14  3*7=21  4*7=28  5*7=35  6*7=42  7*7=49  8*7=56  9*7=63
1*8= 8  2*8=16  3*8=24  4*8=32  5*8=40  6*8=48  7*8=56  8*8=64  9*8=72
1*9= 9  2*9=18  3*9=27  4*9=36  5*9=45  6*9=54  7*9=63  8*9=72  9*9=81
```

이 문제는 각 행의 곱셈공식을 9번 출력시키면 되는 단순한 문제로 볼 수 있다. 먼저, 두 번째 행을 출력해 보자. 곱셈 공식을 줄바꿈 없이 출력하면 된다.

[40]:
```
i=2
for dan in range(1,10):
    formula="{}*{}={}".format(dan, i,  dan*i)
    print(formula, end='   ')
print()
```

```
1*2=2   2*2=4   3*2=6   4*2=8   5*2=10   6*2=12   7*2=14   8*2=16   9*2=18
```

이제 i=1,2,⋯,9에 대해 위 코드 블록을 반복하면 된다. 따라서 전체 코드는 다음과 같다.

[41]:
```
for i in range(1,10):
    for dan in range(1,10):
        formula="%d*%d=%2d"%(dan, i,  dan*i)
        print(formula, end='   ')
    print() #줄바꿈
```

문제 7.11 위 코드 블록을 수정하여 예제 7.14의 구구단을 출력하도록 문자열을 만드는 코드를 작성하시오.

중첩리스트 출력 리스트의 항목이 리스트이지만 길이가 다르면 모양이 들쑥날쑥하다. 이런 리스트의 항목을 모두 출력하려면 반복문을 중첩 사용해야 한다.

예제 7.15 (들쑥날쑥한 리스트(rugged list)의 항목 출력) 다음 중첩리스트의 각 항목을 한줄에 출력해 보자.

```
[[1,2,3], [4], [6,7,8,9]]
```

해결 전략

- 안쪽 for문: 항목의 모든 원소를 출력하는 반복
- 바깥쪽 for문: 항목을 변경시키는 반복

안쪽부터 바깥쪽으로 코딩하면 다음과 같다.

[42]:
```
zoo=[['호랑이','사자'], ['고래'], ['앵무새','독수리','부엉이']]
for fam in zoo:
    for each in fam:
        print("%s"%each, end=' ')
    print()
```

```
호랑이 사자
고래
앵무새 독수리 부엉이
```

7.1.6 2차원리스트와 for문

2차원리스트는 엑셀의 표와 매우 비슷한 자료임을 알고 있다. 아래 2차원리스트 data로부터 다음처럼 출력해 보자.

```
김영수 80 90 85.0
이선영 75 70 72.5
박경후 60 90 75.0
한경희 35 75 55.0
```

[43]:
```
data=[['김영수', 80, 90, 85.0],
    ['이선영', 75, 70, 72.5],
    ['박경후', 60, 90, 75.0],
    ['한경희', 35, 75, 55.0]]
for x in data:
    for item in x:
        print(item, end=' ')
    print()
```

```
김영수 80 90 85.0
이선영 75 70 72.5
박경후 60 90 75.0
한경희 35 75 55.0
```

2차원리스트와 딕셔너리는 표형태의 데이터 저장에 자주 사용된다. 위 자료 data를 이름이 키이고 값이 3개의 숫자로 구성된 리스트인 딕셔너리로 변환해 보자.

[44]:
```
score={}
for x in data:
    name=x[0]
    score[name]=x[1:]
```

[45]:
```
for name in score:
    mid=score[name][0]
    final=score[name][1]
    avg=score[name][2]
    print(name,mid, final,avg)
```

```
김영수 80 90 85.0
이선영 75 70 72.5
박경후 60 90 75.0
한경희 35 75 55.0
```

위에 코드는 2차원리스트, 딕셔너리, 표가 자료를 보관하는 측면에서 거의 같은 역할을 할 수 있음을 보여준다.

참고 7.2 아래 코드는 데이터 과학에서 2차원 데이터를 표로 만드는 코드이다. 이렇게 만들어진 자료를 데이터프레임(dataframe)이라고 한다. 나중에 자세히 공부한다.

[46]:
```
import pandas as pd #자료를 변환하기 위한 모듈 불러오기
df=pd.DataFrame(score, index=['중간','기말','평균'])
df
```

[46]:

	김영수	이선영	박경후	한경희
중간	80.0	75.0	60.0	35.0
기말	90.0	70.0	90.0	75.0
평균	85.0	72.5	75.0	55.0

[47]:
```
df.T # 가로세로를 바꿈(transpose)
```

[47]:

	중간	기말	평균
김영수	80.0	90.0	85.0
이선영	75.0	70.0	72.5
박경후	60.0	90.0	75.0
한경희	35.0	75.0	55.0

7.1.7 시퀀스 자료의 인덱스를 사용한 반복

파이썬에서 for문을 사용하는 장점 중의 하나는 문법구조가 일상적 언어와 비슷해서 이해하기 쉽다는 점이다. 또 하나는 이터러블 자료의 항목을 나타내는 식별자를 제어변수로 사용하여 코드의 가독성을 높일 수 있다는 것이다.

보통의 for문은 실행블록이 제어변수에 대입된 항목에 대한 처리를 하는 경우에는 적합하지만 이전 항목을 사용하여 반복처리를 하는 경우는 대처하지 못한다. 이런 상황에서는 부득이 항목의 인덱스를 사용해야만 한다.

예제 7.16 (누적도수분포) 어느 가게의 6개월 매출이 아래와 같다. 매월 누적 매출을 계산하여라.

월	월매출액	누적매출액
1월	850	850
2월	600	1450
3월	1300	2750
4월	1000	3750
5월	900	4650
6월	1100	5750

- 월매출액을 리스트 venue에 저장
- i(=1,2,3,4,5,6) 월의 누적매출액을 계산하려면 $1, 2, \ldots, i-1$ 월의 매출액 정보 필요. venue의 인덱스를 사용하여 과거 매출액 정보에 접근
- j월의 누적 월매출액을 반복문을 이용하여 계산하고 리스트 cum에 추가
- 중첩 for문을 이용한 반복처리

[48]:
```
venue=[850,600, 1300, 1000,900,1100]
n=len(venue)
cum=[]
for i in range(n):
    tmp=0
    for j in range(i+1):
        tmp+=venue[j]
    cum.append(tmp)
cum
```

[48]:
```
[850, 1450, 2750, 3750, 4650, 5750]
```

버블 정렬(bubble sort)

버블 정렬은 자료를 오름차순으로 정렬하는 매우 유명한 정렬 알고리즘으로 인접한 두 항목의 크기를 비교하여 왼쪽이 큰 값이면 두 자료의 위치를 바꾼다. 이 위치교환을 계속하면 가장 큰 값이 맨 왼쪽으로 이동한다. 이 과정에서 작은 값은 왼쪽으로 이동한다.

```
[20, 18, 31, 2, 39, 25]
1,2 번째 교환 [18, 20, 31, 2, 39, 25]
2,3 번째 교환안 함
  3,4 번째 교환 [18, 20, 2, 31, 39, 25]
4,5 번째 교환안 함
  5,6 번째 교환 [18, 20, 2, 31, 25, 39]
```

이제 정렬이 안 된 앞쪽의 자료에 위치교환을 가장 큰 값이 오른쪽 2 번째로 이동할 때까지 계속한다. 이런 반복을 오름차순으로 정렬될 때까지 반복하는 것이 버블 정렬의 실행과정이다. 최악의 경우 자료수만큼 반복하게 된다.

1차원 리스트의 버블 정렬

[49]:
```
A=[20, 18, 31, 2, 39, 25]
n = len(A)
for i in range(n):
    for j in range(n-1-i):
        if A[j]>=A[j+1]:
            A[j],A[j+1]=A[j+1],A[j]
    print(A)
```

```
[18, 20, 2, 31, 25, 39]
[18, 2, 20, 25, 31, 39]
[2, 18, 20, 25, 31, 39]
[2, 18, 20, 25, 31, 39]
[2, 18, 20, 25, 31, 39]
[2, 18, 20, 25, 31, 39]
```

최적화한 버블정렬 위 코드는 오름차순으로 정렬이 되었음에도 불구하고 불필요한 반복을 계속하고 있다. 중간 단계에 이미 정렬이 되었다면 항목의 위치를 바꾸지 않을 것이다.

이 중복을 해결하기 위해 항목의 위치 교환여부를 swap이라는 변수에 True 또는 False로 표시하고 swap==False이면 반복문을 탈출하도록 코딩하자. 프로그램 실행 상태를 표시하는 이런 변수를 플래그(flag) 변수라고 한다.

[50]:
```
A=[20, 18, 31, 2, 39, 25]
n = len(A)
for i in range(n):
    print('*** %d 번째 시도***'%(i+1))
    for j in range(n-1-i):
        if A[j]>=A[j+1]:
            print('%d,%d 번째 항목 교환'%(j+1,j+2))
            print('     %s,%s 교환'%(A[j],A[j+1]),A)
            A[j],A[j+1]=A[j+1],A[j]
            swap=True
        else:
```

```
            print('%d,%d 번째 교환 안 함'%(j+1,j+2))
            swap=False
    if swap==False:
        print('정렬완료: ',A)
        break
```

```
*** 1 번째 시도***
1,2 번째 항목 교환
    20,18 교환 [20, 18, 31, 2, 39, 25]
2,3 번째 교환 안 함
3,4 번째 항목 교환
    31,2 교환 [18, 20, 31, 2, 39, 25]
4,5 번째 교환 안 함
5,6 번째 항목 교환
    39,25 교환 [18, 20, 2, 31, 39, 25]
*** 2 번째 시도***
1,2 번째 교환 안 함
2,3 번째 항목 교환
    20,2 교환 [18, 20, 2, 31, 25, 39]
3,4 번째 교환 안 함
4,5 번째 항목 교환
    31,25 교환 [18, 2, 20, 31, 25, 39]
*** 3 번째 시도***
1,2 번째 항목 교환
    18,2 교환 [18, 2, 20, 25, 31, 39]
2,3 번째 교환 안 함
3,4 번째 교환 안 함
정렬완료: [2, 18, 20, 25, 31, 39]
```

버블정렬의 작동을 설명하는 print()를 없앤 최종 코드는 아래와 같다.

[51]:
```
A=[20, 18, 31, 2, 39, 25]
n = len(A)
for i in range(n):
    for j in range(n-1-i):
        if A[j]>=A[j+1]:
            A[j],A[j+1]=A[j+1],A[j]
```

```
            swap=True
        else:
            swap=False
    if swap==False:
        break
print(A)
```

[2, 18, 20, 25, 31, 39]

2차원 리스트의 버블정렬 버블정렬은 기본적으로 1차원 리스트를 오름차순으로 정렬하지만 코드를 조금 수정하면 2차원 리스트에도 버블정렬을 적용할 수 있다. 아이디어는 각 항목에 대해 인덱스 k인 자료의 크기만 고려하여 버블정렬을 적용하는 것이다. 예컨대 인덱스 1인 자료만 추출한 후 항목의 크기 비교 후 2차원리스트의 항목을 바꾼다.

아래 2차원리스트가 이름, 중간고사, 기말고사, 평균을 저장한 리스트라고 하자.

[52]:
```
data=[['김영수', 50, 23, 36.5],
 ['이선영', 54, 37, 45.5],
 ['김경성', 78, 66, 72.0],
 ['박경후', 28, 50, 39.0],
 ['한경희', 38, 27, 32.5]]
```

각 항목에서 인덱스 k=1인 자료는 중간고사를 나타낸다. 아래 코드는 중간고사를 기준으로 오름차순 정렬하는 코드이다.

[53]:
```
n = len(data)
k=1 #중간고사 기준
for i in range(n):
    for j in range(n-1-i):
        if data[j][k]>=data[j+1][k]:
            data[j],data[j+1]=data[j+1],data[j] #2차원리스트 항목 교환
            swap=True
        else:
            swap=False
    if swap==False:
        break
```

이제 data에 버블정렬을 적용하여 정렬된 결과를 출력하자. 모듈 pprint 안에 정의된 pprint를 사용하면 2차원 리스트를 표와 비슷하게 출력할 수 있다.

[54]:
```
import pprint
pprint.pprint(data)
```

```
[['박경후', 28, 50, 39.0],
 ['한경희', 38, 27, 32.5],
 ['김영수', 50, 23, 36.5],
 ['이선영', 54, 37, 45.5],
 ['김경성', 78, 66, 72.0]]
```

내림차순으로 정렬하려면 이미 오름차순으로 정렬된 data에 슬라이싱 data[::-1]을 적용한다.

[55]:
```
pprint.pprint(data[::-1])
```

```
[['김경성', 78, 66, 72.0],
 ['이선영', 54, 37, 45.5],
 ['김영수', 50, 23, 36.5],
 ['한경희', 38, 27, 32.5],
 ['박경후', 28, 50, 39.0]]
```

7.2 while문

파이썬 제공하는 두 번째 반복문은 while이다. 조건식이 True인 경우에만 블록의 실행이 반복되는 반복문으로 일반적으로 반복횟수를 알 수 없다.

```
while (변수를포함한)조건식:
    <while문블록>
<while이후>
```

while문의 실행구조

1. 조건식이 True이면 <while문블록>을 순차적으로 실행한다.
2. 블록의 실행을 마치면 조건식이 True인지 조사한다.
   - 조건식이 True이면 다시 <while문블록>을 순차적으로 실행한다.
   - 조건식이 False이면 <while문블록>을 건너뛰어 <while이후>를 실행한다.

while 무한루프 while문이 처음 실행될 때 조건식이 True이면 조건식의 변수를 변화시키는 문장이 실행블록 안에서 포함되어야 한다. 그렇지 않으면 조건식이 항상 True이므로 프로그램의 실행이 끝나지 않는다. 이렇게 무한히 실행되는 반복문을 무한루프(infinite loop)라고 한다. 무한루프를 끝내는 두 가지 방식이 있다.

- Ctl+C
- 제어문 break 사용

while문의 용도 for문을 반복처리에서는 제어변수에 마지막 항목이 대입되고 블록이 실행되면 반복문이 끝난다. while문에서는 마지막으로 실행할 때 변수값이 변경되어 조건식이 False가 되어야 반복문이 끝난다. 따라서 반복처리를 하되 종료시점을 사전에 알 수 없는 경우에 while문을 사용한다고 생각하면 좋다.

다음 코드는 조건 $i \leq 5$이 충족될 때까지 누적합을 계산한다.

[56]:
```
S=0
i=1
while i<=5:
    S=S+i
    i=i+1
```

위 셀에서 S에는 다음 식에 해당하는 값이 저장되어 있다.

$$S = 0 + 1 + 2 + 3 + 4 + 5$$

예제 7.17 $1^3 + 2^3 + \cdots + n^3$이 10000보다 커지는 최소의 정수 n을 구하여라.

해결 전략

누적합과 관련된 문제이고 누적합이 10000보다 커지면 세제곱을 더하는 반복이 중지되어야 한다.

- i^3의 누적합을 구하는 알고리즘이 적용된다.
- S, i는 while 전에 초기화한다.
- 반복적으로 더하는 횟수를 알 수 없으므로 S에 대한 조건식과 while문을 사용한다.
- while문 블록에서 i를 1 증가시킨다.

[57]:
```
S=0
i=1
while S<=10000:
    i+=1
    S=S+i**3
print(i)
```

14

실제로 $S(n) = 1^3 + 2^3 + \cdots + n^3 = \frac{n^2(n+1)^2}{4}$임을 알고 있다. $S(13) = 8281$, $S(14) = 11025$이므로 옳게 문제를 해결하였다.

예제 7.18 (5가 처음 나올 때까지 주사위를 던진 횟수) 주사위 눈의 수가 5가 나올 때까지 몇 번 던지게 되는지 확인하는 코드를 작성하자.

해결 전략

- random 모듈의 randint(1,6)은 1과 6 사이의 정수를 랜덤하게 생성하므로 주사위 던지는 행위와 비슷하다.
- 주사위를 던질 때마다 회수를 1 증가시키는 누적 합 알고리즘 적용한다.
- 주사위 눈의 수가 5가 아니면 주사위를 계속해서 던진다.

[58]:

```
import random
number=0
count=0
while number!=5:
    number=random.randint(1,6)
    count=count+1
    print("%d 번째 숫자: %d"%(count,number))
print(count)
```

```
1 번째 숫자: 2
2 번째 숫자: 3
3 번째 숫자: 2
4 번째 숫자: 6
5 번째 숫자: 3
6 번째 숫자: 2
7 번째 숫자: 3
8 번째 숫자: 3
9 번째 숫자: 3
10 번째 숫자: 2
11 번째 숫자: 3
12 번째 숫자: 1
13 번째 숫자: 5
13
```

7.3 실행순서 이동

프로그래밍의 많은 문제가 반복처리를 이용하여 목표를 달성한다. 반복횟수가 지정된 for문에서 모든 자료를 순회하기 전에 목표가 달성되었다면 중지하는 것이 좋다. while에서도 마찬가지이다.

특히 while 무한루프에서는 중간에 실행을 중단하고 반복문을 빠져나와야 하는 경우가 생긴다. 파이썬을 비롯한 대부분의 프로그래밍 언어는 break와 continue를 써서 이 문제를 해결한다.

7.3.1 break문

break는 반복문을 종료시키는 문장이다.

- 반복문의 실행블록 안에서 break가 실행되면 실행블록을 빠져나오고 반복문 다음에 있는 문장을 실행한다.
- 중첩반복문에서 break문이 실행되면 break를 포함한 가장 안쪽 반복문만 빠져나온다.

다음 반복문은 반복횟수가 9번이지만 5로 나눌 때 나머지가 0이 되면 반복문을 빠져나온다.

[59]:
```
for i in range(1,10):
    if i%5==0:
        break # i가 5로 나누어지는 순간 for문 탈출
    print(i, end=' ')
print()
print('for문 이후의 코드입니다.')
```

```
1 2 3 4
for문 이후의 코드입니다.
```

예제 7.19 정수 n이 소수(prime)인지 합성수인지 알려주는 코드를 작성하시오.

해결 전략

- 2와 n-1 사이의 어떤 정수로 나누어지면 합성수라고 알려주고 반복문 탈출
- 2와 n-1 사이의 모든 정수로 나누어지지 않으면 소수

[60]:
```
n=int(input("정수 입력: "))
for k in range(2,n):
    if n%k==0:
        print('%d는 합성수'%n)
        break
if k==n-1: #2~n-1 사이의 수로 나누어지지않음을 의미
    print('%d는 소수'%n)
```

```
정수 입력: 149
149는 소수
```

문제 7.12 예제 7.19을 이용하여 120과 150 사이의 소수를 모두 찾는 프로그램을 작성하시오.

7.3.2 continue문

파이썬 예약어 continue는 실행 중인 블록을 중단하고 다음 반복을 새로 시작하도록 실행순서를 이동시킨다. 블록의 실행중단은 continue문 아래 모든 문장을 실행하지 않음을 의미한다.

- for문에서는 제어변수에 다음 항목 대입
- while문에서는 조건식을 조사하는 문장으로 이동

아래 코드에서는 continue가 실행되려면 i가 5로 나누어져 한다. 따라서 i=5일 때 continue가 실행되면 print()를 건너뛰고 i=6인 블록을 실행하게 된다. i=10인 경우에도 마찬가지이다. 따라서 5의 배수가 아닌 정수를 한 줄에 출력한다.

[61]:
```
for i in range(1,12):
    if i%5==0:
        continue
    print(i, end=' ')
```

```
1 2 3 4 6 7 8 9 11
```

아래 코드는 2 이상 10 미만의 수 중에서 3의 배수를 제외한 모든 수를 곱한 값을 출력한다.

[62]:
```
P=1
k=2
while k<10:
    if k%3==0:
        k=k+1
        continue
    P=P*k #3의 배수가 아닌 수만 곱함
print(P)
```

```
2240
```

7.3.3 pass

파이썬에서 if, elif, else, while, for, def , class 등의 구문에는 콜론 다음 줄에 실행블록이 오게 된다. 블록에 실행문장이 없으면 당연히 문법오류를 발생시킨다. 이때 pass문을 쓰면 오류를 발생시키지 않고 블록을 건너뛴다.

pass는 프로그램 개발 과정에서 논리적 흐름만 구상하고 구체적 코드를 작성하지 않는 경우에 흔히 볼 수 있다.

[63]:
```
S=0
n=15
for i in range(n):
    pass #나중에 구현할 부분
print("pass를 사용한  반복문")
```

pass를 사용한 반복문

7.4 while 무한루프

조건식이 항상 True인 while문으로 블록이 무한히 실행된다.

```
While True:
    <while블록>
<while이후문장>
```

무한루프는 기계나 프로그램에서 계속되는 처리가 필요할 때 매우 유용하다. 예컨데 10초마다 온도를 측정하여 화면에 표시하는 온도계를 생각해 보자.

```
import time
import random
while True:
    temperature=random.randint(-5,6)
    print("현재온도는 %.2f입니다."%temperature)
    time.sleep(10) # 10초 지연
```

파이썬 파일로 저장한 후 실행한 후 키보드에서 Crl+C를 동시에 누르면 파이썬 코드 실행을 중단시킬 수 있다. 주피터노트북에서는 Kernel 메뉴에서 interrupt로 실행을 중단시킨다.

주사위를 던질 때 나오는 눈의 수는 예측할 수 없다. 결과는 예측할 수 없지만 결과가 1~6의 하나라는 것은 분명하다. 이런 시행을 확률실험이라고 한다.

예제 7.20 while 무한루프를 사용하여 주사위 눈의 수가 1이 나올 때 주사위를 던진 횟수를 알려주는 프로그램을 작성하시오. (주사위를 던진 횟수는 이산 기하분포를 따르는 확률변수이다.)

[64]:
```
import random
count=0
while True:
    num=random.randint(1,6)
    count=count+1
    if num==1:
```

```
        break
print('주사위를 던진 횟수:', count)
```

주사위를 던진 횟수: 1

문제 7.13 (기하분포) 위 실험을 20번 반복하였을 때 던진 횟수의 평균을 구하여라.

예제 7.21 while 무한루프 반복을 활용하여 3명의 성적을 입력받고 평균을 구하는 코드를 작성하시오.

- 오입력을 고려한다.
- 정상적으로 입력한 사람 수를 count에 저장한다.
- 입력된 점수가 0 미만 100 보다 크면 새로 입력받는다.
- count=3이면 반복을 중지한다.

[65]:
```
n=3 #전체 입력 대상
S=0
count=0
while True:
    point=int(input("점수: "))
    if point>=0 and point<=100:
        count+=1
        S=S+point
    else:
        print("점수 범위는 0~100입니다.")
        continue # while문 시작부분으로 이동
    if count==n:
        break #while 문 탈출
average=S/n
print('평균: ',round(average,2))
```

점수: 80
점수: -90
점수 범위는 0~100입니다.
점수: 90
점수: 120
점수 범위는 0~100입니다.

```
점수: 100
평균:  90.0
```

7.5 수열의 항과 극한 계산

수열 $\{x_n\}_{n=1}^{\infty}$의 연속한 항 2개가 다음 식을 만족시킨다고 한다.

$$x_{n+1} = f(x_n) \quad (n \geq 0), \quad x_0 \text{임의의 실수}$$

위 관계식을 순환관계(recursive relation) 또는 점화수열이라고 부른다. 이 관계식에 의해, x_0의 값이 주어지면 x_1이 결정된다. x_1을 알고 있으므로 x_2가 결정된다. 이런 방식으로 수열의 모든 항이 결정될 수 있다.

7.5.1 수열의 항 계산

위에서 순환관계식을 다음과 같이 이해할 수 있다.

- x_n : 현단계에 알고있는 값
- x_{n+1}: 현 단계에서 계산한 다음 값

점화식에서 수열의 항을 계산하는 것은 지금까지 알고 있는 정보를 이용하여 다음 값을 계산하는 것에 해당한다.

예제 7.22 다음 조건을 만족시키는 수열의 항 $\{x_n\}_{n=1}^{10}$을 구하여라.

$$x_{n+1} = \frac{1}{3}x_n + 1 \quad (n \geq 0), x_0 = 0.1 \tag{7.2}$$

1. $x_1 = \frac{1}{3}x_0 + 1$
2. $x_2 = \frac{1}{3}x_1 + 1$: 1에서 x_1을 x_0에 대입
3. $x_3 = \frac{1}{3}x_2 + 1$: 1에서 x_2을 x_0에 대입

이제 반복패턴은 다음과 같다.

```
xzero를 이용하여 xone 계산
  xone을 xzero에 대입
```

이 반복패턴을 for문을 써서 프로그래밍하면 다음과 같다.

[66]:
```
seq=[] # 수열의 항을 저장한 변수
xzero=0.1
for i in range(5):
    xone=xzero/3+1
    seq.append(round(xone,5))#소수이하 6자리에서 반올림
```

```
    xzero=xone
print(seq)
```

```
[1.03333, 1.34444, 1.44815, 1.48272, 1.49424]
```

문제 7.14 다음 순환관계식에서 생성되는 수열의 항을 구하는 프로그램을 작성하시오.

$$x_n = 2x_{n-1} + 1 \quad (n \geq 1), x_0 = 1$$

피보나치 (Fibonacci) 수열 다음 순환관계식으로 계산되는 수열을 피보나치 수열이라고 부른다.

$$f_{n+1} = f_n + f_{n-1}(n \geq 2), \quad f_0 = f_1 = 1$$

수열의 항을 구체적으로 쓰면 아래와 같다.

1. $f_2 = f_1 + f_0$
2. $f_3 = f_2 + f_1 \leftarrow$ 1의 우변식에서 f_1 대신 f_2, f_0 대신 f_1 대입
3. $f_4 = f_3 + f_2 \leftarrow$ 1의 우변식에서 f_1 대신 f_3, f_0 대신 f_3 대입
4. $\cdots$

이제 이전에 구해진 2개의 값을 이용하여 다음 값을 구하는 반복 알고리즘이 나온다.

```
fzero=1
fone=1
for k in range(2,n):
    ftwo=fzero+fone
    fibo.append(ftwo)
    fzero,fone=fone,ftwo
```

[67]:
```
fzero=1
fone=1
fibo=[]
n=10
for k in range(n):
    if k==0 or k==1:
        fibo.append(1)
        continue
    ftwo=fzero+fone
    fibo.append(ftwo)
    fzero,fone=fone,ftwo
```

```
print(fibo)
```

```
[1, 1, 2, 3, 5, 8, 13, 21, 34, 55]
```

피보나치 수열의 항을 구하는 알고리즘을 변형하면 항 2개를 이용하여 다음 항을 계산하는 문제를 해결할 수 있다.

문제 7.15 다음 식에 계산되는 수열의 항을 5개 구하는 프로그램을 작성하시오.

$$a_{n+1} = \frac{1}{2}a_n + \frac{1}{2}a_{n-1}(n \geq 1), \quad a_1 = 1, a_0 = 0.5$$

7.5.2 수열의 극한

머신러닝과 같은 인공지능 분야에서는 원하는 답을 찾을 때까지 수열을 생성하는 경우가 많다. 좀더 정확히 표현하자면 **원하는 값에 충분히 가깝게 접근하는 수열**을 생성해야 한다. 이때 원하는 값이 수열의 극한(limit)에 해당하는데 일반적으로 미지의 값(unknown value)이다. 따라서 수열의 항이 극한과 얼마나 가까운지 측정할 방법이 없다.

수열이 수렴한다는 것을 아는 상황에서는 극한과의 차이가 일정한 범위에 들어오는 첫 번째 항을 극한값으로 취하게 된다. 이 과정은 다음과 같다.

1. 오차의 허용한계 error, 최대반복횟수(수열 항의 갯수)를 미리 정한다.
2. x_n을 이용하여 x_{n+1}을 계산한다.
3. $|x_{n+1} - x_n| < error$이면 x_{n+1}을 근사값으로 선택하고, 그렇지않으면 다음 항을 계산한다. (여기서 $|x_{n+1} - x_n|$을 추정오차(estimated error)라고 한다.)

극한의 근사값을 계산할 때 2가지 방식을 사용할 수 있다.

- while문을 사용하여 추정오차가 오차의 허용한계보다 작아질 때까지 수열의 항을 계산
  - 수렴하더라도 매우 많은 반복이 필요할 수 있음
  - 계산한 수열이 수렴하지않으면 무한루프 발생 가능성 있음
- 최대반복횟수 max_iter를 지정한 수 for문을 사용
  - 최대반복횟수 이전에 근사값 구할 수도 있음
  - 최대반복횟수의 반복으로도 만족스러운 근사값을 구하지 못할 수도 있음

이런 이유로 최대반복회수를 지정하여 반복계산을 수행한다. 최대반복횟수에 도달하기 전에 만족스러운 근사값을 얻으면 반복문의 블록 실행을 중지하게 코딩한다. 미지의 값을 찾는 많은 상황에서 이 방식을 사용한다.

예제 7.23 식 (7.2)에 의해 생성된 수열의 극한값의 근사값과 추정오차를 구하시오.

[68]:
```
error=10e-10
max_iter=1000
xzero=0.1
for i in range(max_iter):
    xone=xzero/3+1
    if abs(xone-xzero)<error:
        print("극한의 근사값:", xone)
        print('추정오차:', abs(xone-xzero))
        break
    xzero=xone
```

```
극한의 근사값: 1.4999999995984838
추정오차: 8.030320852725481e-10
```

문제 7.16 다음 순환관계식에 의해 생성되는 수열의 극한을 구하시오.

$$x_{n+1} = \frac{1}{2}\left(x_n + \frac{5}{x_n}\right), \quad x_0 = 1$$

무한급수의 합

무한급수 $S = a_0 + a_1 + a_2 + \cdots$의 합을 구하는 문제를 아래와 같이 수열의 항을 구하는 문제로 변형할 수 있다.

$$S_{n+1} = S_n + a_n (n \geq 0), \quad S_0 = 0$$

예제 7.24 오일러 수 e의 수학적 정의는 다음과 같다. 오차허용 최대범위가 0.00001일 때 e의 근사값을 구하시오.

$$e = \lim_{n\to\infty} (1 + \frac{1}{n})^n = \frac{1}{0!} + \frac{1}{1!} + \frac{1}{2!} + \frac{1}{3!} + \cdots$$

[69]:
```
import math
error=10e-10
max_iter=1000
Szero=0
for i in range(max_iter):
    Sone=Szero+1/math.factorial(i)
    if abs(Sone-Szero)<error:
        E=Sone
        break
```

```
    Szero=Sone
print(E)
print(math.e)
print('%d 항까지 계산한 오차'%(i+1), math.e-E)
```

```
2.7182818284467594
2.718281828459045
14 항까지 계산한 오차 1.2285727990501982e-11
```

Newton method

뉴턴법(또는 뉴턴 방법)은 방정식 $f(x) = 0$의 근 α에 대한 근사값(즉, 근사해)을 구하는 유명한 방법이다. 먼저 다음 형태의 순환관계에 의해 생성되는 수열을 구한다.

$$x_{n+1} = x_n - \frac{f(x_n)}{f'(x_n)}, \quad (n \geq 0), \quad x_0 : \text{임의의 값}$$

뉴턴법을 이용하여 근사값을 구할 때에는 이 수열이 근으로 수렴한다는 것을 이용한다. 오차에 대한 조건 $|x_{n+1} - x_n| < error$이 충족되면 더이상 수열의 항을 구하지 않고 x_{n+1}을 근사값으로 택한다.

예제 7.25 오차범위가 $error = 10^{-4}$일 때 방정식 $e^x = 2 - x$의 근사해를 구하여라.

[70]:
```
import math
error=10e-8
max_iter=1000

xzero=-3
for i in range(max_iter):
    f=math.exp(xzero)+xzero-2
    df=math.exp(xzero)+1
    xone=xzero-f/df
    if abs(xone-xzero)<error:
        sol=xone
        break
    xzero=xone

if i+1==max_iter:
    print(i, "지정한 반복횟수로 해를 구하지 못함")
print("근의 근사값", sol)
```

```
print("반복횟수",i+1)
```

근의 근사값 0.44285440100238854
반복횟수 7

문제 7.17 뉴턴법을 사용하여 방정식 $x^6 - x - 1 = 0$의 해를 구하시오. 단, 초기값은 $x_0 = 1$로 택한다.

$f(x)$가 여러 개의 근을 갖는다면 뉴턴법은 초기값에 따라 다른 근으로 수렴할 수 있다. 따라서 초기값의 선택이 중요하다.

문제 7.18 방정식 $x^3 - 3x - 1 = 0$의 해를 모두 구하시오. 다음 함수의 그래프를 참조하여 초기값을 3번 적절하게 택해야 한다.

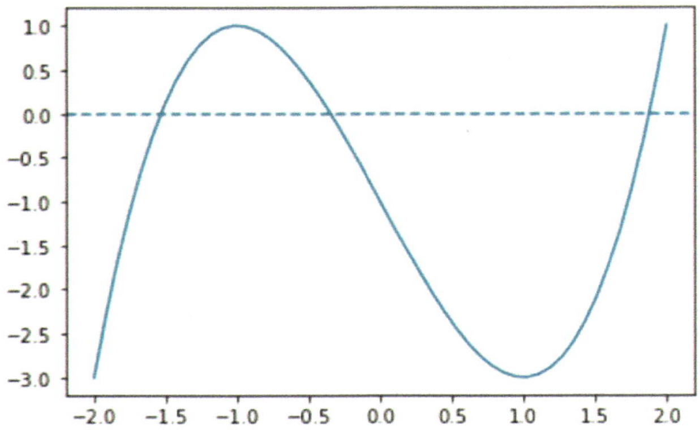

경사하강법(gradient descent method)

경사하강법은 함수가 최소값(또는 최소값)을 갖는 점을 찾는 방법의 하나로 머신러닝이나 인공지능 프로그래밍의 핵심적 기초를 이루는 알고리즘의 하나이다.

어떤 함수 $f(x)$가 최소값만을 갖는다는 가정하에서 $f'(x) = 0$은 단 하나의 근을 갖는다. 경사하강법은 현재 지점에서 함수값이 감소하는 방향으로 이동하면 언젠가는 최소값에 도달할 것이라는 경사하강법의 핵심 아이디어를 이용하여 근에 수렴하는 수열을 찾는 알고리즘이다.

인공지능에서 경사하강법은 변수가 여러 개인 함수에 적용된다. 빠른 속도로 방정식의 근을 구하는 것이 중요하므로 여러 가지 변형된 알고리즘이 개발되었다.

여기서는 변수가 하나인 함수의 최소값(또는 최대값)을 찾는 문제만 고려한다. 아래 식으로 생성되는 수열이 수렴하면 극한 α는 $f'(x) = 0$의 근이다.

$$x_{n+1} = x_n - \alpha f'(x_n), \quad x_0\text{은 임의의 실수} \tag{7.3}$$

위 식 (7.3)에서 α는 함수값이 감소하는 방향으로 이동하는 비율(걸음폭)로 이해할 수 있는 값으로 학습률(learning rate)이라고 한다. 학습률은 수렴속도를 결정하는 주요 파라미터 중의 하나이다.

예제 7.26 $f(x) = e^x + \frac{1}{2}x^2 - 2x - 2$가 최소값을 갖는 점을 구하시오.

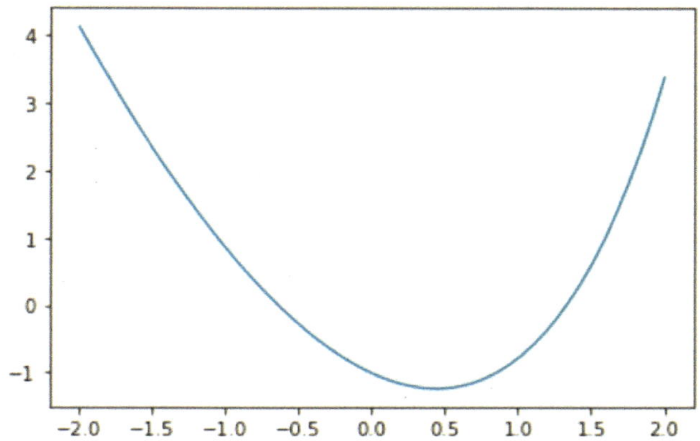

다음은 경사하강법을 구현한 파이썬 코드이다.

- 지정된 반복회수에 도달하기 전에 허용오차보다 적으면 중단하고 반복회수와 근사값을 출력한다.
- 지정된 반복횟수를 반복해도 만족스러운 근사값을 구할 수 없으면 메시지를 출력한다.

[71]:
```
import math
error=10e-8 #최대 허용오차
max_iter=1000 #최대반복회수
alpha=0.1 #학습률

xzero=-1
for i in range(1,max_iter+1):
    df=math.exp(xzero)+xzero-2
    xone=xzero-alpha*df
    if abs(xone-xzero)<error:
        sol=xone
        print(alpha, sol, i)
        break
    xzero=xone
if i==max_iter:
```

```
    print(i, "지정한 반복횟수로 해를 구하지 못함")
```

0.1 0.4428541804864432 55

허용오차보다 작은 근사값을 구하는 속도는 반복회수에 비례한다. 아래 코드에서 학습률에 따라 반복회수의 변화를 볼 수 있도록 프로그래밍하였다.

[72]:
```
import math
error=10e-8
max_iter=1000

a=[0.01, 0.05, 0.1, 0.2, 0.5, 0.8,1]
for alpha in a:
    xzero=-1
    for i in range(1,max_iter+1):
        df=math.exp(xzero)+xzero-2
        xone=xzero-alpha*df
        if abs(xone-xzero)<error: #허용오차 만족 시 중단
            sol=xone
            print(alpha, sol, i)
            break
        xzero=xone
    if i==max_iter:
        print('학습률:%s일 때'%alpha, "지정한 반복횟수로 해를 구하지 못함")
```

문제 7.19 경사하강법을 사용하여 함수 $f(x) = x^3 - 3x^2 - 6x + 30$ 이 극대값 또는 극소값을 갖는 점을 구하시오. ($f(x)$ 의 그래프를 참조하여 초기값을 선택해야 한다.)

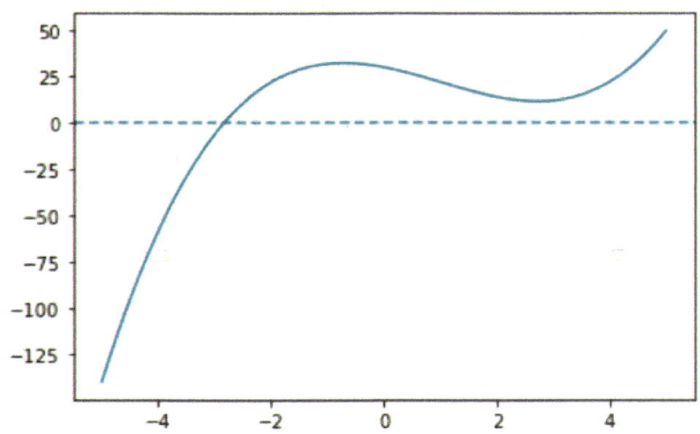

7.6 컴프리헨션

자료 처리과정에서 반복문이나 조건문을 써서 자료를 조작하거나 골라내는 과정을 자주 볼 수 있다. 이런 일을 프로그래밍하려면 네칸의 들여쓰기한 블록에 적어도 2줄의 코딩이 이 필요하다.

컴프리헨션은 for문을 단축한 구문으로 기존의 자료로부터 아주 짧은 1줄의 코딩으로 리스트, 딕셔너리, 셋을 만들어 낸다. 다른 프로그래밍 언어에서는 지원하지 않지만 파이썬의 특징을 보여주는 구문으로 익숙해지면 매우 편리하다.

7.6.1 리스트 컴프리헨션

리스트 컴프리헨션은 한 줄의 코딩으로 기존의 이터러블로부터 새로운 리스트를 생성한다. 컴프리헨션은 기존 자료의 항목을 사용하는 방식에 따라 세 가지로 나눌 수 있다.

- 기존 for문 단축
- for문과 항목에 대한 if문 사용
- for문과 항목에 대한 if-else문 사용

기존 for문을 단축한 컴프리헨션

모든 항목에 대해 동일한 방식으로 항목을 만들어 새로운 리스트를 생성하는 방식이다.

사용 문법

```
[x로나타낸새로운항목 for x in 이터러블]
```

이 구문은 for문을 사용한 다음 형태의 반복처리를 단축하고 있다.

```
A=[]
for x in iterable:
    A.append(x로나타낸새로운항목)
```

예제 7.27 range(1,10)의 각 항목 k에 대해 k^2이 항목인 리스트를 생성하시오.

(a) 컴프리헨션 사용

(b) for문 사용

[73]:
```
[i**2 for i in range(1,10)]
```

[73]:
```
[1, 4, 9, 16, 25, 36, 49, 64, 81]
```

[74]:
```
a=[]
for i in range(1,10):
    a.append(i**2)
a
```

[74]: [1, 4, 9, 16, 25, 36, 49, 64, 81]

아래에서는 컴프리헨션과 for문을 이용하여 리스트를 생성하는 코드를 비교한다. for문은 처리의 흐름이 명확하고 컴프리헨션은 코드가 짧아졌다.

컴프리헨션을 이용하여 딕셔너리로부터 리스트를 생성한다.

[75]:
```
mid={'김영수':80,'이선영':54,'박경후':90,'한경희':70}
[(x,mid[x]) for x in mid]
```

[75]: [('김영수', 80), ('이선영', 54), ('박경후', 90), ('한경희', 70)]

[76]:
```
Mid=[]
for x in mid:
    Mid.append((x,mid[x]))
Mid
```

[76]: [('김영수', 80), ('이선영', 54), ('박경후', 90), ('한경희', 70)]

zip객체의 경우에 항목을 언패킹한 후 각 변수를 독립적으로 사용할 수 있다. 아래 코드에서는 이름 첫자를 대문자로 바꿨고 점수에서 10을 뺐다.

[77]:
```
name=['kim','lee','hwang']
score=[80,90,70]
[(a.title(),b-10) for a,b in zip(name,score)]
```

[77]: [('Kim', 70), ('Lee', 80), ('Hwang', 60)]

[78]:
```
name=['kim','lee','hwang']
score=[80,90,70]
A=[]
for a,b in zip(name,score):
    A.append((a.title(),b-10))
A
```

[78]: [('Kim', 70), ('Lee', 80), ('Hwang', 60)]

문제 7.20 다음 리스트의 각 항목은 이름, 중간고사 및 기말고사 점수를 나타낸다.

```
data=[['김영수', 50, 23], ['이선영', 54, 37],
 ['김경성', 78, 66], ['박경후', 28, 50],
 ['한경희', 38, 27]]
```

리스트 컴프리헨션을 써서 다음 리스트를 만드시오.

(a) name=['김영수', '이선영', '김경성', '박경후', '한경희']
(b) mid=[50, 54, 78, 28, 38]
(c) final=[23, 37, 66, 50, 27]

if문을 사용하는 컴프리헨션

조건을 충족시키는 항목에 대해서만 새로운 원소를 만들어 리스트를 생성하는 방식이다.

사용 문법

```
[x로나타낸새로운항목 for x in 이터러블 if x에대한조건식]
```

이러한 방식의 컴프리헨션은 아래와 같이 작동한다.

- x에 대한 조건식을 이용하여 조건에 맞는 항목을 선택
- 선택한 항목을 써서 새로운 항목 만듬
- 새로운 항목을 리스트에 추가

이 과정을 for문을 사용하여 코딩하면 아래와 같다.

```
A=[]
for x in iterable:
    if x에대한조건식:
        A.append(x로나타낸새로운항목)
```

예제 7.28 다음 리스트에서 70보다 큰 항목으로 구성한 새로운 리스트를 생성하시오.

```
A=[92, 88, 53, 41, 86, 75, 86, 72, 86, 28]
```

[80]:
```
A=[92, 88, 53, 41, 86, 75, 86, 72, 86, 28]#점수
[ x  for x in A if x>70]
```

[80]: [92, 88, 86, 75, 86, 72, 86]

[81]:
```
temp=[]
for x in A:
    if x>70:
        temp.append(x)
temp
```

[81]: [92, 88, 86, 75, 86, 72, 86]

[82]:
```
mid={'김영수': 50,'이선영': 54,'박경후': 90,'한경희': 70}
[x for x in mid if mid[x]>60]
```

[82]: ['박경후', '한경희']

[83]:
```
name=[]
for x in mid:
    if mid[x]>60:
        name.append(x)
name
```

[83]: ['박경후', '한경희']

문제 7.21 1 이상 30 이하의 정수 중에서 4 또는 7의 배수가 항목인 리스트를 만드시오.

if-else문을 사용하는 컴프리헨션

항목의 조건 충족 여부에 따라 리스트에 추가할 원소를 다른 방식으로 만드는 컴프리헨션이다. 전보다 문법구조가 조금 복잡해졌다.

사용문법

```
[조건만족시항목 if 조건 else 조건불만족시출석 for i in 이터러블]
```

아래 for문의 단축형이다.

```
A=[]
for x in iterable:
    if x에대한조건식:
        A.append(조건충족시x로표현한항목)
    else:
        A.append(조건충족안될때x로표현한항목)
```

예제 7.29 리스트의 항목이 0보다 크면 2를 곱하고, 0 이하이면 5을 더해서 새로운 리스트를 생성하시오.

```
A=[2, 8, 0, -6, -2, 4, -4, -10, 6, -8]
```

7.6.2 딕셔너리 컴프리헨션

컴프리헨션으로 딕셔너리를 만드는 방식도 리스트에서와 비슷하다. 이터러블의 항목을 이용하여 키-값 쌍을 만들어 추가한다.

사용문법
```
{키:값 for 제어변수 in 이터러블}
```

딕셔너리 컴프리헨션에서 제어변수를 이용하여 키-값 쌍을 만드는 것이 어렵게 느껴질 수 있다.

예제 7.30 리스트 name, avg가 아래와 같다.

```
name=['김영수','이선영','박경후','한경희','주민호']
avg=[90,70,80,55,75]
```

zip(name,avg)를 이용하여 다음 딕셔너리를 구성하시오.

```
score={'김영수':90,'이선영':70,'박경후':80,'한경희':55,'주민호':75}
```

zip(name,avg)의 항목을 2개의 변수로 언패킹한 후 키-값 쌍을 만들면 어렵지 않다.

```
[84]: name=['김영수','이선영','박경후','한경희','주민호']
avg=[90,70,80,55,75]
score={a:b for a,b in zip(name,avg)}
score
```

```
[84]: {'김영수': 90, '이선영': 70, '박경후': 80, '한경희': 55, '주민호': 75}
```

딕셔너리 컴프리헨션에서도 if문이나 if-else문을 사용하여 항목을 선별한 후에 키-값 쌍을 만들 수 있다.

문제 7.22 위 예제 7.30의 score에서 값이 80 이상인 키-값 쌍만 선택하여 새로운 딕셔너리를 만드시오.

7.6.3 셋 컴프리헨션

셋 컴프리헨션은 자주 사용하지는 않지만 항목을 만드는 문법구조는 리스트 컴프리헨션과 동일하다. 셋의 특성상 중복된 항목은 허용되지 않으며 셋의 원소는 생성되는 순서로 추가되지 않는다.

예제 7.31 다음 컴프리헨션은 이터러블의 길이가 10이지만 생성된 셋의 길이는 3이다.

```
{i%3 for i in range(1,11)}
```

```
[85]: {i%3 for i in range(1,11)}
```

[85]: {0, 1, 2}

[86]:
```
a=[random.randint(1,6) for i in range(8)]
print(a)
b={i**2 for i in a}
print(b)
```

```
[4, 6, 2, 1, 2, 1, 2, 6]
{16, 1, 36, 4}
```

CHAPTER 8

파이썬 함수

파이썬 기초문법을 익히는 과정은 자료가 주어질 때 자료의 메소드, 선택 처리, 반복 처리 등을 통해 얻어지는 결과를 확인하는 과정이었다. 이 3단계의 과정을 추상화하여 파이썬으로 함수를 작성하는 방법을 익혀보자. 주요 내용은 아래와 같다.

- 파이썬 함수 작성
- 함수 호출
- 함수 활용

8.1 함수란?

파이썬으로 자료를 처리하여 활용하는 과정에서 동일한 코드를 반복해서 사용하는 경우가 있다. 이 부분을 세 단계로 나누어 작성하면 매우 편리하다.

- 입력 자료
- 자료 처리 부분
- 출력

프로그래밍 언어로 작성한 함수도 수학에서 사용하는 함수와 구조적 특성이 비슷하다. 수학에서 함수는 하나 또는 여러 개의 숫자 입력에 대응하는 값을 대응시켜 준다. 예를 들어 2변수 함수 $z = f(x, y)$가 아래와 같이 정의된다고 하자.

$$x, y \mapsto z = f(x, y), \quad f(x, y) = x^2 + y^2$$

함수 표현에서 x, y는 입력, $x^2 + y^2$은 자료 처리, $z = x^2 + y^2$는 처리결과의 출력으로 해석할 수 있다. 수학적 함수에서 차료처리 부분은 함수값을 식으로 나타내는 과정인 동시에 출력에 해당된다.

파이썬으로 데이터를 처리하는 경우라면 파이썬이 인식할 수 있는 모든 자료형을 함수의 입력으로 사용할 수 있다. 자료 처리 부분은 여러 단계를 거치게 되므로 여러 개의 파이썬 문장을 포함하게 된다. 파이썬으로 작성한 함수의 출력은 어떤 파이썬 자료형이라도 가능하다.

수학 함수가 하나의 값을 만들어내는 것과 같이 파이썬 자료를 처리할 때에도 파이썬으로 작성하는 함수도 하나의 기능을 수행하도록 작성하는 것을 권장한다.

프로그래밍에서 함수를 사용하는 이유

자료처리 과정에서 반복적으로 등장하는 코드를 함수로 작성하면 여러가지 장점이 생긴다.

1. 재활용(reuse) : 파이썬 코드를 재활용할 수 있다. 여기서 재활용한다는 의미는 다시 코딩하지않고 불러서(import) 사용한다는 것을 뜻한다. 재활용하려면 어딘가에 파이썬 코드를 저장해야 한다.
   - 모듈(module): 파이썬으로 작성한 함수가 저장된 파이썬 파일 이름
   - 패키지(package): 모듈을 저장한 폴더이름
   - 라이브러리(library) : 모듈 및 패키지를 저장한 폴더이름. (패키지와 같은 의미로 쓰이는 경우도 있지만 일반적으로 여러 개의 패키지가 모여 라이브러리를 구성한다.)
2. 간결한 구조 : 함수를 작성하면 프로그래밍의 논리적 구조를 쉽게 파악할 수 있다. 대부분을 차지하는 긴 코딩 부분을 따로 떼어냈기 때문에 입력, 출력, 활용부분을 이해하는 것이 쉬워진다.
3. 쉬운 유지 및 보수 : 함수 작성없이 데이터를 처리할 수 있지만 입력데이터를 수정하거나 처리과정을 변경한다면 관련있는 모든 부분을 찾아서 고쳐야 된다. 함수를 작성하면 함수 내부의 처리부분과 수정하면 된다.
4. 복잡한 문제 공략에 유리 : 복잡한 문제를 처리하는 과정을 하나의 파일에 작성한다면 코드가 길어지고 가독성이 떨어질 뿐만 아니라 유지보수도 어려워진다. 복잡한 문제를 여러 단계의 단순한 문제로 나누고 문제를 해결할 수 있는 함수를 작성하면 문제의 해결이 쉬워진다.

8.2 파이썬 함수 작성과 일반 호출

여기서는 파이썬 함수의 문법적 구조에 대해 알아보고 함수를 작성하는 과정에 대해 공부한다. 함수의 문법구조를 간단히 요약하면 다음과 같다.

```
def  함수이름(매개변수목록):
    함수본체 블록(자료처리과정)
    return 반환값
```

함수헤더

함수의 시작을 알리는 부분으로 예약어 def로 시작하고 함수이름, 함수에 사용할 변수를 명시한다.

- 함수이름은 식별자를 정하는 일반적인 규칙을 따른다.
- 함수를 정의할 때 사용된 변수를 매개변수(parameter) 또는 인자(argument)라고 부른다.

실행블록

입력된 자료를 처리하는 부분으로 함수에서 가장 핵심적인 부분으로 4칸 들여쓰기한 코드 모음이다.

return과 반환값

함수의 내부에서 자료를 처리하더라도 함수의 실행이 끝나면 메모리(RAM)에서 처리결과가 사라진다. 이 결과를 활용하려면 최종결과를 함수의 실행이 종료되기 전에 함수 밖으로 전달해야 한다.

이때 예약어 return 다음에 함수 밖으로 전달할 값을 쓴다. 이 값을 반환값이라고 하는데 return이 실행되면 위치에 상관없이 함수의 실행이 끝난다. return문은 단 한번만 실행된다.

- 반환값이 1개일 때 : 파이썬 연산 식이나 값을 저장한 변수를 return 다음에 쓴다.
- 반환값이 여러 개일 때
  - 반환값을 콤마로 구분하여 나열한다.
  - 반환값은 튜플로 묶여 1개의 자료형으로 함수 밖으로 반환된다.

함수 호출(function call)

작성한 함수의 인자에 구체적인 값을 대입하여 함수를 실행하는 것을 함수호출이라고 한다.

- 매개변수 : 함수를 정의할 때 입력으로 사용한 변수
- 인자(argument) : 함수를 호출할 때 변수 대신에 대입되는 값

(매개변수와 인자를 엄격하게 구분하지않고 사용하는 경우도 많다.)

8.2.1 실수값을 갖는 수학 함수

이 절에서는 식으로 정의된 수학적 함수를 정의하고 활용하는 예를 살펴본다.

예제 8.1 $g(x) = 3x^3 - 2x - 1$를 파이썬으로 정의하시오.

등호 오른쪽의 식을 파이썬 문장으로 코딩한다.

[1]:
```
def g(x):
    y=3*x**3-2*x-1
    return y
```

함수를 사용하려면 매개변수에 구체적 값을 대입하고 파이썬 코드를 실행한다. 이 함수를 호출(function call)하기 위해 함수에 값을 전달하는 4가지 방식은 다음과 같다.

- 구체적인 실수를 인자에 대입
- 값을 변수에 대입하고 변수를 함수에 전달
- 파이썬 연산 수식을 함수에 전달
- 키워드인자 형식으로 함수에 전달

[2]:
```
print(g(3)) # 함수 인자에 구체적인 값 전달
x=3
print(g(x)) # 변수에 저장된 값을 함수에 전달
print(g(1+2)) # 수식의 처리 결과값을 함수에 전달
```

```
74
74
74
```

키워드인자형식의 함수호출 함수을 정의할 때 사용한 변수에 값을 대입하는 방식으로 호출하는 것을 **키워드인자 형식으로 함수에 전달**한다고 한다.

[3]:
```
g(x=3)
```

[3]: 74

이 방식은 어색해 보이지만 장점이 많은 방식으로 익숙해질 필요가 있다. 여러 개의 매개변수를 사용하여 정의한 함수를 호출할 때 변수의 순서를 지키지 않아도 된다.

온도 변환 함수

프로그래밍에서 자주 등장하는 온도변환 공식을 파이썬 함수로 작성하고 활용해 보자.

- 섭씨온도를 화씨온도로 변환 : $F = \frac{9}{5}C + 32$
- 화씨온도를 섭씨온도로 변환 : $C = \frac{5}{9}(F - 32)$

위 공식을 파이썬함수로 작성하면 다음과 같다.

[4]:
```
def cel_to_fahr(C):
    F=C*(9/5)+32
    return F
def fahr_to_cel(F):
    C=(F-32)*(5/9)
    return C
```

[5]:
```
round(fahr_to_cel(40),2)
```

[5]: 4.44

함수를 이용하여 묶음자료를 처리할 수 있다.

[6]:
```
for fahr in [20,30, 45,50]: # 화씨온도가 리스트에 저장된 경우
    c=fahr_to_cel(fahr)
    tmp="화씨: %d, 섭씨: %.2f"%(fahr, c)
    print(tmp)
```

```
화씨: 20, 섭씨: -6.67
화씨: 30, 섭씨: -1.11
```

```
화씨: 45, 섭씨: 7.22
화씨: 50, 섭씨: 10.00
```

다음 코드는 여러 개의 섭씨온도를 화씨온도로 변환한다.

[7]:
```
for cel in range(28,35,2): # 화씨온도를 range()로 생성
    print("섭씨: %d, 화씨: %.2f"%(cel, cel_to_fahr(cel)))
```

```
섭씨: 28, 화씨: 82.40
섭씨: 30, 화씨: 86.00
섭씨: 32, 화씨: 89.60
섭씨: 34, 화씨: 93.20
```

예제 8.2 다음은 구간에 따라 함수값을 구하는 식이 다른 함수이다. 이 함수를 파이썬으로 작성하시오. 또한 $x = -2, 0, 2$에서 함수값을 계산하시오.

$$f(x) = \begin{cases} x+1 & x<0 \\ x^2 & x \geq 0 \end{cases}$$

if-else문을 써서 함수를 작성한다.

[8]:
```
def f(x):
    if x<0:
        y=x+1
    else:
        y=x*x # x**2
    return y
```

[9]:
```
print(f(0))
print(f(-2))
print(f(2))
```

```
0
-1
4
```

문제 8.1 다음 함수를 파이썬으로 작성하시오.

$$f(x) = \begin{cases} x^3-1 & (x<-1) \\ 2x+1 & (-1 \leq x < 1) \\ 5x^2 & (x \geq 1) \end{cases}$$

상품의 할인가 계산

편의점에서 상품을 할인하여 판매하고 있다. 상품가격에 따라 할인율은 다르며 아래 기준을 따른다.

- 가격이 1만원 미만이면 할인율은 0%
- 가격이 1만원 이상, 2만원 미만이면 1%
- 가격이 2만원 이상, 4만원 미만이면 2%
- 가격이 4만원 이상이면 4%

가격범위에 따라 하나의 경우에 해당하는 할이율이 정해지므로 if-elif-else문을 사용할 수 있다. 입력 변수는 가격, 함수이름은 discount_rate, 반환값은 할인율(실수)인 파이썬 함수는 다음과 같다.

[10]:
```
def discount_rate(price):
    if price<10000:
        rate=0
    elif price<20000:
        rate=1/100
    elif price<40000:
        rate=2/100
    else:
        rate=4/100
    return rate
```

[11]:
```
discount_rate(15000)
```

[11]: 0.01

다음은 사용자 함수 discount_rate를 이용하여 활용하는 코드이다.

[12]:
```
price=int(input("가격입력: "))
discount_rate=discount_rate(price) # 함수호출

discount=price*discount_rate # 할인액
discounted_price=price-discount # 할인가(할인 후 지불가격)

print("할인율: %d%%, 할인액: %d"%(int(discount_rate*100), discount))
print("할인전 가격: %d, 할인후 가격: %d"%(price, discounted_price))
```

```
가격입력: 30000
할인율: 2%, 할인액: 600
할인전 가격: 30000, 할인후 가격: 29400
```

다변수 함수

변수가 여러 개인 함수도 어렵지않게 코딩할 수 있다. 함수값을 계산하는 식을 코딩하면 된다.

예제 8.3 함수 $f(x, y, z) = x^2 + y^2 - 2z - 1$를 파이썬으로 작성하시오.

[13]:
```
def f(x,y,z):
    result=x**2+y**2-2*z-1
    return result
```

[14]:
```
f(1,2,3) #x=1,y=2,z=3
```

[14]: -2

[15]:
```
f(x=1,z=3,y=2) #키워드인자 형식의 호출
```

[15]: -2

[16]:
```
f(1,z=3,y=2) #1이 x에 대입된다.
```

[16]: -2

키워드인자 형식으로 호출할 때 인자의 순서에 관계없이 값을 전달한다. 이 사실을 확인하기 위해 변수에 대입되는 값을 확인하는 print()을 추가시켜 보자. 키워드인자 형식으로 호출하더라도 함수 내부에서는 위치인자 호출과 동일하게 작동한다.

[17]:
```
def f(x,y,z):
    print('x=',x)
    print('y=',y)
    print('z=',z)
    result=x**2+y**2-2*z-1
    return result
f(x=1,z=3,y=2)
f(1,z=3,y=2)
```

```
x= 1
y= 2
z= 3
x= 1
y= 2
z= 3
```

[17]: -2

문제 8.2 다음 2변수 함수를 파이썬으로 작성하시오.

$$F(x,y) = e^{-x^2-3y^2}$$

8.2.2 입력 또는 출력이 파이썬 자료인 함수

여기서는 파이썬 자료를 처리하는 함수를 작성하는 요령을 공부한다. 출력이나 입력이 숫자가 아닌 함수를 작성하는 과정에서 어렵게 느껴지는 부분은 입력자료를 처리하여 최종 결과를 만들어내는 과정이 여러 개의 파이썬 문장으로 구성된다는 것이다. 여러 단계를 거쳐 결과를 얻는 이 과정을 보통 알고리즘(algorithm)이라고 한다. 어떤 알고리즘을 프로그래밍 언어로 코딩하는 것은 거의 비슷하고 표준화되어 있다.

성적 부여 함수

교사가 학생이 얻은 점수를 보고 학점을 부여하는 상황을 생각해 보자. 각 학생마다 학점부여 기준을 적용하여 학점을 정해야 한다. 이 과정은 모든 학생마다 반복되어야 하므로 코드 재활용을 위해 함수를 작성하여 활용하자.

- 함수의 입력: 점수(실수 또는 정수)
- 함수의 반환값 : 학점(문자열)

점수(score)에 따른 학점 부여 기준은 다음과 같다.

- A : score>=90
- B : 90>score>=80
- C: 80>score>=70
- D: 70>score>=60
- F: score<60

먼저 학점을 키보드로 입력받은 후에 학점을 정해 보자. 여러 조건 중에서 하나를 골라 학점을 부여하므로 if-elif-⋯-else을 사용하여 코딩할 수 있을 것이다.

[18]:
```
score=int(input("점수: "))
if score>=90:
    gpa='A'
elif score>=80:
    gpa='B'
elif score>=70:
    gpa="C"
elif score>=60:
    gpa='D'
```

```
else:
    gpa='F'
print("{}점은 {}학점입니다.".format(score, gpa))
```

점수: 85
85점은 B학점입니다.

이제 입력(함수의 인자)이 score일 때 학점을 산출하는 함수 GPA를 작성하는 순서를 아래와 같이 서술할 수 있다.

(a) 점수에 따른 학점을 문자열 변수 gpa에 대입한다.
(b) if-elif-..-else문을 사용하여 입력자료를 처리하여 학점을 gpa에 대입한다.
(c) 자료 처리 후 gpa에 저장된 값을 반환한다.

[19]:
```
def GPA(score):
    if score>=90:
        gpa='A'
    elif score>=80:
        gpa='B'
    elif score>=70:
        gpa="C"
    elif score>=60:
        gpa='D'
    else:
        gpa='F'
    return gpa
```

[20]:
```
x=90
GPA(x)
```

[20]: 'A'

이제 점수를 입력받아 학점을 계산하고 문자열 안에 점수와 학점을 삽입하여 화면에 출력한다. 좀더 역동적이고 실용적인 코드로 바뀐다. 점수에 학점을 부여하는 코드가 함수 안에 이동하여 숨겨지므로 가독정과 사용편의서이 높아졌다.

[21]:
```
point=int(input('점수를 입력하세요: '))
gpa=GPA(point)
tmp='점수 {}에 해당하는 학점: {}'.format(point, gpa)
print(tmp)
```

```
점수를 입력하세요: 89
점수 89에 해당하는 학점: B
```

작성된 함수는 반복문을 써서 데이터 처리에 활용할 수 있다. 데이터는 6명의 점수를 저장한 리스트 변수이다.

[22]:
```
scores=[45, 68, 90, 97, 65, 75]
for score in scores:
    gpa=GPA(score)
    tmp='점수 {}에 해당하는 학점: {}'.format(score, gpa)
    print(tmp)
```

```
점수 45에 해당하는 학점: F
점수 68에 해당하는 학점: D
점수 90에 해당하는 학점: A
점수 97에 해당하는 학점: A
점수 65에 해당하는 학점: D
점수 75에 해당하는 학점: C
```

이제 학생이름과 점수가 키-값 쌍인 딕셔너리에 저장하고 함수를 데이터 처리에 활용한다.

[23]:
```
points=[45, 68, 90, 97, 65, 75] # 점수
names=['이수정','맹호','변학도','김호건','강철','이현세'] # 학생이름
scores={} # 빈딕셔너리 변수
for i in range(len(names)): #0~5
    scores[names[i]]=points[i] # 키-값 쌍 추가
scores
```

[23]:
```
{'이수정': 45, '맹호': 68, '변학도': 90, '김호건': 97, '강철': 65, '이현세': 75}
```

[24]:
```
for x in scores: #x는 키
    gpa=GPA(scores[x])
    tmp='{:3s}: 학점 {}'.format(x, gpa)
    print(tmp)
```

```
이수정: 학점 F
맹호 : 학점 D
변학도: 학점 A
김호건: 학점 A
```

강철 : 학점 D
이현세: 학점 C

문제 8.3 points, names의 인덱스 및 for반복문을 써서 위 결과가 나오도록 코딩하시오.

문제 8.4 points, names로 만든 zip객체와 for반복문을 써서 위 결과가 나오도록 코딩하시오.

파이썬으로 작성된 함수를 실행하는 과정에서 return은 단 한 번 실행된다. return이 실행되면 함수의 호출이 종료되기 때문이다. 이 사실을 이해한다면 return을 여러 곳에 써도 문제는 없다.

다음은 return을 여러 번 사용한 함수 작성의 예를 보여준다. 인자 score에 값이 전달될 때 실행되는 블록은 1개이므로 return도 단 한번 실행된다.

[25]:
```
def GPA_(score):
    if score>=90:
        return 'A'
    elif score>=80:
        return'B'
    elif score>=70:
        return "C"
    elif score>=60:
        return 'D'
    else:
        return 'F'
```

입력이 문자열, 출력이 딕셔너리인 함수

이번 문제는 문자열에 나타나는 알파벳의 빈도수를 키-값 쌍으로 만들어 딕셔너리에 저장하는 함수를 작성하는 것이다. 같은 알파벳이 나올 때마다 누적합을 계산하므로 키-값 쌍의 값을 0으로 초기화시킬 필요가 있다. 이 때 dict.fromkeys()를 사용하면 편리하다.

[26]:
```
SYMBOLS="ABCDEFGHIJKLMNOPQRSTUVWXYZ"
freq=dict.fromkeys(SYMBOLS,0) #모든 알파벳의 빈도수를 0으로
```

[27]:
```
text='I AM IN A SERIOUS TROUBLE'
for ch in text:
    if ch.isalpha(): # 문자열의 문자가 알파벳이면
        freq[ch]+=1
print(freq)
```

이제 문자열 text를 입력받아 알파벳 빈도수를 딕셔너리로 반환하는 함수를 작성할 수 있다. 위 코드를 함수 구조에 맞춰 코딩한다.

- 인자 : text (문자열)
- 자료 처리 : for문
- 반환값: 딕셔너리 freq

[28]:
```
SYMBOLS="ABCDEFGHIJKLMNOPQRSTUVWXYZ"

def freq_count(text):
    freq=dict.fromkeys(SYMBOLS,0)
    for ch in text:
        if ch.isalpha():
            freq[ch]+=1
    return freq
```

문제 8.5 함수 freq_count(text)를 수정하여 알파벳의 빈도가 1이상인 키-값 쌍으로 구성된 딕셔너리를 반환하는 함수를 작성하시오.

입력이나 반환값이 파이썬 자료인 함수는 무수히 많이 작성할 수 있다. 여기서는 몇 개의 문제만 제시하고 마무리하기로 한다.

문제 8.6 다음과 같이 동작하는 함수를 작성하시오.

- 입력: 항목이 정수인 리스트
- 평균보다 작은 항목을 리스트로 반환

문제 8.7 (정수 n의 약수를 모두 반환하는 함수) n를 나눌 때 나머지가 0인 정수를 n의 약수(divisor)라고 한다. n의 약수를 리스트로 만들어 반환하는 함수를 작성하시오.

8.2.3 키워드인자를 사용하는 함수

함수를 정의할 때 매개변수(또는 인자)에 기본값을 지정할 수도 있다. 예를 들어 네이버 검색순위를 읽어오는 함수 daily_rank(date)를 생각하자. 대부분의 사람들은 오늘의 검색순위에 관심이 많지만 어떤 사람들은 지정된 날짜의 검색순위에 관심을 가질 수 도 있다. 이때 daily_rank(date=오늘)이 이 목적을 달성할 수 있는 함수이다.

키워드 인자(keyword parameter or argument)란 함수의 헤더부분에서 특정값을 대입한 형태로 사용된 함수의 인자를 의미한다.

```
함수이름(pos1, pos2,..., kw1=v1,kw2=v2,...)
```

키워드인자를 함수의 블록에서 사용하는 방식은 일반적인 함수에서와 동일하지만 호출할 때 많은 차이점을 볼 수 있다.

키워드인자를 사용하여 함수를 정의할 때 다음 사항에 주의하자.

- 키워드인자는 그렇지 않은 인자(일반인자, 위치인자)의 뒤에 와야 한다.
- 키워드 인자에 특정값을 전달하여 함수를 호출할 수도 있지만 변수에 전달된 값을 생략할 수도 있다.
- 생략하는 경우에는 지정된 기본값을 이용하여 함수를 호출한다.

매개변수(인자)에 기본값을 지정한 함수를 작성하고 호출해 본다.

[29]:
```
def greet(name, department='산업경영공학과'): #department가 키워드인자
    tmp='안녕하세요, {} 여러분!. 저는 {}입니다'.format(department, name)
    return tmp

print(greet('김영수', '경영학과'))
```

안녕하세요, 경영학과 여러분!. 저는 김영수입니다

키워드 인자를 사용한 함수를 호출할 때는 키워드인자에 전달할 값을 생략할 수도 있다. 인자에 값이 전달되지않아도 함수가 실행되면서 자동으로 department에 기본값인 '산업경영공학과'가 전달되어 실행된다. (위치인자에 전달할 값을 생략하고 호출하면 에러가 발생한다.)

[30]:
```
print(greet('김영수'))
```

안녕하세요, 산업경영공학과 여러분!. 저는 김영수입니다

가중평균 계산

두 수 x, y에 대해 (산술) 평균은 $\frac{x+y}{2} = 0.5x + 0.5y$이다. 특정값을 강조하거나 경시한다면 다음 형태의 합을 사용하여 계산한 값을 평균으로 사용하기도 한다.

$$w_1x + w_2y, \qquad (w_1 + w_2 = 1,\ w_1 \geq 0, w_2 \geq 0)$$

이 값을 가중평균(weighted mean)이라고 한다.

아래 코드는 가중평균을 계산하는 함수를 작성한 코드이다. w1=0.5를 키워드인자로 사용하고 있다.

[31]:
```
def weighted_mean(x,y,w1=0.5): # x는 보통의 인자, w1은 키워드인자
    w2=1-w1
    m=w1*x+w2*y
    return m
```

3개의 변수를 사용하여 정의한 함수지만 값 2개를 사용하여 함수를 호출하면 전달된 값은 x, y에 대입되고 $w1$에는 기본값이 대입되어 실행된다.

[32]:
```
weighted_mean(80,90)# w1=w2=0.5
```

[32]: 85.0

[33]:
```
weighted_mean(80,90,0.4)#w1=0.4, w2=0.6
```

[33]: 86.0

함수정의에서 사용한 키워드인자와 호출할 때 사용하는 키워드인자는 같은 용어지만 맥락이 다르다.

아래 코드는 키워드인자 호출에서 순서는 관계없다는 것을 확인해 준다.

[34]:
```
print(weighted_mean(y=90, x=80,w1=0.4))
print(weighted_mean(w1=0.4, y=90, x=80))
```

```
86.0
86.0
```

[35]:
```
print(weighted_mean(80,w1=0.4, y=90)) #호출시 위치인자는 먼저 사용
```

```
86.0
```

8.3 반환값이 여러 개인 함수

입력받은 데이터를 처리한 얻은 여러 개의 값을 모두 반환하는 경우도 있다. 이런 경우에는 return 다음에 반환하길 원하는 값을 콤마로 구분하여 나열한다.

여러 개의 값은 튜플로 반환되므로 반환값의 수에 맞는 변수를 사용하여 각각의 반환값에 접근할 수 있다.(튜플의 언패킹이라고 한다.)

정수의 몫과 나머지 반환

다음 코드는 두 정수 a를 b로 나눌 때 몫과 나머지를 동시에 반환하는 함수이다.

[36]:
```
def QR(a,b):
    q=a//b #a를 b로 나눌 때 몫
    r=a%b  #a를 b로 나눌 때 나머지
    return q,r
```

함수 QR()의 반환값이 튜플임을 확인할 수 있다.

[37]:
```
print(QR(50,6))
```

```
(8, 2)
```

한편, 반환되는 튜플의 길이가 2이므로 2개의 변수를 이용하여 각각의 값에 접근할 수 있다.

[38]:
```
x,y=QR(50,6) # x,y가 내부적으로 튜플임
print('몫', x)
print('나머지', y)
```

```
몫 8
나머지 2
```

접근하길 원하지 않는 반환값은 언더스코어로 언패킹할 때 제외할 수 있다.

[39]:
```
a,_=QR(50,20)
a
```

[39]: 2

구의 겉넓이와 부피를 반환하는 함수

반지름이 r인 구(sphere)의 겉넓이(표면적, surface area)와 부피(체적, volume)를 반환하는 파이썬 함수를 작성해 보자. 단, 표면적과 부피는 다음과 같다.

- 구의 표면적: $sa = 4\pi r^2$
- 구의 부피: $v = \frac{4\pi}{3}r^3$

위 공식을 이용하여 표면적과 부피를 계산하여 반환하는 파이썬 함수를 작성하면 다음과 같다.

[40]:
```
import math
pi=math.pi

def sa_v(r):
    sa=4*pi*r**2
    v=(4*pi/3)*r**3
    return sa,v #겉넓이, 부피 순
```

아래 코드에서는 함수를 호출할 때 반환값인 튜플의 인덱스를 사용하여 넓이와 부피에 접근하였다.

[41]:
```
r=2
print(sa_v(r))
print('반지름이 %d인 구의 겉넓이는 %.2f, 부피는 %.3f이다.'%(r, sa_v(r)[0],␣
↪sa_v(2)[1]))
```

(50.26548245743669, 33.510321638291124)

반지름이 2인 구의 겉넓이는 50.27, 부피는 33.510이다.

예제 8.4 두 개의 실수 $a, b(\neq 0)$를 입력받아 $a+b$, $a-b$, $a \times b$, $\frac{a}{b}$를 반환하는 프로그램을 작성해 보자.

[42]:
```
a=20
b=3
def cal(a,b):
    return a+b,a-b,a*b,a/b
cal(a,b)
```

[42]: (23, 17, 60, 6.666666666666667)

8.4 함수 호출

함수를 정의한 후 함수를 호출할 때 실행되는 과정은 다음과 같다.

(a) 함수가 만들어져 메모리에 저장된다.
(b) 함수를 호출하면 함수의 인자가 만들어지고 함수에 전달된 값이 인자에 대입된다.
(c) 함수 안에서 임시변수를 사용하는 경우에도 변수가 만들어진다.
(d) return이 실행되면 반환값을 반환한다.
(e) 함수의 호출이 종료되기 전에 함수인자나 함수 내부에서 사용된 변수가 메모리에서 삭제된다.

함수의 호출이 끝나면 함수 내부에서 사용되었던 변수에 당연히 접근할 수 없다.

[43]:
```
def f(x):
    tmp=2*x*x+3*x-1
    return tmp
```

위 함수를 호출할 때 발생하는 메모리 주소를 보기 위해 함수를 약간 수정하였다.

[44]:
```
def f(x):
    print('함수 안 x의 주소:',id(x)) # x의 주소 확인
    tmp=2*x*x+3*x-1
    print('임시변수 주소:',id(tmp)) # tmp의 주소확인
    return tmp
x=2
print('함수호출 전:',x)
f(x)
print('함수호출 후:',id(x))
```

```
함수호출 전: 2
함수 안 x:  1853314001232
임시변수 주소: 1853314001584
함수호출 후: 1853314001232
```

2가 대입된 변수 x와 함수의 인자 x의 메모리 주소가 다르다. 이것은 함수인자와 이름이 같은 변수로 호출할 수 있다는 것을 확인해 준다.

여러 함수 호출 방식

여기서는 함수를 호출하는 두 가지 방식에 대해 알아본다.

- 위치인자를 사용한 호출
- 키워드인자를 사용한 호출

위치인자를 사용한 호출 여러 개의 인자를 써서 정의한 함수를 호출할 때는 함수에 전달된 값은 인자의 순서를 따른다. 가장 일반적인 호출 방식으로 인자의 순서에 주의해야 한다.

[45]:
```
def my_sum(x,y,z):
    tmp=x+2*y+3*z
    return tmp
```

[46]:
```
print(my_sum(10,20,30))
```

```
140
```

인자에 전달되는 값 보통의 호출에서는 전달된 값이 인자에 순서대로 대입된다. 이런 인자를 위치인자(positional argument)라고 한다. 위치인자를 사용하는 일반적 호출에서는 순서가 중요하므로 my_sum(20,10,30)과 my_sum(10,20,30)의 결과는 다르다. 함수를 호출할 때 인자에 전달되는 값을 확인하기 위해 코드를 수정하였다. 키워드인자로 호출할 때 인자에 대입되는 값을 관찰해 보자.

[47]:
```
def my_sum(x,y,z):
    print("x=", x)
    print("y=", y)
    print("z=", z)
    tmp=x+2*y+3*z
    return tmp
```

[48]:
```
my_sum(10,20,30)
```

```
x= 10
y= 20
z= 30
```

[48]: 140

[49]:
```
my_sum(20,10,30)
```

```
x= 20
y= 10
z= 30
```

[49]: 130

키워드인자를 사용한 호출 함수의 인자에 특정값을 대입하는 방식으로 값을 전달하는 호출하는 방식으로 자주 사용된다.

최대 장점은 함수에 전달되는 값의 순서를 바꿀 수 있다는 것이다. 또한 함수 정의에 사용된 인자를 사용하므로 정확하게 호출할 수 있다. 특히 함수의 인자가 매우 많거나 인자의 순서를 기억하기 어렵다면 키워드인자 호출은 매우 편리하다.

[50]:
```
print(my_sum(x=10,y=20,z=30))
```

```
x= 10
y= 20
z= 30
140
```

[51]:
```
print(my_sum(y=20,z=30,x=10))
```

```
x= 10
y= 20
z= 30
140
```

위치인자와 키워드 인자를 혼합한 호출 위치인자와 키워드인자를 모두 사용하여 함수를 호출할 수 있다. 단, 위치인자가 키워드인자보다 먼저 사용되어야 한다는 점에 주의해야 한다.

[52]:
```
print(my_sum(10,z=30,y=20))
```

```
x= 10
y= 20
z= 30
140
```

[53]:
```
print(my_sum(10,y=20, z=30))
```

```
x= 10
y= 20
z= 30
140
```

8.5 반환값 또는 인자가 없는 함수

지금까지 다루었던 함수는 인자와 반환값이 모두 있는 함수였다. 함수 중에는 반환값이나 인자가 없는 함수도 자주 사용된다. 이 절에서는 이런 함수의 작성에 대해 간단히 살펴 본다.

8.5.1 반환값이 없는 함수

표준출력함수 print()는 여러 개의 인자를 받아 파이썬 문장의 실행결과나 변수에 저장된 값을 콘솔에 출력하는 역할을 하는 함수이다. 눈에 보이는 결과를 보여주므로 반환값이 있는 것처럼 오해할 수 있지만 반환값은 없다. 반환값이 없는 함수를 print()에 전달하면 None이 콘솔에 출력된다.

[54]:
```
print(print(1+3))
```

```
4
None
```

예제 8.5 다음은 출석횟수가 인자인 함수로 10회 미만이면 문자열 '출석 충족'을 콘솔에 출력하고 10회 이상이면 '출석 부족'를 출력하는 함수이다.

[55]:
```
def pnp(n):
    if n>=10:
        print('출석 충족')
    else:
        print('출석 부족')
pnp(12)
print(pnp(8))
```

출석 충족
출석 부족
None

문제 8.8 인자로 이름을 입력받아 콘솔에 '___님 환영합니다'라고 출력하는 함수를 작성하시오.

문제 8.9 인자로 미세먼지 농도를 입력받아 80보다 크면 화면에 '실외 활동을 자제하세요'라고 표시하는 함수를 작성하시오.

8.5.2 인자가 없는 함수

함수의 인자가 없다는 것은 처리할 자료가 없다는 것을 의미한다. 이런 함수가 필요할지 의문을 가질 수 있다. 이론적으로 인자가 있는 함수에 전달되는 자료를 키보드를 통해 입력받거나 파일에서 읽어오도록 코딩하면 인자를 없앨 수 있을 것이다.

인자가 없는 함수는 정보를 제공하거나 함수 밖에 주어진 자료를 조작하거나 변경하는 용도로 사용될 수 있다. 몇 개의 예를 살펴본다.

다음은 인자와 반환값이 없는 함수의 예이다.

[56]:
```
def hello():
    name=input('이름 입력: ')
    print('{}씨, 접속을 환영합니다.'.format(name))
hello()
```

이름 입력: 김철수
김철수씨, 접속을 환영합니다.

다음을 키보드를 통해 점수를 입력받은 후 학점을 문자열로 반환하는 인자가 없는 함수이다.

[57]:
```
def know_gpa():
    points=int(input('점수 입력: '))
    if points>=90:
        gpa='A'
    elif points>=70:
        gpa='B'
    else:
        gpa='F'
    return gpa
print('학점', know_gpa())
```

```
점수 입력: 65
학점 F
```

8.6 전역변수와 지역변수

파이썬 프로그래밍에서는 자료를 저장할 때 변수를 저장한다. 변수는 자료가 저장된 메모리의 주소인데 변수는 프로그래밍을 종료될 때까지 메모리에 유지된다. 이런 일반적인 변수를 전역변수(global variable)라고 한다. 반면에 함수를 정의하는 블록 안에서 만들어지는 변수를 지역변수(local variable)라고 한다.

자료를 저장한다는 측면에서는 동일한 역할을 하지만 동작 측면에서는 다르다. 변수에 저장된 값이 영향을 미치는 범위(scope)가 다르기 때문이다.

- 전역변수 : 함수 외부에서 생성된 일반적인 변수로 프로그램 종료할 때까지 살아남는 변수
- 지역변수 : 함수 안에서 생성된 변수로 함수의 호출이 끝나면 소멸하는 변수

효력을 미치는 범위가 다르기 때문에 함수 밖에서 사용된 변수의 식별자를 함수 내부에서 변수로 사용할 수 있다.

8.6.1 지역변수

지역변수는 **함수 내부에서 초기화된 변수**로써 함수내부에서는 참조와 변경 등을 통해 일반변수처럼 사용할 수 있다. 다만, 함수의 호출이 끝나면서 메모리에서 사라지므로 지역변수에 저장된 값을 사용하려면 외부로 전달해야 하며 이때 return을 사용한다.

아래 코드에는 변수 함수 내부와 외부에 이름이 같은 변수 x가 등장한다. 10이 대입된 변수 x는 지역변수이고, 1이 대입된 변수 x는 전역변수이다.

[58]:
```
x=1#전역변수
def square():
    x=10 #함수 내부에서 초기화, 지역변수
    x**=2 # 지역변수 변경--> 25
    print(x) # 함수 종료되면서 x는 삭제됨

square()
x=x+1   # 전역변수 수정, 2
print(2*x+1) # 전역변수 참조(읽기)
```

```
100
5
```

함수 내부에서 만들어진 지역변수는 함수의 종료와 함께 메모리에서 삭제되므로 전역변수만 남게 된다. 따라서 x에는 1만 대입된 상태이다.

8.6.2 전역변수

전역변수는 함수 외부에서 초기화되어 값이 대입되어 있는 변수이다. 즉, 함수내부에서 대입에 의해 만들어지지 않은 변수는 모두 전역변수로 간주되는 것이다.

함수 내부에서는 전역변수를 2가지 방식으로 사용한다.

- 참조 : 참조(읽기)
- 수정 : 저장된 값 변경

함수가 호출되고 실행하는 과정에서 (함수 내부에) 변수에 저장된 값을 변경하는 문장이 있다면 파이썬 인터프리터는 이 변수를 지역변수로 판단하게 된다. 그런데 그 변수가 함수 내부에서 초기화되지 않았다면 무슨 일이 생길까?

변수 참조 과정

변수를 사용하려면 먼저 메모리에 저장된 값을 읽어야 한다. 변수를 참조할 때 함수 내부에서 찾게 되는데 대입된 값이 없으면 외부에서 찾게 된다. 외부에서 값이 대입된 변수(전역변수)라면 이 값을 사용하여 프로그램의 실행이 계속될 수 있다. 만약 찾지 못한다면 에러를 발생시키고 실행이 중단된다.

변수 수정 과정

변수에 수정된 값을 수정하는 문장을 만나면 먼저 값을 참조하려고 시도한다. 이 변수가 지역변수라면 아무 문제없이 대입된 값을 변경할 수 있을 것이다. 그런데 지역변수가 아니라면, 즉, 함수내부에서 값이 초기화되지 않았다면 '**지역변수가 대입되지 않은 채 참조됨**'이라는 에러를 발생시키고 실행이 중단된다.

전역변수 수정 선언

파이썬 인터프리터 입장에서 전역변수는 내부에서 만들어지지 않은 변수로 참조만 할 수 있는 변수이다. 사용자가 작성하려는 함수에서 전역변수의 수정이 필요하다면 에러발생을 막아줄 어떤 장치가 필요하다. 이 용도로 예약어 global을 사용한다. 함수의 블록 안에서 수정할 필요가 있는 전역변수 앞에 global로 선언하면 전역변수의 수정이 가능해진다.

아래 코드를 실행하면 당연히 오류가 발생한다. 전역변수 y의 수정을 시도하고 있기 때문이다.

```
x=1
y=10
def square():
    x=10
    x**=2
    y=2*y
    print(x)
square()
print(y)
```

함수 블록에 global y를 추가하면 전역변수 y에 저장된 값을 수정할 수 있다.

[59]:
```
x=1
y=10
def square():
    global y #전역변수 수정 선언
    x=10
    x**=2
    y=2*y  # 전역변수 수정
    print(x)
square()
print(y)
```

```
100
20
```

전역변수 선언없이 수정하는 리스트, 딕셔너리

일반적으로 함수 내부에서 전역변수에 저장된 데이터를 변경할 수 없다. 그런데 딕셔너리, 리스트 변수는 global 선언 없이 전역변수를 수정할 수 있다. 딕셔너리, 리스트는 변경이 가능한 자료이기 때문이다.

- 이뮤터블(숫자, 문자열, 튜플 등)을 저장한 전역변수는 수정 불가능
- 뮤터블인 리스트, 딕셔너리에 저장된 전역변수는 수정 가능

다음 코드는 함수가 전역변수를 수정할 수 있음을 설명하는 코드이다. 의도적인 사용이라면 문제가 없지만 인식하지 못한 상태에서 큰 문제가 발생할 수 있다. 함수가 전역변수에 저장된 값을 변경시킬 수 있고 원본 데이터를 손상시킬 수 있기 때문이다.

[60]:
```
import random

def f(n):
    for i in range(n):
        a.append(random.randint(1,6))
a=[]
f(5)
a
```

[60]: [3, 4, 1, 4, 5]

8.7 가변인자를 사용한 함수 정의

지금까지 작성한 함수를 호출하려면 인자 수에 해당하는 값을 함수에 전달해야 한다. 그런데 내장함수 print()는 인자로 전달하는 값의 갯수가 미리 정해져 있지 않다. 이 절에서는 가변갯수의 인자(가변인자, variable lengh of arguments)가 전달되어도 처리할 수 있는 함수를 작성하고 이런 함수의 작동방식에 대해 알아 본다.

가변인자는 함수의 인자 중에서 별표(*)가 붙은 인자를 의미한다. 함수를 호출할 때 전달하는 값의 수에 제한이 없으며 가변인자에 전달된 값이 함수 내부에서 튜플로 인식된다. 이 튜플의 항목을 처리하기 위해 함수 블록에서 for문을 사용한다.

아래에서 make_friend는 보통의 함수이고 make_friend_kw는 가변인자를 사용하여 정의한 함수이다.

[61]:
```
def make_friend(name):
        print('%s와 친구가 되었습니다.'%name)
```

[62]:
```
make_friend('jklee')
```

jklee와 친구가 되었습니다.

가변인자를 사용하여 정의한 아래 함수의 헤더부분은 일반적인 함수와 같지만 함수 블록에서 자료를 처리하는 부분은 다르다. 가변인자에 전달된 값이 튜플이므로 인자에 전달된 값을 처리하기 위해 반복문을 사용하고 있는 점이 다르다. (당연히, 여러 개의 항목을 갖는 자료를 처리하려면 반복문이나 인덱스를 사용해야 할 것이다.)

[63]:
```
def make_friend_kw(*name):
    for each in name:
        print('%s와 친구가 되었습니다.'%each)
```

[64]:
```
make_friend_kw('수빈','현수','진현')
```

수빈와 친구가 되었습니다.
현수와 친구가 되었습니다.
진현와 친구가 되었습니다.

언패킹 후 전달

가변인자로 전달된 자료가 튜플로 인식되지만 make_friend_kw()에 튜플을 전달하면 에러가 발생한다. 항목이 여러 개인 튜플이나 리스트를 make_friend_kw()에 전달하려면 앞에 *를 붙인다. 이렇게 하면 전달할 자료를 언패킹한 후 전달하므로 제대로 작동한다.

[65]:
```
make_friend_kw(*('BTS','블핑'))
```

BTS와 친구가 되었습니다.
블핑와 친구가 되었습니다.

[66]:
```
make_friend_kw(*['BTS','블핑'])
```

BTS와 친구가 되었습니다.
블핑와 친구가 되었습니다.

문제 8.10 다음과 같이 동작하는 함수를 작성하시오.

- 가변인자를 사용
- 전달된 모든 실수의 제곱을 더한 값을 반환

8.8 가변키워드 인자를 사용한 함수 정의

함수의 정의에서 **가 붙은 인자를 사용하지만 함수를 호출할 때 대입 형식으로 전달하는 인자의 수가 정해지지않은 경우도 있다. 이런 함수에서는 대입 형식으로 전달된 값이 딕셔너리로 인식된다.

- 함수의 인자 앞에 별표를 2개 붙인다.
- 호출할 때 대입형식으로 임의 개수의 값을 전달한다.
- 가변키워드 인자에 전달된 자료는 딕셔너리로 인식된다.
- 전달된 값을 주로 for문을 사용하여 처리한다.

a=b꼴의 대입형식으로 함수에 전달되면 키-값 쌍으로 바뀐다. 대입형식으로 전달할 때 a는 변수로 간주해야 한다. a가 문자열이라도 인용부호를 사용하면 안 된다.

[67]:
```
def MyFriends(**friends): #가변키워드인자
    for name in friends:
        tmp='이름: {}, 학과: {} '.format(name, friends[name])
        print(tmp)
```

[68]:
```
MyFriends(김영철='산업경영',한경민='기계공학') # 키-값 쌍을 전달
```

이름: 김영철, 학과: 산업경영
이름: 한경민, 학과: 기계공학

가변키워드인자로 전달되는 값이 내부적으로 딕셔너리지만 호출할 때 직접 딕셔너리를 전달하면 에러가 발생한다. 딕셔너리를 전달하려면 **를 앞에 붙여 언패킹해야 한다.

[69]:
```
def Prices(**menu):
    for drink in menu:
```

```
        print('%s: %s'%(drink,menu[drink]))
coffee_price={'에스프레스':2500, '아메':2800, '카페라떼':3000}
Prices(**coffee_price)
```

에스프레스: 2500
아메: 2800
카페라떼: 3000

8.9 람다(lambda) 함수

람다함수는 (일반적으로) 이름이 없는 함수로 예약어 def나 return을 쓰지않고 한 행으로 코딩할 수 있는 함수이다. 람다함수를 작성할 때 인자와 반환값을 콜론으로 구분하여 코딩한다.

```
lambda 인자목록:반환값
```

다음은 이름이 없는 람다함수와 호출하는 예이다.

[70]:
```
lambda x,y :2*x+y # 변수(인자)가 x,y이고 반환값이 2x+y인 람다함수
```

[70]: <function __main__.<lambda>(x, y)>

람다함수의 호출은 매우 불편하다.

[71]:
```
(lambda x,y :2*x+y)(10, 20)
```

[71]: 40

이름을 갖는 람다함수
작성한 람다함수에 이름을 붙일 수 있다. 이름을 가진 람다함수의 호출은 일반함수와 동일하다.

```
함수이름=lambda 변수목록:반환값
```

[72]:
```
z=lambda x,y :2*x+y # 이름이 z인 람다함수
```

[73]:
```
z(10,21) # 위치인자 호출
z(y=21,x=10) #키워드인자 호출
```

[73]: 41

람다함수는 자료를 처리하는 과정에서 필요한 간단한 함수를 작성할 때 자주 사용된다. (8.10절에서 몇 가지 예를 제시할 예정이다.)

아래의 람다함수 y는 파이썬 자료를 처리하는 람다함수의 예이다. 인덱스를 갖는 자료의 첫 번째 항목을 추출하는 함수이다.

[74]:
```
y=lambda x:x[0]
```

[75]:
```
print(y('Jklee'))
print(y([2,4,6]))
```

```
J
2
```

8.10 사용자 정의함수를 활용하는 파이썬 내장함수

여기서는 함수를 활용한 자료 정려, 자료 조작, 자료 선택에 대해 살펴본다.

8.10.1 자료 정렬: sorted()

우리는 sorted()가 자료를 오름차순 또는 내림차순으로 정렬할 때 사용하는 내장함수임을 알고 있다. 자료가 2차원인 경우에는 여러가지 기준을 사용할 수 있는데 정렬할 때 사용할 값을 함수를 이용하여 만들게 된다.

```
사용법
    sorted(정렬할 자료, key=기준함수, reverse=True or False)
```

각 항목에 접근할 수 있는 자료(iterables)에 sorted()를 이용하여 정렬할 수 있다. 이 때 sorted()의 키워드인자 key에 기준값을 정해주는 함수를 지정한다. 일반함수, 람다함수, 자료형의 메소드 등을 key에 지정할 수 있다.

key에 함수를 지정하면 이터러블 자료의 각 항목에 기준함수를 적용한 결과를 바탕으로 오름차순이나 내림차순으로 정렬한다. 문자열의 경우 첫 문자의 인코딩값을 기준으로 정렬하는데 대문자가 소문자보다 작은 값이다. 숫자의 경우에는 크기 순서이다.

문자열 메소드를 이용한 정렬

먼저 문자열을 단어로 나눈 리스트 words를 생성하고 문자열메소드를 key에 적용하여 정렬한다.

[76]:
```
words='The core of extensible programming is defining functions'.split()
print(words)
```

```
['The', 'core', 'of', 'extensible', 'programming', 'is', 'defining',
'functions']
```

문자열메소드 str.lower()은 모든 항목을 소문자로 변환한다. key에 이 메소드를 지정하면 words를 구성하는 각 항목에 key에 지정된 함수를 적용한 결과를 바탕으로 정렬하게 된다.

[77]:
```
print(sorted(words, key=str.lower))#오름차순
```

```
['core', 'defining', 'extensible', 'functions', 'is', 'of', 'programming',
'The']
```

람다함수를 사용한 정렬

람다함수를 이용하여 아래 리스트 자료 group_members를 정렬해 보자.

[78]:
```
group_members=[('잔나비',5),('트와이스',9),('방탄',7)]
```

아래 람다함수는 각 항목에서 멤버수를 추출한다. 그룹의 멤버수를 기준으로 오름차순으로 정렬할 수 있다.

```
lambda singer: singer[1]
```

[79]:
```
sorted(group_members, key= lambda singer: singer[1]) #멤버 수르 기준으로 오름
차순 정렬
```

[79]:
```
[('잔나비', 5), ('방탄', 7), ('트와이스', 9)]
```

이름을 붙인 람다함수를 사용할 수 있다.

[80]:
```
y=lambda x:x[0]
sorted(group_members, key=y) #오름차순 정렬
```

[80]:
```
[('방탄', 7), ('잔나비', 5), ('트와이스', 9)]
```

[81]:
```
sorted(group_members, key=y, reverse=True) #내림차순 정렬
```

[81]:
```
[('트와이스', 9), ('잔나비', 5), ('방탄', 7)]
```

2차원 리스트 정렬

key에 함수를 지정하고 함수값을 바탕으로 정렬하는 것은 이차원 자료에서 특히 유용하다. 정렬할 때 여러 기준을 사용할 수 있어서 데이터 분석에 활용성이 높기 때문이다.

이차원 리스트를 여러 방식으로 정렬해 보자. data의 항목은 이름, 중간고사 점수, 기말고사 점수라고 하자.

[82]:
```
data=[['김영수',67,69],['이선영',45,84],['김경성',58, 27],
      ['박경후',83,57],['한경희',59,44]]
```

[83]:
```
y=lambda x:x[1]
sorted(data, key=y) #중간고사를 기준, 오름차순 정렬
```

[83]:
```
[['이선영', 45, 84],
 ['김경성', 58, 27],
 ['한경희', 59, 44],
 ['김영수', 67, 69],
 ['박경후', 83, 57]]
```

[84]:
```
sorted(data, key=lambda x:x[2]) #기말고사 기준, 오름차순 정렬
```

[84]:
```
[['김경성', 58, 27],
 ['한경희', 59, 44],
 ['박경후', 83, 57],
 ['김영수', 67, 69],
 ['이선영', 45, 84]]
```

[85]:
```
sorted(data, key=lambda x:x[2], reverse=True) #기말고사 기준, 내림차순 정렬
```

[85]:
```
[['이선영', 45, 84],
 ['김영수', 67, 69],
 ['박경후', 83, 57],
 ['한경희', 59, 44],
 ['김경성', 58, 27]]
```

사용자정의 함수를 사용한 정렬

사용자가 작성한 함수를 이용하여 정렬할 수도 있다.

[86]:
```
def f(x):
    tmp=x[1]
    return tmp

sorted(data, key=f)
```

[86]:
```
[['이선영', 45, 84],
 ['김경성', 58, 27],
 ['한경희', 59, 44],
 ['김영수', 67, 69],
 ['박경후', 83, 57]]
```

8.10.2 자료 일괄 조작: map()

데이터 처리에서는 개별자료에 대해 동일한 조작을 가하는 경우가 많으며 이런 방식의 자료처리에 대한 이해가 필요하다.

내장함수 map()은 반복가능한(iterable) 자료의 각 항목에 특정함수를 모두 적용하여 새로운 자료를 만든다. (넘파이 배열에서 지원하는 벡터화(vectorization)이나 numpy.apply() 메소드와 거의 같다.)

map()을 적용하여 생성한 자료는 map 객체로 항목이 숨겨진 자료형이다. 따라서 각 항목을 보려면 리스트 등의 자료로 변환해야 한다.

```
map(적용할함수, iterables)
```

함수에는 사용자정의 함수, 람다함수 등이 올 수 있다. map()은 함수를 각 항목에 적용하여 만든 새로운 항목으로 map 객체를 만든다.

다음 코드는 map()에 사용자 정의함수를 적용한 코드이다. 각 항목에 1을 더해 새로운 데이터를 만든다.

[87]:
```
def add_one(n):
    return n+1
nums=[10,30,50,20]
map(add_one, nums)
```

[87]:
```
<map at 0x1af86ed48e0>
```

메모리에 생성되었음을 확인할 수는 있지만 항목을 볼 수 없는 자료임을 알 수 있다. 이 자료를 리스트로 변환해 보자.

[88]:
```
list(map(add_one, nums))
```

[88]:
```
[11, 31, 51, 21]
```

예제 8.6 원의 반지름(radius)가 리스트에 저장되어 있다. 원의 넓이를 구하는 람다함수를 작성하여 map객체를 생성하시오.

```
radius=[3,5,7,10] #원의 반지름
```

[89]:
```
z=lambda r:3.14*r*r
radius=[3,5,7,10]
area=map(z, radius)
list(area)
```

```
[89]: [28.259999999999998, 78.5, 153.86, 314.0]
```

예제 8.7 다음 자료의 각 값을 소수 이하 3자리에서 반올림처리하는 코드를 작성하시오.

```
[5.1864, -4.1442, 3.8169, -1.0057, 9.9843, -0.3066, -0.9514, -1.9778,
   3.5168, -3.0378]
```

내장함수 round(x,2)를 이용하여 람다함수를 만들어 데이터에 한꺼번에 적용한다.

```
[90]: data=[5.1864, -4.1442, 3.8169, -1.0057, 9.9843, -0.3066, -0.9514, -1.
       ↪9778, 3.5168, -3.0378]
      list(map(lambda x:round(x,2),data))
```

```
[90]: [5.19, -4.14, 3.82, -1.01, 9.98, -0.31, -0.95, -1.98, 3.52, -3.04]
```

문제 8.11 예제 8.7의 각 항목에 2를 곱해 새로운 리스트를 만드시오.

(a) 사용자 정의함수를 작성하여 이용

(b) 람다함수를 작성하여 이용

(c) for반복문을 이용

8.10.3 자료 선택: filter()

filter()는 내장함수로 이터러블 자료의 각 항목에 함수를 적용해서 조건을 만족시키는 항목을 골라낼 때 사용한다.

```
filter(항목에적용할함수, 이터러블자료)
```

(항목에 적용할 함수의 반환값은 True 또는 False이어야 한다.) filter()의 반환값을 filter객체라고 하는데 항목이 숨겨진 자료이다. map객체와 비슷하게 항목을 보려면 다른 자료로 변환해야 한다.

예제 8.8 1과 21 사이의 정수 중에서 3의 배수를 골라내는 프로그램을 작성하시오.

두 방식을 적용하여 문제를 해결해 본다.

- 람다함수 이용
- 리스트 컴프리헨션

```
[91]: A=range(1,21)
      Y=filter(lambda x: x%3==0, A)
      list(Y)
```

```
[91]: [3, 6, 9, 12, 15, 18]
```

```
[92]: [x for x in range(1,21) if x%3==0]
```

```
[92]: [3, 6, 9, 12, 15, 18]
```

문제 8.12 다음 리스트에서 60이상 90미만의 값이 몇개인지 카운트하는 프로그램을 작성하시오. 단, filter()를 사용하시오.

```
A=[44, 84, 39, 32, 93, 65, 26, 68, 30, 62, 88, 95,
    37, 69, 71, 42, 55, 52, 27, 90]
```

문제 8.13 문제 8.12를 리스트 컴프리헨션을 이용하여 해결하는 코드를 작성하시오.

8.11 파이썬 내장함수

이제 마지막으로 내장함수를 나열해 본다. 대부분 익숙한 함수지만 다시 한번 정리하여 제시한다.

입출력 내장함수

파이썬 자료의 입출력과 관련된 내장함수이다.

- input() : 키보드를 통한 자료입력
- print() : 화면 또는 콘솔을 통한 출력
- open() : 파일열기 함수

문자열 변환함수

다음은 input()을 실행하여 입력받은 문자열을 처리할 수 있는 내장함수이다.

- int()
- float()
- eval(): 문자열을 파이썬 문장으로 변환하거나 실행

수치 처리 내장함수

모듈을 사용하지 않고 수치를 처리하는 기본적 함수이다.

- abs() : 실수의 절대값
- divmod(a,b) : a를 b로 나눌 때 몫과 나머지 반환
- pow(a,b): a^b를 계산하여 소수이하 16자리까지 표시
- round(x,n): $n+1$ 번째 소수자릿수에서 x를 반올림한 결과를 반환

숫자변환 내장함수

- int() : 실수를 정수로 변환
- float(): 정수를 실수로 변환
- bin() : 정수를 2진수로 표현
- oct() : 정수를 8진수로 변환
- hex() : 정수를 16진수로 변환

자료생성자 함수

인자로 전달된 자료를 이용하여 내장클래스로부터 이름과 같은 객체(자료)로 생성하는 객체생성자이다. 빈자료를 만들 때 사용하기도 하였다.

- str() : 문자열로 변환
- int() : 정수를 나타내는 문자열을 정수로 변환
- float(): 실수를 나타내는 문자열을 실수로 변환
- list() : 리스트로 변환
- tuple() : 튜플로 변환
- dict() : 딕셔너리로 변환
- set() : 세트로 변환
- bytes(), bytearray() : 바이트 자료로 변환

자료 정보 제공

자료에 대한 기본적 정보를 제공하는 함수이다.

- type() : 자료형
- id() : 자료의 주소(메모리 주소)
- len() : 자료에 속하는 항목의 수(길이, length)

자료 생성 내장함수

항목이 숨겨진 자료를 생성하는 내장함수이다. range(), enumerate(), zip()는 주로 반복문에서 사용된다. map()은 자료 항목에 대한 동일한 처리에, filter()는 조건을 이용하여 항목을 골라낼 때 사용하는 내장함수이다.

문자 인코딩 내장함수

인류가 사용했거나 사용하고 있는 문자를 컴퓨터에서 사용할 수 있게 구현하는 문자 인코딩 관련 함수이다. ord()는 문자의 인코딩 값을 반환하고, chr()는 정수를 문자로 반환한다.

이터러블 자료처리 내장함수

주로 항목이 숫자인 이터러블의 간단한 처리를 위해 활용할 수 있는 함수이다. 이름으로부터 의미를 쉽게 알 수 있다.

- sum()
- max()
- min()

자료정렬 내장함수

sorted()나 reversed()는 자료를 오름차순 또는 내림차순으로 정렬하여 리스트로 반환하는 함수이다.

CHAPTER 9

파이썬 클래스

클래스(class)는 python, Java, C++, C# 같은 프로그래밍 언어에서 특정 자료를 생성하기위해 속성과 기능을 정의하는 설계도로 객체지향프로그래밍의 핵심내용에 해당된다. 초보자에게는 어려워보이지만 파이썬의 기초과정을 공부하는 우리는 이미 클래스를 사용해 왔다. 이 장에서는 사용자가 설계하고 정의하는 클래스에 대하여 알아 본다.

9.1 클래스

우리가 공부했던 기본자료형인 문자열, 리스트, 딕셔너리, 세트 등은 파이썬 발명자가 필요에 의해 설계한 클래스로 이 설계를 구체적으로 구현하여 파이썬 자료를 만들고 사용해 왔다.

[1]:
```
a=['산업경영공학과', 120, 3.14,[10,20],('a','b'), {'a':'A','b':'B'},␣
↪{1,2,3}]
for x in a:
    b='{}의 자료형: {}'.format(x, type(x))
    print(b)
```

```
산업경영공학과의 자료형: <class 'str'>
120의 자료형: <class 'int'>
3.14의 자료형: <class 'float'>
[10, 20]의 자료형: <class 'list'>
('a', 'b')의 자료형: <class 'tuple'>
{'a': 'A', 'b': 'B'}의 자료형: <class 'dict'>
{1, 2, 3}의 자료형: <class 'set'>
```

파이썬을 공부하면서 위에서 언급한 파이썬 자료형을 이용하여 일상생활이나 실무에서 접할 수 있는 자료를 파이썬으로 구현하고 처리하는 프로그래밍 기법을 익혔다. 파이썬 자료형에 대해 배우는 과정에서 몇 가지 공통요소를 확인할 수 있었다.

- 자료 생성

- 자료 연산
- 자료 조작 메소드

파이썬 기초문법의 주요 내용은 특정 클래스형의 자료를 만들고 사용할 수 있는 역량을 갖추는 것이었다. 자료형인 클래스는 특정한 방법으로 만들어지며 자료를 쉽게 처리하는 메소드를 제공하고 있었다. 이런 공통사항을 바탕으로 파이썬이 인식할 수 있는 자료를 프로그래머가 작성해야 하는 경우가 있다. 이 자료를 만들 수 있는 청사진(blue print)이 클래스이다.

클래스(class)는 특정목적을 달성할 수 있는 기능을 갖춘 파이썬 자료를 만들 수 있는 설계도로 파이썬이 허용하는 자료형, 변수에 저장한 상수, 함수 등을 결합하여 작성한다. 클래스 작성 과정에서 앞에서 배운 거의 모든 내용이 활용된다.

클래스와 객체

클래스의 목표인 설계개념을 구체적으로 실현한 자료를 만들려면 필요한 재료를 공급하여 구체화시켜야 한다. 클래스를 구체화시킨 파이썬 자료를 **클래스의 객체**(object) 혹은 클래스의 **인스턴스**(instance)라고 한다.

위에서 리스트 변수 a의 각 항목인 `'산업경영공학과'`는 str 클래스, 120은 int 클래스, …, `{'a':'A', 'b':'B'}`는 딕셔너리(dict) 클래스의 객체인 것이다.

객체지향 프로그래밍

객체지향 프로그래밍(object-oriented programming)이란 클래스로 자료형을 설계하고 객체를 이용하여 자료를 처리하는 프로그래밍 기법을 의미한다.

객체지향 프로그래밍은 사용자가 필요로하는 대상을 관찰하여 핵심요소와 공통적인 특징을 추출한(추상화한) 후 프로그래밍 언어로 표현하고 활용하는 기법을 의미한다.

- 속성(attribute) : 대상의 특징 또는 대상이 갖고 있는 특성으로 변수에 저장된 값이다. 이 변수를 속성변수 또는 간단히 속성이라고 한다.
  - 객체의 상태를 설명하는 자료를 저장한 변수
  - self.으로 시작하는 변수
- 행위(behavior) : 객체가 취할 수 있는 행동으로 원하는 특정 기능을 함수를 통해 구현한다. 이 함수를 메소드(method) 또는 멤머함수(member function)라고 부른다.
  - 객체가 할 수 있는 능력을 구현
  - 객체를 조작할 수 있는 함수

9.2 클래스 작성 문법

클래스를 작성할 때 다음 형식을 따른다.

```
class 클래스이름: #클래스 헤더
    클래스블록     #클래스 블록
```

- 클래스 헤더
  - 키워드 class 다음에 클래스이름과 콜론이 온다.
  - 클래스 이름(식별자)은 보통 대문자로 시작한다.
  - 클래스 이름이 두 개 이상의 단어를 조합하는 경우에는 각 단어를 대문자로 시작한다.
- 클래스 블록 : 4칸 들여쓴 블록에 정보를 저장한 변수와 여러 메소드를 작성한다.

9.2.1 클래스 생성 및 관련정보 확인

아래에서 정의된 클래스 Person은 블록에 아무것도 없는 클래스이다.

[2]:
```
class Colleague:
    pass
```

내장함수 dir()

클래스나 객체에 관한 정보를 확인할 때 내장함수 dir()를 사용하면 문자열 형태의 정보를 보여준다. dir()함수를 통해 클래스나 객체 내부에 정의된 속성과 메소드를 확인할 수 있다. Colleague는 빈클래스이므로 특이사항(언더스코어가 없는 문자열)은 발견되지 않는다.

[3]:
```
print(dir(Colleague)) # 생성된 클래스의 상세정보
```

```
['__class__', '__delattr__', '__dict__', '__dir__', '__doc__', '__eq__',
'__format__', '__ge__', '__getattribute__', '__gt__', '__hash__',␣
↪'__init__',
'__init_subclass__', '__le__', '__lt__', '__module__', '__ne__', '__new__',
'__reduce__', '__reduce_ex__', '__repr__', '__setattr__', '__sizeof__',
'__str__', '__subclasshook__', '__weakref__']
```

참고 9.1 (클래스의 매직 메소드) 클래스에서 언더스코어 2개로 시작하고 끝나는 메소드를 매직메소드(magic method)라고 한다. 주로 클래스에 대한 정보나 객체 사이의 연산을 정의한다. 매직메소드는 사용자가 주어진 이름의 함수를 재정의한 후 사용한다. (많은 매직메소드 중에서 __init__()에 대해서는 뒤에서 자세히 설명할 예정이다.)

9.2.2 객체 생성

우리가 설계한 Colleague 클래스를 이용하여 파이썬 자료를 구체적으로 만들어 보자. 만드는 방식은 다음과 같다.

```
변수=Colleague()
```

이때 변수를 Colleague 클래스의 **객체** 또는 **인스턴스**(instance)라고 부른다.

이제 Colleague 객체를 생성하자. 또 객체를 화면에 출력해 보자.

[4]:
```
me=Colleague() #객체생성
print(type(me))
print(me)
```

```
<class '__main__.Colleague'>
<__main__.Colleague object at 0x0000017452C38FA0>
```

위에서 __main__은 클래스와 객체가 생성된 현재의 작업환경을 나타낸다. at 다음에 0x로 시작하는 숫자는 16진수 정수로 주메모리인 RAM의 주소를 나타낸다. 이 정보는 Colleague 객체가 생성되어 RAM의 어딘가에 탑재되었음을 보여준다.

클래스가 아무것도 없는 상태이므로 생성된 객체도 특별한 어떤 것도 갖고 있지 않다. (dir(me)로 확인하기 바란다.)

9.2.3 객체에 속성과 메소드 추가

클래스로부터 객체를 생성한 후에 속성과 메소드를 추가할 수 있다. (생성된 객체마다 속성과 메소드를 추가하므로 일관성도 부족하고 관리면에서 효과적이지 못함을 알게 될 것이다.)

객체에 속성 추가

대학교 학과 사무실에서 구성원의 이름, 학년, 학과를 저장하기위해 Colleague 클래스를 설계했다고 생각하자. Colleague 클래스의 객체의 속성으로 이름 name, 학년 grade, 학과 department를 추가할 수 있다. 다음 형식을 따른다.

- 객체이름.속성이름=추가할속성값 #속성변수
- 객체의 속성 확인 : 객체이름.속성변수

[5]:
```
class Colleague:
    pass

me.name='lee'
me.grade=3
me.department='산업경영공학과'
print(me.name)
```

```
lee
```

객체 me에 추가된 name, grade, department은 객체 내부에서 사용된 변수로 객체인 me의 상태를 설명하는 내용을 담고 있다. 이제 dir(me)로 확인하면 추가된 속성을 볼 수 있다.

[6]:
```
print(dir(me))
```

```
['__class__', '__delattr__', '__dict__', '__dir__', '__doc__', '__eq__',
'__format__', '__ge__', '__getattribute__', '__gt__', '__hash__', '__init__',
'__init_subclass__', '__le__', '__lt__', '__module__', '__ne__', '__new__',
'__reduce__', '__reduce_ex__', '__repr__', '__setattr__', '__sizeof__',
'__str__', '__subclasshook__', '__weakref__', 'department', 'grade', 'name']
```

언더스코어가 없는 문자열이 추가된 것을 확인할 수 있다. 이런 문자열에 해당하는 속성과 메소드를 객체나 클래스를 통해 접근할 수 있다.

객체에 메소드 추가

객체에 다음 형식을 지키면서 함수를 추가할 수 있으며 추가한 함수(메소드)를 호출할 수 있다.

- 객체이름. 함수이름=추가할함수이름
- 메소도 호출 : 객체이름. 메소드이름(필요한인자)

객체를 통해 인자가 없는 함수도 추가할 수 있다. (클래스에는 인자가 없는 함수를 추가하지 못한다.)

[7]:
```
class Student:
    pass
def add(x,y):
    return x+y
def info():
    print('나는 학생입니다.')
she=Student() #객체 생성
she.name='Wonder' #객체에 name속성 추가
she.add=add #객체에 메소드 add 추가
she.iam=info # 객체에 메소드 iam 추가
print(she.add(10,20))
she.iam()
```

```
30
나는 학생입니다.
```

dir(she)로 객체 she에 속성인 name과 메소드 add, iam이 추가된 것을 확인할 수 있다.

프로그래머가 다른 객체를 생성한 후 속성과 메소드를 추가하길 원한다고 하자. 그러면 위 셀의 8행~10행에 해당하는 코딩이 추가되어야 한다. 객체마다 서로 다른 속성과 메소드를 추가할 수 있으므로 이런 방식의 추가는 일관성이 부족하고 데이터 관리 측면에서 좋지 못하다.

9.2.4 클래스에 속성이나 메소드 추가

클래스를 정의한 후에 사용자가 다음 형식을 따라서 클래스에 속성과 메소드를 추가할 수 있다.

- 클래스이름. 함수이름=추가할함수이름
- 클래스이름. 속성변수이름=추가할값

주의해야 할 점은 모든 함수를 클래스에 추가할 수는 없다는 것이다. 또한 추가한 함수의 첫 번째 매개변수는 객체 내부에서 특수하게 사용되므로 원하는 방식으로 동작하지 않을 수 있다.

- 인자가 없는 함수는 추가할 수 없다.
- 객체를 통해 메소드를 호출할 때 첫 번째 인자에 값을 전달하려고 시도하면 안된다.
- 객체를 통해 메소드를 호출할 때 두 번째 인자부터 값을 전달하고 호출해야 한다.

클래스 이름을 통해 함수가 추가되면 모든 객체를 통해 추가된 함수를 호출할 수 있다. 이때 클래스에 추가된 함수의 첫 번째 인자는 특별하게 사용된다는 사실을 알아야 한다. 내장함수 id()를 써서 메모리 주소를 확인하여 첫 번째 인자의 정체를 확인해 보자.

아래 Book 클래스에 함수, 즉, 메소드를 추가하였다. 함수 블록에는 p의 메모리 주소를 확인하는 문장이 포함되어 있다.

[8]:
```
class Book:
    pass
def page_info(p):
    print("책의 쪽수:", Book.page_num) #클래스에 추가한 속성 사용
    print("첫 번째 인자 p의 메모리 주소: ",id(p))
Book.page_num=200 #클래스에 속성 추가
Book.page_info=page_info #클래스에 메소드 추가
```

print(dir(Book))는 Book클래스에 page_info, page_num가 추가되었음을 보여준다. 이제 객체를 생성하고 메모리 주소를 확인하기로 하자.

[9]:
```
this=Book()
this.page_info()
print("객체의 메모리 주소: ", id(this))
```

```
책의 쪽수: 200
첫 번째 인자 p의 메모리 주소:  1599116657232
객체의 메모리 주소:  1599116657232
```

추가된 메소드의 첫 번째 인자와 객체의 메모리 주소가 일치하므로 p는 객체 this인 것이다. 이제 다음 사실을 확인할 수 있다.

- 클래스에추가된함수의첫번째인자=생성될객체
- 객체를 통해 호출할 때 첫 번째 인자는 생략해야 한다.
- 첫 번째 인자가 객체이므로 함수 안에서 객체가 갖게 될 속성을 사용할 수 있다.

클래스에 추가된 속성과 메소드의 특징

클래스에 추가된 속성과 메소드는 모든 객체에서 공유하며 동일하다. 아래 코드에서 Singer 클래스에 속성 name과 메소드 danceQ(), info()를 추가하였다.

[10]:
```
class Singer:
    pass
def danceQ(p):
    print("춤을 못 춰요!!!")
def info(p):
    print('가수입니다.')

Singer.danceQ=danceQ  #함수 추가
Singer.job=info  #함수 추가
Singer.name='ABBA'  #속성추가
```

아래 코드는 Singer의 모든 객체가 메소드와 속성을 공유하고 있음을 보여준다. 생성된 모든 객체의 속성 name이 ABBA로 동일하다.

[11]:
```
me=Singer()
print(me.name)
me.danceQ()
```

```
ABBA
춤을 못 춰요!!!
```

[12]:
```
he=Singer()
print(he.name)
he.danceQ()
```

```
ABBA
춤을 못 춰요!!!
```

위에서 클래스에 추가한 속성 name의 값은 모든 객체가 공유하고 있음을 확인하였다.

- 공유한 속성 이름 : name
- 공유한 값 : 'ABBA'

클래스에 함수를 추가할 때 함수의 첫 번째 인자가 객체와 같음을 알고 있다. 이제 클래스에 추가한 속성 name을 활용하는 함수를 추가하자. (함수의 첫 번째 인자가 객체와 같다는 사실을 이용하여 속성을 참조한다.)

[13]:
```
def say(p):
    print("안녕하세요? 저는 {}입니다.".format(p.name))#p는 생성될 객체
Singer.say=say
```

필요하다면 공유한 속성을 객체에서 바꿀 수 있다. 아래 코드는 공유한 속성 name을 수정한 후 메소드가 객체의 수정된 속성을 반영하고 있음을 보여준다.

[14]:
```
carp=Singer()
carp.name='Carpenters'  #객체에 name 속성 추가
carp.say()   # name 속성을 활용하여 동작
```

```
안녕하세요? 저는 Carpenters입니다.
```

참고 9.2 함수가 클래스에 추가되면 첫 번째 인자는 생성될 객체를 나타낸다. 첫 번째 인자로 임의의 식별자를 사용해도되지만 주로 self를 사용한다.

9.3 사용자정의 클래스 작성

앞에서는 객체를 생성한 후에 속성과 메소드를 추가하는 방식과 클래스에 속성과 메소드를 추가하는 방식에 대해여 살펴보았다.

- 객체 생성 후에 속성과 메소드를 추가하는 방식의 단점
  - 객체마다 속성과 메소드를 추가하는 파이썬 문장이 필요하다.
  - 객체가 가진 속성값과 메소드가 다를 수 있다.
  - 객체를 통해 관리할 때 일관성이 부족하다.
- 클래스 생성 후에 클래스에 속성과 메소드를 추가하는 방식의 장단점
  - 생성된 모든 객체가 동일한 속성과 메소드를 공유한다.
  - 객체에 부여된 속성 값이 동일하므로 객체를 구분할 수 없다.
  - 객체를 구분할 수 있게 속성값을 변경하려면 별도의 절차가 필요하다.

클래스와 객체를 이용한 프로그래밍에서 객체마다 속성은 달라야하고 메소드는 객체의 속성을 반영할 수 있도록 만드는 것이 좋겠다. 객체의 속성을 지정하는 방식도 객체를 생성할 때 전달받은 정보를 활용할 수 있도록 만드는 것이 효율적이다. 클래스 작성시 일관성을 위해 아래 사항을 반영하는 경우가 많다.

- 객체가 가져야 할 정보를 만들기 위해 객체 생성시에 정보를 전달하자.
- 객체의 특징을 표현할 자료를 만들어 객체를 구분할 수 있게 하자.
- 객체가 가져야할 공통 기능을 클래스 내부에 함수로 작성하자.

이런 역할을 하도록 정의하는 함수가 초기화메소드 __init__()이다. (이 함수를 클래스 생성자 또는 생성자 함수라고 부르기도 한다.)

9.3.1 초기화 메소드 : __init__()

객체를 만들 때 자동으로 실행하는 함수로 객체의 속성을 정해주는 역할을 한다.

- 2개의 언더스코어로 시작하고 끝난다.
- 객체생성에 필요한 정보를 인자에 전달한다. 이때 기본값이 지정된 키워드인자를 사용할 수도 있다.
- 첫 번째 인자는 반드시 self이어야 한다. self는 클래스 내부에서 객체를 나타내는 파이썬 변수로 객체 생성시에는 self를 제외한 나머지 정보만 전달한다.
- 초기화 메소드 안에서 클래스 내부에서 정보전달을 위해 필요한 변수를 생성할 수도 있다. self.으로 시작하는 이 변수를 인스턴스 변수 또는 속성변수라고 부른다. 객체가 생성된 후 객체를 통해 저장된 값을 확인할 수 있다.

아래 클래스 Member에서는 초기화함수를 이용하여 객체의 속성을 저장할 변수 3개를 정의하고 있다.

[15]:
```
class Member:
    def __init__(self, name, grade, department):
        self.name=name
        self.grade=grade
        self.department=department
```

Member 클래스의 객체를 생성할 때에는 Member()의 괄호에 3개의 값을 전달한다. 그러면 이 값이 __init__()의 세 인자 name, grade, department에 대입되면서 객체가 만들어진다.

전달되는 값은 객체를 만들 때 사용하는 재료이다. 초기화메소드에 전달된 정보를 활용하여 객체를 설명할 수 있는 특징을 인스턴스 변수에 대입한다. 객체를 생성할 때 제공받지 않은 정보를 써서 인스턴스 변수를 생성할 수도 있다. 인스턴스에 저장된 자료는 모든 인스턴스 메소드에서 공유할 수 있고 조작할 수 있다.

[16]:
```
lee=Member('이정민',3, '산업공학')
```

Member 객체 me는 세 개의 속성 department, grade, name을 갖고 있으며 객체를 통해 접근할 수 있다. (dir(lee)를 실행한 후 확인할 수 있다.)

[17]:
```
print(lee.name)
print(lee.grade)
print(lee.department)
```

이정민
3
산업공학

self의 의미
초기화 함수에 전달된 self는 클래스에서 만들어진 객체이다. 서로 구별되는 객체를 만들 때마다 서로 달라진다. 이 사실을 메모리 주소로 다시 확인해 보자.

[18]:
```
class Member:
    def __init__(self,name,grade, department):
        print("self의 메모리 주소:",id(self)) #self의 메모리 주소
        self.name=name
        self.grade=grade
        self.department=department
```

[19]:
```
lee=Member('이정민',3, '산업경영')
print("객체의 메모리 주소:",id(lee))
```

self의 메모리 주소: 1599116378752
객체의 메모리 주소: 1599116378752

객체가 달라지면 당연히 self도 달라진다.

[20]:
```
you=Member('당신',3, '산공')
print(id(you))
```

self의 메모리 주소: 1599116659488
1599116659488

참고 9.3 클래스를 생성한 후에 속성과 함수를 추가할 수 있었다. 이때 추가된 함수의 첫 번째 인자가 객체를 나타낸다는 것을 확인했었다. 이런 방식은 객체생성시 정보를 전달받지않고 초기화메소드 안에 name 속성을 정의한 것과 같다.

```
class Singer:
    def __init__(p):
        p.name='ABBA'
    def say(p):
        print("안녕하세요? {}입니다.".format(p.name))
```

키워드인자를 사용하는 초기화메소드

클래스에서 초기화메소드의 인자에 기본값을 지정할 수도 있다. (초기화메소드 자체가 함수이므로 당연해 보인다.) 또한 객체를 생성할 때 키워드인자 방식으로 초기화메소드에 정보를 전달할 수 있다.

다음은 키워드인자를 사용하여 초기화함수 __init__()를 작성하고 있다. 이 함수가 호출될 때 작동하는 방식은 일반적인 함수에서와 같다.

[21]:
```
class Member:
    def __init__(self,name='이정민',grade=3,department='산업경영'):
        self.name=name
        self.grade=grade
        self.department=department
```

객체생성자인 초기화함수를 호출할 때 인자에 전달할 값을 생략하면 모든 인자에 기본값이 자동으로 전달된다.

[22]:
```
ahn=Member('Ahnjobs',8, '컴퓨터')
print(ahn.name)
print(ahn.grade)
print(ahn.department)
```

```
Ahnjobs
8
컴퓨터
```

Member 클래스에서 __init__()에 3개의 키워드인자를 사용했는데 객체를 생성할 때 적은 개수의 인자가 전달되면 위치인자로 전달되고 나머지 인자에는 기본값이 사용된다.

[23]:
```
ahn=Member('Ahnjobs',8) #이름, 학년에 차례대로 전달
print(ahn.name)
print(ahn.grade)
print(ahn.department)#기본값 사용
```

```
Ahnjobs
8
산업경영
```

참고 9.4 (머신러닝 모델과 객체) 머신러닝의 모든 학습모델은 초기화메소드를 갖는 클래스로부터 생성된 객체이다. 또한 초기화메소드는 여러 개의 키워드 인자를 사용하여 정의되고 경우가 많다. 초기화메소드의 모든 인수가 모델을 영향을 주는 인자인데 이를 하이퍼파라미터(hyperparameter)라고 부르기도 한다

9.3.2 인스턴스 메소드

Member 클래스 안에서 self가 첫 번째 인자인 함수를 정의할 수 있다. 이 함수를 인스턴스 메소드(intance method)라고 한다. 인스턴스 메소드는 객체를 생성한 후에 객체를 통해 사용할 수 있다.

- 사용방법 : 객체. 메소드이름(필요한인자)

[24]:
```
class Member:
    def __init__(self,name,grade, department):
        self.name=name
        self.grade=grade
        self.department=department

    def greet(self):
        tmp='%s학과 %s학년 %s입니다'%(self.department,self.grade,self.name)
        print(tmp)
```

[25]:
```
me=Member('이정민',3, '산업경영')
me.greet()
```

산업경영학과 3학년 이정민입니다

인스턴스 메소드를 작성하는 다양한 방식

클래스 작성에서 가장 핵심적인 부분이 객체가 갖게 되는 인스턴스 메소드이다. 함수 내부에서 함수를 호출할 수 있는 것과 마찬가지로 메소드도 메소드를 호출할 수 있다. 이런 상호작용을 통해 객체가 다양한 기능을 갖게 된다.

다음은 인스턴스 메소드를 작성할 때 자주 사용하는 방식이다.

- 다른 인스턴스 메소드 호출 : 호출되는 메소드 앞에는 self.을 붙여야 한다.
- 초기화메소드에서 다른 인스턴스 메소드 호출
- 인스턴스 속성이 아닌 다른 인자 사용

[26]:
```
class Calculator:
    def __init__(self):
        self.info()
    def add(self,x,y):
        return x+y
    def sub(self,x,y):
        return self.add(x,-y)
```

```
    def info(self):
        print("덧셈과 뺄셈만 가능한 계산기입니다.")
```

[27]:
```
cal=Calculator()
```

덧셈과 뺄셈만 가능한 계산기입니다.

[28]:
```
a=10
b=30
print(cal.add(a,b))
print(cal.sub(a,b))
```

40
-20

예제 9.1 파이썬 강의를 수강한 학생들의 시험 점수를 관리하기 위해 클래스 StudentPython을 설계하려고 한다. 아래와 같이 동작하도록 StudentPython를 작성하시오.

- 초기화메소드에 이름, 중간고사, 기말고사 점수 전달
- 인스턴스 속성 name, mid, final, average 정의
- 평균과 학점을 알려주는 메소드 정의

[29]:
```
class StudentPython:
    def __init__(self, name=None, mid=0, final=0):
        self.name=name
        self.mid=mid
        self.final=final
    def average(self):
        return (self.mid+self.final)/2
    def gpa(self):
        avg=self.average()
        if avg>90:
            return 'A'
        elif avg>80:
            return 'B'
        elif avg>70:
            return 'C'
```

```
        elif avg>60:
            return 'D'
        else:
            return 'F'
```

[30]:
```
kang=StudentPython('Kangss',90,80)
print(kang.average())
kang.gpa()
```

```
85.0
```

[30]:
```
'B'
```

문제 9.1 StudentPython 객체를 생성할 때 필요한 세 개의 정보를 __init__() 안에서 키보드로 입력받도록 수정하시오.

문제 9.2 StudentPython 클래스를 이용하는 다음 문제에 답하시오.

(a) 객체 5개를 생성하여 리스트에 저장하는 프로그램을 작성하시오.

(b) 3번 째 학생의 평균과 학점을 알아내는 파이썬 코드를 쓰시오.

9.4 암호화 클래스 작성

이 절에서는 프로그래머가 작성할 필요가 있다고 생각한 클래스를 설계하고 사용하는 과정을 경험해 보기로 하자.

9.4.1 암호화 클래스

적이 전송한 메시지를 가로챈 메시지가 다음과 같다.

```
BJ FYYFHP XJTZQ TS YJSYM NS STAJRAJW
```

전쟁 중이라면 이 메세지의 의미를 알아내는 것은 매우 중요하고 시급하다.

- 적은 메세지의 내용을 숨기기위해 어떤 조작을 가했다 (암호화)
- 메세지를 가로챈 사람들은 의미를 알 수 없다.
- 메세지를 수신하는 당사자는 위 메시지의 원래 의미를 알아낼 수 있어야 한다. (복호화)

위에서와 같이 인간이 이해할 수 있는 문장을 의미를 알 수 없게 만드는 기술을 암호화 기술이라고 한다. 아래는 암호기술에 사용하는 용어에 대한 간단한 설명이다.

- 평문 : 인간이 읽고 이해할 수 있는 텍스트
- 암호문 : 인간이 이해할 수 없는 형태로 평문을 변환한 결과물
- 암호화 : 평문에서 암호문을 만드는 과정
- 복호화 : 암호문에서 원래의 평문을 복원하는 과정
- 키(key) : 암호화 및 복호화에 사용되는 정보로 키로는 숫자, 문자열 등이 사용됨
- 암호분석 : 탈취한 암호문으로부터 평문을 알아내려는 시도

여기서는 암호문을 만들고 암호문에서 평문을 복원하는 프로그램을 클래스로 작성한다.

시저암호(Caesar cipher)

로마의 장군이었던 시저(케사르)가 사용한 암호로 알려져 있다. 기본 아이디어는 평문의 알파벳을 뒤로 3칸씩 이동하여 알아보기 어렵게 만드는 것이다. 알파벳을 3칸씩 회전이동하면 알파벳이 아래와 같이 바뀐다. 마지막 세 문자 X,Y,Z는 A,B,C로 바꾼다.

```
A B C D E F G H I J K L M N O P Q R S T U V W X Y Z
D E F G H I J K L M N O P Q R S T U V W X Y Z A B C
```

시저암호에서 암호화하려면 평문에 있는 알파벳을 암호화된 알파벳으로 바꾸면 된다. 예를 들어, SUNMOON은 VXQPRRQ로 암호화된다.

암호문의 알파벳을 해독하려면 암호화된 알파벳을 찾은 후 위 줄에서 같은 위치의 평문알파벳을 읽으면 된다. 예컨데, 암호문 알파벳 RRQ는 OON으로 해독된다.

시저암호 파이썬 구현 과정

1. 평문 A Z를 0과 25 사이의 정수로 바꾼다.
    - SYMBOL='ABCDEFGHIJKLMNOPQRSTUVWXYZ'에서 알파벳의 인덱스를 구한다.
    - SUN -> 18 20 13
2. 암호화 : 평문의 각 문자를 오른쪽 방향으로 3칸 이동
    - 평문의 각 대문자에 대응된 정수에 3을 더한다.
    - 값이 25보다 커질 수 있으므로 n=26으로 나눈 나머지를 구한다.
        - encrypted_index=(SYMBOL.index(ch)+3)%n
        - SUN의 각 문자 인덱스가 21, 23, 16으로 바뀐다.
    - 바뀐 인덱스에 해당하는 알파벳을 찾는다 : 21->V, 20 ->X, 16->Q
    - 대문자가 아니면 문자를 암호화하지 않는다.
3. 복호화 : 암호문 각문자를 왼쪽으로 3칸 이동
    - 각 알파벳의 인덱스에 -3을 더한다
    - 값이 0보다 작아질 수 있으므로 n=26으로 나눈 나머지를 구한다.
        - encrypted_index=(SYMBOL.index(ch)-3)%n

- VXQ ->8, 20, 13
- 바뀐 인덱스에 해당하는 알파벳을 찾는다 : 18->S, 20->U, 13-N
- VXQ을 복호화하면 SUN

이동암호(shift cipher)

시저암호의 아이디어를 확장하여 오른쪽으로 이동시키는 칸 수 k를 0 ~ 25까지 허용하여 만든 암호를 이동암호라고 한다. 이동암호에서는 이동시키는 숫자가 암호에서 가장 중요한 역할을 하는데 이 숫자가 이동암호의 키(key)이다.

암호화 : 각 문자를 오른쪽 방향으로 k칸 회전이동

- 평문의 알파벳 ch의 인덱스에 k를 더한 후 26으로 나눈 나머지를 구한다.
  `encrypted_index=(SYMBOL.index(ch)+key)%len(SYMBOL)`
- encrypted_index를 알파벳으로 변환
  `encrypted=SYMBO[]encrypted_index]`
- encrypted를 암호문에 추가

복호화 : 각 문자를 왼쪽방향으로 k칸 회전이동

- 암호문이 평문이고 키가 -k인 암호화 과정 적용
- 복호화함수에서 암호화함수 호출

이제 이동암호의 아이디어를 파이썬으로 구현해 보자.

[31]:
```
SYMBOL='ABCDEFGHIJKLMNOPQRSTUVWXYZO' # 대문자만 암호화
class Caesar:
    def __init__(self, key): #객체생성시 키를 전달받음
        self.k=key
    def encrypt(self, plain): #암호화함수
        cipher=[]
        n=len(SYMBOL)
        for ch in plain:
            if ch in SYMBOL:
                encrypted_index=(SYMBOL.index(ch)+self.k)%n
                encrypted=SYMBOL[encrypted_index]
                cipher.append(encrypted)
            else:
                cipher.append(ch)
        return "".join(cipher)
    def decrypt(self, cipher): #복호화함수
        self.k=-self.k
```

```
        return self.encrypt(cipher) #암호화함수 호출
```

암호화 객체를 생성하고 평문을 암호화해 보자.

[32]:
```
caesar=Caesar(3) #k=3인 이동암호
caesar.k
```

[32]: 3

[33]:
```
text='I LOVE YOU' #평문
cipher=caesar.encrypt(text) # 암호문
cipher
```

[33]: 'L ORYH ARX'

[34]:
```
caesar.decrypt(cipher) #복호화
```

[34]: 'I LOVE YOU'

문제 9.3 'V NZ N X14RNO 1S NTR FI'은 이동암호로 만든 암호문이다. 암호문에 사용한 키를 찾아 보시오.

9.4.2 은행 계좌 관리 클래스

개인이 은행에 계좌를 개설하고 나중에 입금하거나 출금하면 계좌의 잔고(balance)를 수정하여 잔고를 인스턴스 변수에 저장한다. 또한 잔고를 객체(개인)가 확인할 수 있도록 작성해 보자.

- 계좌 개설에 필요한 정보: 이름, 개설시 예치금액(기본금액=0)
- 화면에서 금액을 입력받아 입금하거나 출금하는 함수
- 현재 잔고를 화면출력하는 함수

[35]:
```
class BankAccount:
    def __init__(self, name, first=0):
        self.name=name
        self.bal=first#계좌의 잔액

    def withdraw(self):
        amount=int(input('출금액: '))
        if amount>self.bal:
            print('출금하려는 금액이 잔액보다 많습니다.')
        else:
```

```
            self.bal-=amount

    def deposit(self):
        amount=int(input('입금액: '))
        self.bal+=amount

    def get_bal(self):
        print('현재 잔액: ', self.bal)
```

[36]:
```
kim=BankAccount('Kim Jaewon', 100000)
kim.deposit() #입금
kim.get_bal()
kim.withdraw() # 출금
kim.get_bal() # 잔액 확인
print(kim.name)
```

```
입금액: 300000
현재 잔액:  400000
출금액: 250000
현재 잔액:  150000
Kim Jaewon
```

9.5 클래스 속성과 인스턴스 속성

클래스 블록 안에서 여러 초기화된 변수와 메소드를 정의할 수 있다. 클래스 안의 변수는 세 가지로 나눌 수 있다.

- 인스턴스 변수 : self.으로 시작하는 변수
- 클래스 변수 : 클래스 안의 함수 밖에서 정의된 변수
- 지역변수 : 메소드 안에서 초기화된 변수

인스턴스 속성은 초기화함수 __init__()의 블록에서 정의된 변수로 식별자가 self.으로 시작하며 객체가 생성될 때마다 서로 다른 값을 가질 수 있다. 또한 클래스 내부의 모든 메소드 안에서 자유롭게 사용할 수 있을 뿐만 아니라 객체를 통해서만 접근할 수 있다.

클래스 속성(클래스 변수)은 클래스 안에서 초기화된 변수로 메소드 입장에서는 전역변수로 볼 수도 있다. 모든 객체가 접근할 수 있으며 참조한 값은 모두 동일하다. 또한 클래스 이름을 통해 참조할 수 있다.

아래의 코드에서 count는 Rectangle의 클래스 속성이다. 클래스 변수를 두 방법으로 참조할 수 있다.

- 클래스 내부에서
  - 클래스이름. 클래스변수
  - cls. 클래스변수
- 클래스 외부에서
  - 클래스이름. 클래스변수
  - 객체. 클래스변수

(cls는 클래스 내부에서 클래스 자체를 의미하는 변수이다.)

[37]:
```
class Rectangle:
    count=0
    def __init__(self,width, height):
        self.height=height
        self.width=width
        Rectangle.count+=1 # 클래스 이름으로 참조
    def diagonal(self): #대각선의 길이
        d=(self.width**2+self.height**2)**0.5
        return d
    def n_rect(self):
        print("생성된 직사각형의 수:", cls.count)#cls로 참조
```

[38]:
```
r=Rectangle(3,3)
r.diagonal()
```

[38]: 4.242640687119285

클래스 변수(또는 클래스 속성) 의 특성

클래스 변수는 모든 객체가 공유하는 데이터이다. 이 사실을 아래 코드에서 확인할 수 있다. 클래스 속성 count는 객체가 생성될 때마다 값이 1 증가하며 모든 객체가 공유하는 값이다.

[39]:
```
a=Rectangle(2,3)
b=Rectangle(4.1, 5.8)
d=Rectangle(7,8)
print(a.count)
print(b.count)
print(d.count)
```

```
print(Rectangle.count)
```

```
4
4
4
4
```

인스턴스 변수(또는 객체 속성) 참조

인스턴스 속성은 생성된 객체를 통해서만 접근하여 값을 읽고 활용할 수 있다.

[40]:
```
print(b.width, b.height)
print(b.diagonal())
```

```
4.1 5.8
7.102816342831906
```

객체가 가질 고유 속성을 저장하려면 self로 시작하는 인스턴스속성을 사용해야 한다. 클래스 변수를 인스턴스메소드가 사용하면 예상하지 못한 문제가 발생할 수 있다.

[41]:
```
class Dog():
    tricks=[] #클래스변수
    def __init__(self, name):
        self.name=name
    def add_trick(self, trick):
        Dog.tricks.append(trick) # 클래스 변수에 추가
```

아래 코드에서 bud에는 하나의 기술을 추가했지만 Fido에 추가한 기술도 공유한다.

[42]:
```
fido=Dog('Fido')
bud=Dog('Bud')
bud.add_trick('roll over') #bud에 기능추가
fido.add_trick('play dead') #fido에 기능추가
bud.tricks
```

[42]: ['roll over', 'play dead']

클래스 속성을 인스턴스 속성으로 수정하면 잘 작동할 것이다.

9.6 속성과 메소드 비공개

클래스로부터 객체를 만들면 객체는 모든 속성(클래스속성, 인스턴스 속성)과 인스턴스 메소드에 접근할 수 있고 값을 변경시킬 수 있다.

클래스 변수를 통해 모든 객체가 값을 공유하는 것이 편리할 수 있지만 누군가가 값을 변경시키면 심각한 문제가 생길 수 있다. 파이썬은 객체가 속성, 변수 및 메소드에 접근하지 못하도록 막는 특별한 방법을 제공한다.

- 변수이름 앞에 언더스코더 2개를 붙인다.
- 특징 : 클래스 내부에서만 접근이 가능하다.

클래스의 객체가 가진 속성이나 메소드를 객체로부터 숨겨야 하는 경우가 있다. 이 경우에 속성변수나 메소드 이름 앞에 언더스코어를 2개 붙인다.

다음은 어느 회사에서 현재 잔액이 100만원인 은행 계좌를 계설하고 관리하도록 설계한 클래스이다. 인출하거나 입금하면 잔고를 수정하지만 현재 잔고를 확인할 수 없도록 코딩하였다.

[43]:
```
class CompanyAccount:
    def __init__(self, company):
        self.company=company
        self.__bal=1000000

    def withdraw(self):
        amount=int(input('출금액: '))
        if amount>self.__bal:
            print('출금하려는 금액이 잔액보다 많습니다.')
        else:
            self.__bal-=amount

    def deposit(self):
        amount=int(input('입금액: '))
        self.__bal+=amount

    def __get_bal(self):
        print('현재 잔액: ', self.__bal)
```

[44]:
```
sse=CompanyAccount('SSE')
sse.deposit()
sse.withdraw()
print(sse.company)
```

입금액: 300000
출금액: 800000
SSE

접근이 제한된 속성이나 메소드를 호출하는 sse.__bal__나 sse.__get_bal()는 모두 에러를 발생시킨다.

9.7 클래스메소드, 정적메소드

앞에서는 클래스 안에서 self가 인자인 함수를 정의하고 사용하는 방식에 대해 알아 보았다. 이 함수를 인스턴스 메소드라고 불렀는데 이유는 self가 객체, 즉, 인스턴스를 나타내는 변수이기 때문이었다. 인스턴스 메소드 외에 클래스 안에 정의할 수 있는 두 종류의 메소드가 더 있다.

- classmethod
- staticmethod

두 메소드의 특징은 객체를 생성하지않아도 클래스이름을 통해 접근(사용) 가능하다는 것이다.

9.7.1 정적메소드

정적메소드는 클래스 안에서 정의된 속성변수나 메소드를 사용하지않는 함수로 객체에 독립적이다.

- @staticmethod 다음에 정의되는 함수
- self, cls가 없는 함수
- 일반적인 변수(인자)를 사용하여 정의된 함수

self나 cls가 인자가 아니므로 정적메소드는 구조면에서는 일반적인 함수와 동일하다. 클래스에 속해 있지만 인스턴스/클래스 속성, 인스턴스/클래스 메소드에는 접근할 수 없다.

[45]:
```
class TC: #temperature conversion
    @staticmethod
    def to_fahr(cel):
        y=1.8*cel+32
        return y
    @staticmethod
    def to_cel(fahr):
        y=(fahr-32)/1.8
        return y
```

정적메소드는 두 방식으로 접근할 수 있다.

- 클래스이름을 통한 접근
- 객체 생성 후 객체를 통한 접근

[46]:
```
print(TC.to_fahr(30))
print(TC.to_cel(95))
```

```
86.0
35.0
```

[47]:
```
tc=TC()
print(tc.to_fahr(30))
print(tc.to_cel(95))
```

```
86.0
35.0
```

9.7.2 클래스메소드

클래스메소도는 @classmethod 다음에 정의되는 함수로 객체를 생성하지않고 클래스를 통해 호출할 수 있는 메소드로 다음 용도로 사용할 수 있다.

- 클래스변수를 참조하거나 조작하여 해당 클래스에서 생성되는 모든 객체를 관리하고 통제
- 객체를 생성하지않고 클래스와 관련된 자료 생성

클래스메소드는 아래의 특징을 갖고 있다. (cls는 클래스를 나타내는 변수)

- 첫 번째 인자는 cls이다.
- 모든 클래스변수 및 다른 클래스메소드를 사용할 수 있다.
  - 클래스 속성에 접근할 때는 `cls.속성명`으로 접근
- 인스턴스속성과 인스턴스메소드에 접근할 수 없다.

이렇게 정의된 클래스메소드는 클래스 이름 및 객체를 통해 접근할 수 있다.

[48]:
```
class Account:
    rate=0.04 #공통이자율
    def __init__(self, name, amount):
        self.name=name
        self.bal=amount
    @classmethod
    def change_rate(cls,new_rate): #모든 객체에 새롭게 적용할 이자율 정함
        cls.rate=new_rate
```

```
    def withdraw(self, amount):
        self.bal-=amount
    def deposit(self, amount):
        self.bal+=amount
    def amount(self): #1년마다 통장정리, 원리합계 계산
        self.bal=self.bal*(1+Account.rate)
    def info(self):
        print('이름: ',self.name)
        print('잔액: {}'.format(self.bal))
```

[49]:
```
lee=Account('lee',1000)
lee.rate
```

[49]: 0.04

클래스메소드를 호출하여 모든 계좌의 이자율을 연간 6%로 수정한다.

[50]:
```
Account.change_rate(0.06)
lee.rate
```

[50]: 0.06

아래 코드는 계좌개설, 이자율 변경, 잔고 계산 과정을 보여준다.

[51]:
```
#계좌개설
one=Account('kim',10000)
kang=Account('kange', 200000)

kang.amount()  #1년 후 통장정리
kang.deposit(300000)  # 이자 계산 직후에 저축
one.amount()#1년 후 통장정리

Account.change_rate(0.05)  #2년 초 이자율변경,

kang.amount()#2년 후 통장정리
one.amount()  #2년 후 통장정리
```

[52]:
```
print(one.bal)
print(kang.bal)
```

```
10920.0
533400.0
```

클래스와 객체를 통해 접근

```
[53]: Account.change_rate(0.03) # 객체를 생성하지 않고 호출
      Account.rate
```

```
[53]: 0.03
```

```
[54]: one=Account('one',10000)
      one.change_rate(0.06) #객체생성후 호출
      one.rate
```

```
[54]: 0.06
```

9.8 클래스의 매직메소드

클래스를 작성할 때 언더스코어 2개로 시작하고 끝나는 초기화메소드를 이용하여 정보를 전달하였다. 파이썬에서는 클래스를 작성한 후 객체를 생성하고 사용할 때 여러가지 기능을 부여할 수 있는 정해진 이름의 매직메소드(magic method)를 제공한다. 이 함수는 초기화메소드처럼 언더스코어 2개로 시작하고 끝난다. 프로그래머가 이런 기능이 필요하다면 사용자가 함수를 재정의할 수 있다.

- __init__() : 객체가 생성될 때 자동으로 실행되는 초기화메소드
- __eq__(), __ne__() : 생성된 두 객체를 비교하여 같은지 다른지 판단하는 함수
- __str__() : print(객체이름) 실행시 출력되는 문자열을 반환
- __add__(), __sub__(), __mul__(), __div__() : 객체 사이의 사칙연산 +, -, *, / 정의
- __lt()__, __le__(), __ge__(), __gt__() : 부등식 기호로 표시되는 객체끼리 비교하는 연산 정의

이 외에도 많은 매직메소드가 있다.

앞에서 작성한 Member 클래스에 매직메소드 두 개를 추가해 보자.

```
[55]: class Member:
          """학과의 소속학생 정보를 생성하고 관리합니다.""" #help(객체) 실행시 출력되는 내
      용
          count=0 # 클래스에서 생성된 객체의 수
          def __init__(self,name='이정민',grade=3, department='산업경영공학'):
              self.name=name
              self.grade=grade
```

```
        self.department=department
        Member.count+=1 # 객체생성할 때마다 1증가
    def __str__(self): #
        tmp='{}과 {}학년 {}'.format(self.department, self.grade, self.name)
        return tmp
    def greet(self):
        tmp='저는 {}학과 {}학년인 {}입니다.'.format(self.department, self.
↪grade,self.name)
        print(tmp)
    def total_members():
        """지금까지 등록한 회원의 수를 출력하는 함수"""
        print('전체회원수는 {}명입니다'.format(Member.count))
    def __ge__(self, other): # 학과이름 기준으로 객체의 사전적 우선순위
        if self.department>=other.department:
            return True
        else:
            return False
```

print(kim2)는 객체 kim2의 인스턴스메소드 kim.__str__()를 호출한다.

[56]:
```
kim=Member('kim',4,'산공')
lee=Member('lee',2,'컴공')
kang=Member('kang',3,'산공')
kim2=Member('김정',2,'산공')
print(kim2)
Member.total_members()
```

산공과 2학년 김정
전체회원수는 4명입니다

아래 코드는 객체의 대소를 비교한다. 매직메소드 __ge__()를 재정의했기 때문에 두 객체의 대소를 비교할 수 있게 되었다.

[57]:
```
print(ord('컴'), ord('산'))
lee>=kang
```

52980 49328

[57]: True

[58]:
```
help(lee.total_members)
```

```
Help on method total_members in module __main__:
total_members(…) method of __main__.Member instance
    지금까지 등록한 회원의 수를 출력하는 함수
```

9.9 객체지향 프로그래밍

문제를 여러 개의 작은 단위로 쪼갠 후 객체단위로 해결할 수 있도록 프로그래밍하는 방식을 객체지향 프로그래밍이라고 한다. 이때 연관된 객체의 상태(속성)와 메소드를 호출하여 정보를 주고 받으면서 문제를 해결할 수 있도록 알고리즘을 구성한다.

객체지향 프로그래밍(object-oriented programming)은 개발자의 수준이 높아야하지만 여러 사람의 협업이 필요한 대형 프로젝트에 적합할 뿐만 아니라 유지 보수가 용이하다는 장점이 있어서 자주 채용되는 개발 방식이다. 이 방식을 지원하는 대표적인 프로그래밍 언어는 python, C++, Java, C# 등이다.

객체지향 프로그래밍의 특징은 다음과 같다.

- 캡슐화 지원 : 관련 있는 속성과 기능을 하나의 단위로 묶는다.
- 데이터 접근 제어 : 객체에서 접근(사용)할 수 있는 속성과 메소드를 제한할 수 있다.
- 상속 지원 : 다른 클래스가 가진 속성과 기능을 물려받아 (코딩하지 않아도) 사용할 수 있다.
- 다형성 지원 : 클래스 상속과 메소드 재정의(overriding)을 통해 동일한 이름의 속성이나 메소드가 여러 다른 기능을 수행하게 만들 수 있다.

Python 프로젝트 : 주소록

어느 학과의 학회장이 모든 구성원의 주소록을 작성하려고 한다. 주소록에는 이름, 학년, 전화번호가 필요할 것이다. 파이썬 클래스 ManageMembers를 이용하여 주소록에 세 정보를 입력하고 수정하거나 검색할 수 있는 메소드를 제공하려고 한다. 주소록의 모든 기능은 메소드 manage()를 통해 이루어딘다.

- 이름이 키, 값은 리스트인 키-값 쌍을 딕셔너리에 저장
- 주소록을 관리하는 메소드 manage()의 기능 : 선택한 번호에 맞는 기능 실행
  1. 연락처 추가
  2. 전체 연락처 출력
  3. 개인 연락처 검색 및 출력
  4. 연락처 삭제

```
5. 종료
```

관리함수 manage(self)의 구조

- manage()가 실행되면 선택메뉴를 화면에 출력한다.

```
메뉴 번호를 선택하세요.
    1. 연락처 추가
        2. 연락처 출력
        3. 연락처 삭제
        4. 연락처 검색
        5. 종료
```

- 번호를 선택하면 해당 기능을 실행하는 함수를 호출한다.
- 5번을 선택하면 프로그램을 종료한다.

manage( )는 5번을 선택할 때까지 반복적으로 메뉴를 보여주고 선택하게 하므로 while 무한루프를 사용하며 각 번호 선택시 알맞는 인스턴스메소드를 호출한다. 전체적인 구조는 아래와 같다.

```
def manage(self):
        while True:
            choice = self.choose_number() #메뉴 출력, 번호입력
            if choice == 1: # 멤버 추가
                self.add_member()
            elif choice == 2:
                self.print_members() # 모든 연락처 화면 출력
            elif choice == 3:
                self.delete_member() # 연락처 삭제
            elif choice == 4:
                self.search_member() # 연락처 검색
            elif choice == 5:
                print("주소록 창을 닫습니다.")
                break # 종료
```

이제 각 번호의 기능을 수행하는 메소드를 작성하면 된다. 일반적인 함수로 작성하고 나중에 인스턴스메소드로 수정하기로 하자.

멤버 추가

사용자로부터 키보드을 통해 이름, 학년, 전화번호를 입력받은 후 딕셔너리에 추가한다.

[59]:
```
members={}
def add_member():
    name = input("이름: ")
    grade=int(input('학년: '))
    phone = input("전화번호: ")
    members[name]=[grade, phone]
```

```
add_member()
```

```
이름: jklee
학년: 3
전화번호: 010.0000.1111
```

[60]:
```
print(members)
```

```
{'jklee': [3, '010.0000.1111']}
```

멤버 연락처 출력

이름을 이용하여 값에 접근한 후 이름, 학년, 전화번호를 세 줄에 출력한다.

[61]:
```
def print_member(name): #한 명의 연락처 정보 출력
    print("이름: ",name)
    print("학년: ",members[name][0])
    print("전화번호: ", members[name][1])
print_member('jklee')
```

```
이름:  jklee
학년:  3
전화번호:  010.1145.9043
```

전체연락처 출력

딕셔너리의 모든 키에 대해 print_member()를 호출한다.

[62]:
```
def print_members(): #모든 사람의 연락처 출력
    for name in members:
        print_member(name)
        print('-'*30)
members={'jklee': [3, '02-347-9045'], 'hwangmj':[2, '041-980-5462']}
print_members()
```

```
이름:  jklee
학년:  3
전화번호:  02-347-9045
------------------------------
이름:  hwangmj
```

```
학년: 2
전화번호: 041-980-5462
------------------------------
```

연락처 검색

이름을 입력받은 후 print_member()를 호출한다.

[63]:
```
def search_member(): # 연락처 검색
    name=input('검색할 사람: ')
    if name in members:
        print_member(name)
    else:
        print("없는 사람입니다.")
search_member()
```

```
검색할 사람: jklee
이름: jklee
학년: 3
전화번호: 02-347-9045
```

연락처 삭제

연락처를 삭제할 사람을 키보드를 통해 입력받은 후 del을 이용하여 키-값을 삭제한다.

[64]:
```
def delete_member(): #연락처 삭제
        name=input('정보를 삭제할 사람: ')
        if name in members:
            del members[name]
            print("%s의 연락처를 삭제하였습니다."%name)
        else:
            print("없는 사람임")
delete_member()
print(members)
```

```
정보를 삭제할 사람: jklee
jklee의 연락처를 삭제하였습니다.
{'hwangmj': [2, '041-980-5462']}
```

이제 위 함수를 수정하여 클래스를 작성하면 아래와 같다.

[65]:
```
class ManageMembers:
    def __init__(self):
        self.members={}
    def add_member(self):
        name = input("이름: ")
        grade=int(input('학년: '))
        phone = input("전화번호: ")
        self.members[name]=[grade, phone]
    def print_member(self, name): #한 명의 연락처 정보 출력
        print("이름: ",name)
        print("학년: ",self.members[name][0])
        print("전화번호: ", self.members[name][1])
    def print_members(self): #모든 사람의 연락처 출력
        for name in self.members:
            self.print_member(name)
            print('-'*30)
    def search_member(self): # 연락처 검색
        name=input('검색할 사람: ')
        if name in self.members:
            self.print_member(name)
        else:
            print("없는 사람입니다.")
    def delete_member(self): #연락처 삭제
        name=input('정보를 삭제할 사람: ')
        if name in self.members:
            del self.members[name]
            print("%s의 연락처를 삭제하였습니다."%name)
        else:
            print("없는 사람임")
    def choose_menu(self):# 메뉴 번호 선택 함수
        print("메뉴 번호를 선택하세요.")
        print("    1. 연락처 추가")
        print("    2. 연락처 출력")
        print("    3. 연락처 삭제")
        print("    4. 연락처 검색")
```

```
        print("    5. 종료")
        menu = int(input())
        return menu
    def manage(self):
        while True:
            menu = self.choose_menu()
            if menu == 1: # 멤버 추가
                self.add_member()
            elif menu == 2:
                self.print_members() # 모든 연락처 화면 출력
            elif menu == 3:
                self.delete_member() # 연락처 삭제
            elif menu == 4:
                self.search_member() # 연락처 검색
            elif menu == 5:
                print("주소록 창을 닫습니다.")
                break # 종료
```

아래와 객체를 생성한 후에 관리 메소드 manage()를 호출하여 실습해 보기 바란다.

```
jklee=ManageMembers()
jklee.manage()
```

함수 address()를 호출하면 빈 상태의 주소록에서 시작하여 구성원의 연락처를 딕셔너리에 추가하거나 삭제한다. 실행이 끝나면 정보를 담은 딕셔너리를 반환한다. 반환된 자료를 재사용할 수 있는 방법이 있을까요? 종료 전에 자료를 파일에 저장하는 것이 최선일 수 있다.

9.10 클래스 상속

다른 클래스의 속성과 메소드를 물려받아서 (코드로 작성할 필요 없이) 쓸 수 있도록 작성하는 기법을 클래스 상속(inheritance)이라고 한다.

- 부모클래스(parent class) : 기능을 물려주는 클래스
- 자식클래스(child class) : 기능을 물려받는 클래스
- 오버라이딩(overriding) : 부모클래스의 메소드를 자식클래스에서 같은 이름으로 재정의
- 다중상속 가능 : 여러 개의 클래스로부터 상속받을 수 있다.
- 파이썬에서 작성된 모든 클래스는 암묵적으로 최상위 클래스인 Objects를 상속함

사용문법
```
    class def 클래스이름(상속받을클래스):
        pass
```

[67]:
```
class Robot:
    def __init__(self):
        self.law='인간을 해칠 수 없습니다.'
    def hello(self):
        print('나는 로봇입니다')

class Humanoid(Robot):
    def __init__(self, name): # 부모 메소드 재정의
        self.name=name
    def speak(self):
        print("%s는 인간처럼 말할 수 있습니다."%self.name)
```

[68]:
```
robo=Robot()
robo.hello()
```

나는 로봇입니다

아래 코드는 Robot클래스를 상속한 Humanoid의 객체를 생성한다.

[69]:
```
hubo=Humanoid('휴보')
```

자식클래스의 객체인 hubo는 hello, name, speak에 접근할 수 있지만 부모클래스의 속성 law에는 접근할 수 없다. (dir(hubo)로 확인하기 바란다.)

[70]:
```
hubo.hello() # 상속받은 기능
hubo.speak() #
```

나는 로봇입니다
휴보는 인간처럼 말할 수 있습니다.

반면에 hubo.law의 실행은 AttributeError를 발생시킨다. 객체가 접근할 없는, 즉, 없는 속성에 접근하려고 시도하기 때문이다.

자식클래스의 객체가 부모클래스의 속성을 이용하려면 한 줄의 코딩이 더 필요하다. 곧, 자식클래스의 초기화메소드에서 부모클래스의 초기화메소드를 실행시켜야 한다.

아래에서는 자식클래스에서 부모클래스의 메소드를 호출하는 방식에 대해 살펴본다.

9.10.1 자식클래스에서 부모클래스의 메소드 호출하기

클래스를 상속한 자식클래스에서 부모클래스의 메소드를 사용하는 경우가 있다. 이때 내장함수 super()는 부모클래스의 객체를 생성하는 효과가 있다. 이런 방식으로 부모클래스의 메소드와 속성을 참조한다.

- 내장함수 super()는 부모클래스의 객체를 반환한다. 특히, 하나의 클래스에서 상속받을 때 super()의 의미는 자명하다.
- 부모클래스의 메소드를 호출할 때 super()를 통해 사용한다.

```
super().부모클래스의메소드()
```

예제 9.2 Humanoid 클래스의 초기화메소드에서 Robot의 __init__()을 호출하도록 코드를 수정하여 자식클래스의 객체가 부모클래스의 속성 name에 접근할 수 있음을 확인하시오.

[71]:
```
class Humanoid(Robot):
    def __init__(self, name):
        super().__init__()#부모클래스인 Robot의 __init__() 호출
        self.name=name

    def speak(self):
        print("%s는 인간처럼 말할 수 있습니다."%self.name)
one=Humanoid('kor')
one.law
```

[71]: '인간을 해칠 수 없습니다.'

아래 코드에서는 Singer클래스를 상속받는 KPopGroup 클래스를 코딩한다. 자식클래스는 부모클래스에서 초기화메소드와 인스턴스메소드를 호출한다.

가수나 팝그룹의 활동기간을 계산하기위해 time 모듈을 사용한다. time 모듈은 타임스탬프(time stamp)와 시간변환 함수 등 몇 가지 메소드를 제공한다.

- time.time() : 1970년1월 1일 0시0분0초부터 경과한 시간인 timestamp 측정
- time.localtime() : 타임스탬프를 지역 시간대로 변환. 연월일시분초의 정보를 가짐

[72]:
```
import time

class Singer:
    def __init__(self, name, debut_year):
        self.name=name
        self.debut_year=debut_year
```

```
    def info(self):
        print('안녕하세요? %s입니다'%self.name)
    def years(self):
        now=time.time() # 현 시점의 타임스탬프
        now=time.localtime(now) # 지역시간대(Tokyo)로 변환
        this_year=now.tm_year #지역시간 연도만 추출
        print('데뷔한 지 %d년이 됐습니다'%(this_year-self.debut_year))

class KPopGroup(Singer):
    def __init__(self, name, years, n_members):
        super().__init__(name, years) #부모클래스의 __init__호출
        self.n_members=n_members
    def info(self):
        super().info() # 부모클래스의 인스턴스메소드 호출
        print('우리 Kpop 그룹 %s은 %d명입니다'%(self.name, self.n_members))
    def do(self):
        print('We do dance and sing a song')
```

Singer를 상속한 KPopGroup의 객체가 info()를 호출하면 부모클래스의 info()를 호출한 후 print()를 실행한다.

[73]:
```
bts=KPopGroup('BTS', 2013, 7)
bts.info()
```

```
안녕하세요? BTS입니다
우리 Kpop 그룹 BTS은 7명입니다
```

bts는 KPopGroup에서 정의하지 않은 메소드 years()와 속성 debut_year을 사용할 수 있다. 부모클래스의 객체 생성 없이 부모클래스의 속성인 name과 debut_year를 사용할 수 있게 된 것은 super().__init__()이 부모클래스의 초기화메소드를 호출하여 속성을 부여했기 때문이다.

[74]:
```
print(bts.debut_year)
print("%s 멤버수:%d 명"%(bts.name,bts.n_members))
bts.years()
```

```
2013
BTS 멤버수:7 명
데뷔한 지 10년이 됐습니다
```

9.10.2 다중상속

클래스의 여러 개의 클래스로부터 속성과 메소드를 상속받을 수 있다. 이런 상속을 다중상속(multiple inheritance)이라고 한다.

사용문법

```
class ClassName(여러개의부모클래스):
```

아래 코드에서는 2개의 클래스를 다중상속하는 EduAssitant를 코딩하였다. EduAssistant 클래스에는 인스턴스 메소드가 없지만 생성된 객체는 부모클래스의 속성과 메소드에 모두 접근할 수 있다.

[75]:
```
class Graduate:
    def __init__(self,name, subjects):
        self.name=name
        self.subjects=subjects
    def take_classes(self):
        print('한 학기에 %d과목을 수강합니다.'%self.subjects)

class PartTimer: #part time worker
    def __init__(self,name, w_hours):#1주일에 일한 시간
        self.name=name
        self.w_hours=w_hours
    def paid(self):
        rate=5
        print("월급은 %d만원입니다."%(self.w_hours*rate*4))
class EduAssistant(Graduate, PartTimer):
    def __init__(self, name, subjects, w_hours):
        Graduate.__init__(self, name, subjects),
        PartTimer.__init__(self, name, w_hours)
```

위 코드에서 EduAssistant의 초기화메소드에서 부모클래스의 생성자함수를 호출하고 있다. 다중상속이므로 부모클래스 이름을 사용하여 관계를 명확히 하였다.

참고 9.5 위 클래스 EduAssistant의 초기화메소드에서 부모클래스의 이름 대신에 super()를 사용할 수 있다. 이때 self를 첫 번째 인자로 사용하지 않는다.

```
PartTimer.__init__(self, name, w_hours)
super().__init__(name, subjects)
```

[76]:
```
ie=EduAssistant('전수진',3, 6) #3과목, 주당 6시간 근로
print(ie.name, ie.subjects, ie.w_hours)
ie.take_classes()
```

```
전수진 3 6
한 학기에 3과목을 수강합니다.
```

[77]:
```
ie.paid()
```

```
월급은 120만원입니다.
```

다이아몬드 다중상속

아래 프로그래밍에서는 Person 클래스를 Student와 PTWorker가 상속받고 이 두 클래스를 Student-Worker 클래스가 상속받는다. 이 관계를 도시하면 아래와 같다.

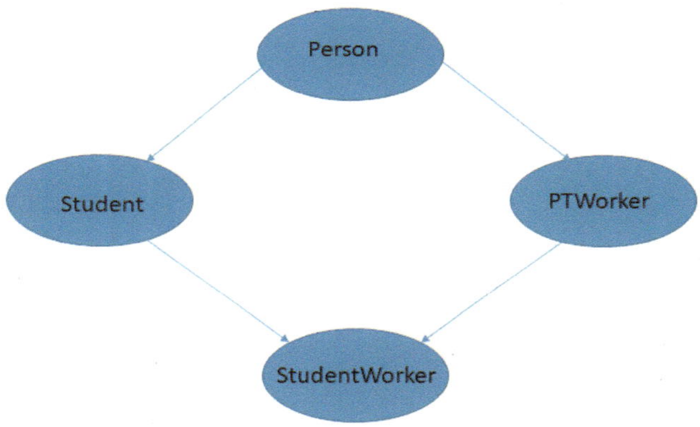

이런 형태의 상속에서는 StudentWorker의 부모클래스가 공통부모 클래스 Person를 상속받는다. 이런 형태의 상속을 다이아몬드 상속이라고 부른다. (그림 9.1)

최하위 클래스 StudentWorker가 Person을 두 번 상속받으므로 StudentWorker에서 생성된 객체가 메소드 info()를 호출할 때 문제가 발생할 수 있다. 최신 버전의 파이썬에서는 부모클래스를 나타내는 super()를 사용함으로써 이런 문제를 피한다.

[78]:
```
class Person:
    def __init__(self, name):
        self.name=name
    def info(self):
        print("안녕하세요? 저의 이름은 {}입니다.".format(self.name))
```

```
class Student(Person):
    def __init__(self,name,credits):
        self.name=name
        self.credits=credits

    def info(self):
        super().info()
        print("안녕하세요? 저는 학생 {}입니다.".format(self.name))

    def study(self):
        print('1주일에 {}시간 강의를 듣습니다.'.format(self.credits))

class PTWorker(Person): #part time worker
    def __init__(self,name,w_hours):#1주일에 일한 시간
        self.name=name
        self.w_hours=w_hours
    def info(self):
        super().info()
        print("안녕하세요? 파트타임 근무자 {}입니다.".format(self.name))

    def working_hours(self):
        print("1주일에 {}시간 일합니다.".format(self.w_hours))

    def weekly_pmt(self):
        rate=5
        week_pmt=self.w_hours*rate
        return week_pmt

class StudentWorker(Student,PTWorker):
    def __init__(self, name, credits, w_hours):
        Student.__init__(self, name, credits)
        PTWorker.__init__(self, name, w_hours)
    def info(self):
        super().info()
        print("안녕하세요? 근로장학생 {}입니다.".format(self.name))
```

StudentWorker 클래스에 정의된 info()를 호출해 보자.

[79]:
```
lee=StudentWorker('lee',3,6)
lee.info()
```

```
안녕하세요? 저의 이름은 lee입니다.
안녕하세요? 파트타임 근무자 lee입니다.
안녕하세요? 저는 학생 lee입니다.
안녕하세요? 근로장학생 lee입니다.
```

9.10.3 다중상속에서 메소드 탐색순서와 실행순서

다중상속하는 경우 부모클래스가 여러 개이므로 부모클래스의 메소드를 호출하는 순서도 여러 개 있다. 실행순서가 달라지면 실행 과정에서 에러가 발생할 수도 있다. 또한 부모클래스 모두 최상위 클래스의 메소드를 호출하고 있다면 그 메소드는 여러 번 실행될 수 있다.

이런 상황을 피해서 최상위 클래스의 메소드는 한번만 실행되어야 한다. 다행히도 파이썬에서 다중상속하는 경우 메소드를 호출하는 순서를 정해놓았다. 프로그래머의 실수에 의해 파이썬이 실행순서를 정할 수 없다면 당연히 에러가 발생한다.

- 상속받은 순서를 따른다 : 왼쪽이 오른쪽 클래스보다 우선 탐색
- 하위클래스에서 탐색한 후 상위클래스로 올라가서 탐색

위 클래스의 경우 탐색순서는 다음과 같다.

1. StdentWorker
2. Student
3. PTWorker
4. Person

모든 클래스에 이름이 같은 메소드가 있을 때 실행순서는 탐색순서의 역순이다. (어떤 클래스에 메소드가 없으면 건너뛰게 될 것이다.)

1. Person의 info()
2. PTWorker의 info()
3. Student의 info()
4. Student의 info()

우리는 이 순서를 매직메소드 mro()로 확인할 수 있다. 이름이 같은 메소드가 여러 클래스에 정의될 때 최하위 클래스의 메소드가 실행되는 순서를 두 방식으로 확인할 수 있다.

- 클래스이름.mro()
- 클래스이름.__mro__

[80]:
```
print(StudentWorker.mro())
print(StudentWorker.__mro__)
```

```
[<class '__main__.StudentWorker'>, <class '__main__.Student'>, <class
'__main__.PTWorker'>, <class '__main__.Person'>, <class 'object'>]
(<class '__main__.StudentWorker'>, <class '__main__.Student'>, <class
'__main__.PTWorker'>, <class '__main__.Person'>, <class 'object'>)
```

위에서 object는 최상위클래스를 나타내는데 모든 클래스가 object를 상속받는다. 프로그램을 작성할 때는 이 상속관계를 표시하지않는다.

9.11 추상클래스

추상메소드를 갖고 있는 클래스를 추상클래스(abstract class)라고 한다. 추상메소드(abstract method)는 @abstractmethod 다음에 정의된 메소드로 대부분의 경우 블록의 구현을 pass로 대체한다. 또한 함수가 문법적으로 완전해도 @abstractmethod 다음에 정의되면 추상메소드로 인식된다.

- 추상클래스는 반드시 metaclass=ABCMeta를 상속해야 한다.
- 추상메소드(abstract method)를 1개 이상 갖고 있다.

추상클래스는 메소드에 대한 개념만 정의하고 구현을 생략하고 있으므로 객체를 생성하는 방향으로 사용될 수 없다. 보통 추상클래스는 부모클래스로만 사용되며 자녀클래스는 미완성의 추상메소드를 재정의하는 의무를 갖게 된다.

아래 코드의 Animal 클래스는 초기화메소드를 갖고 있는 추상클래스이다.

[81]:
```
from abc import *

class Animal(metaclass=ABCMeta):
    def __init__(self,species):
        self.species=species
    @abstractmethod
    def move(self):
        pass
```

Animal 클래스를 상속한 클래스는 추상메소드 move()를 재정의해야 한다.

[82]:
```
class Bird(Animal):
    def __init__(self,species):
        super().__init__(species)
```

```
        self.legs=2

    def move(self):
        print(f"{self.species}는 두 발로 걷거나 날아서 이동합니다.")

class Cat(Animal):
    def __init__(self,species):
        super().__init__(species)
        self.legs=4

    def move(self):
        print(f"{self.species}는 네 발로 이동합니다.")
```

[83]:
```
cat=Cat('사자')
print(cat.legs)
cat.move()
```

4
사자는 네 발로 이동합니다.

[84]:
```
eagle=Bird('독수리')
eagle.move()
```

독수리는 두 발 로 걷거나 날아서 이동합니다.

CHAPTER 10

예외 처리 및 파일 입출력

파이썬을 이용하여 자료를 처리한 결과나 얻어진 파이선 객체를 파일에 저장할 경우가 생긴다. 특히, 머신러닝에서는 빅데이터를 이용하여 학습모델을 훈련시키는데 과정에서 시간이 많이 걸릴 수 있으며 활용하기 위해서는 이 학습모델을 저장해야 한다. 이 장에서는 주로 파일을 이용한 입출력에 대해 간단히 알아본다. 파일에서 자료를 읽을 경우에 존재하는 않는 파일에 접근하는 것은 당연히 에러를 발생시키고 프로그램의 실행을 중단시킨다. 이런 이유로 프로그래밍 실행 중에 발생하는 에러에 대처하는 방법에 대해 알아둘 필요가 있다.

10.1 예외 처리

파이썬으로 작성된 코드를 실행시킬 때 실행이 중단되는 상황이 발생한다. 실행이 중단되는 원인을 에러(error, 오류)라고 하는데 크게 구분하여 두 상황으로 나눈다.

```
문법에러(syntax error) : 파이썬 문법에 맞지않은 문장 때문에 생기는 에러
실행에러(symantic error) : 문법적으로 오류는 없지만 실행이 중단되는 에러
```

다음은 실행 중에 발생하는 오류의 대표적인 예이다.

- NameError : 값이 대입되지 않은 변수를 참조
- ZeroDivisionError : 숫자를 0으로 나눔
- IndexError : 허용하는 않는 인덱스 사용
- ValueError : 함수 호출시 허용되지 않는 값을 사용
- KeyError : 딕셔너리에서 없는 키 참조
- AttributeError : 자료형에 허용되지 않은 속성값이나 메소드를 참조
- FileNotFoundError : 없는 파일을 open하려고 시도
- TypeError : 함수 호출시 잘못된 형태의 값을 인자에 전달

예외에 대한 자세한 정보가 필요하면 도움말을 보여주는 내장함수 help()를 실행하기 바란다.

```
도움말 기능 참조
    help(ValueError)
```

10.1.1 예외처리

파이썬에서 실행 중에 발생하는 실행에러(또는 오류)를 오류라고 한다. 오류가 발생하면 실행이 중단되는데 오류의 발생원인을 알려주고 중단없이 진행할 수 있게 해주는 처리 방법을 예외처리라고 한다. 예외 처리의 문법적 구조는 다음과 같다.

```
try:
    오류발생이 가능한 파이썬 문장
 except[발생된_예외클래스이름 [ as 예외객체이름]]:
    오류에 대한 정보나 대처방법 서술
 [else:] # 생략가능
    else블록은 생략가능
    오류없을 때 실행되는 블록
 [finally:] # 생략가능
     try 블록을 실행한 후에 자동으로 반드시 실행되는 블록
```

예외가 발생하면 처리를 위해 파이썬에서 다음 과정이 진행된다.

1. 예외 인스턴스가 만들어짐
2. 이 객체에 예외이름 및 이유 등의 정보를 저장
   - 객체이름을 다른 이름으로 변경한 후 활용
   - 객체이름은 e 또는 error 또는 exception

오류 처리를 위한 구문에서 오류가 발생할 때 실행되는 순서는 아래와 같다.

1. 오류가 발생하면 except 블록이 실행된다.
2. 오류가 발생하지 않으면 except 블록 다음으로 건너뛴다.
3. else 블록 및 finally 블록은 예외가 발생하지 않을 때 실행되는 블록으로 구현을 생략할 수 있다.

10.1.2 try-except 구문

가장 간단한 예외 대처구문으로 except 블록에 오류 대처법을 사용자가 코딩한다. 오류가 발생하지 않으면 except 블록은 실행되지않고 건너뛴다. 예외가 발생하더라도 예외타입과 정보를 확인할 수 없고 간단한 정보를 제공하도록 코딩한다.

아래 코드를 두 번 실행하고 화면 입력창에 0과 0아닌 정수를 입력하여 파이썬 문장의 실행순서를 확인하기 바란다.

[1]:
```
try:
    x = int(input('나눌 숫자를 입력하세요: '))
    y = 10 / x #예외발생 가능성
    print(y)
```

```
except:
    print('예외가 발생했습니다.')
print('처리 후 계속 진행합니다.')
```

나눌 숫자를 입력하세요: 0
예외가 발생했습니다.
처리 후 계속 진행합니다.

```
[2]: try:
    x = int(input('나눌 숫자를 입력하세요: '))
    y = 10 / x
    print(y)
except:
    print('예외가 발생했습니다.')
print('처리 후 계속진행합니다.')
```

나눌 숫자를 입력하세요: 2
5.0
처리 후 계속진행합니다.

10.1.3 try-except-as 구문

예외처리구문 except Exception as e는 발생한 예외 객체 e를 생성한다. 예외가 발생하면 파이썬 인터프리터가 예외클래스를 찾아서 객체를 생성하는데 이 객체가 가진 정보를 활용할 수 있다.

```
[3]: try:
    x = int(input('나눌 숫자를 입력하세요: '))
    y = 10 / x
    print(y)
except Exception as e:
    print(type(e))
    print(e)
print('처리 후 계속진행합니다.')
```

나눌 숫자를 입력하세요: 0
<class 'ZeroDivisionError'>
division by zero
처리 후 계속진행합니다.

아래 코드에서 int()는 실수를 정수로 변환하거나 문자열을 정수로 변환할 때 사용할 수 있는 내장함수지만 모든 문자열을 정수로 변환하지는 않는다.

[4]:
```
try:
    date=int('3.14')
except Exception as e:
    print(type(e))
    print(e)
print('처리 후 계속진행합니다.')
```

```
<class 'ValueError'>
invalid literal for int() with base 10: '3.14'
처리 후 계속진행합니다.
```

아래에서 IndexError는 실행 중에 발생하는 오류 중에서 원인을 찾는 것이 쉽지 않다.

[5]:
```
a=[1,2,3,5] #a의 인덱스는 0~3
try:
    x=a[4]
    print(x)
except Exception as e:
    print(type(e))
    print(e)
print('처리 후 계속진행합니다.')
```

```
<class 'IndexError'>
list index out of range
처리 후 계속진행합니다.
```

파이썬 파일이나 주피터노트북 셀에서 사용하는 변수는 사용 전에 값이 대입되어 있어야 한다.

[6]:
```
a=5
try:
    y=5/b
except Exception as e:
    print(type(e))
    print(e)
print('처리 후 계속진행합니다.')
```

```
<class 'NameError'>
name 'b' is not defined
처리 후 계속진행합니다.
```

10.1.4 try-except-else-finally 구문

else 블록은 예외가 발생하지 않을 때 실행되는 블록으로 구현을 생략할 수 있다. finally 블록은 생략이 가능한 블록이다. try 블록과 함께 구현될 때 예외가 발생하지 않아도 try 블록을 실행한 후에 자동으로 반드시 실행된다.

예외발생할 때의 실행순서

1. try블록 실행
2. except 블록 실행
3. finally 블록 실행

[7]:
```
a=list(input())
try:
    print(a[5])
except Exception as e:
    print(type(e))
    print(e)
else:
    print('no error')
finally:
    print('예외처리 잘 되나요?')

print('처리 후 계속 진행합니다.')
```

```
moon
<class 'IndexError'>
list index out of range
예외처리 잘 되나요?
처리 후 계속 진행합니다.
```

예외가 발생하지 않을 때의 실행순서

1. try 블록 실행
2. else 블록 실행

3. finally 블록 실행

[8]:
```
a=list(input())
try:
    print(a[5])
except Exception as e:
    print(type(e))
    print(e)
else:
    print('no error')
finally:
    print('예외처리 잘   나요?')

print('처리 후 계속 진행합니다.')
```

```
universe
r
no error
예외처리 잘   나요?
처리 후 계속 진행합니다.
```

우리가 예외처리 구문을 직접 작성하는 경우는 많지 않겠지만 코드를 분석할 때 예외처리 구문을 볼 수도 있다. 문법구조와 실행순서를 한번은 익혀둘 필요가 있다고 본다.

10.2 파일 입출력

주피터 노트북에서 작성한 프로그램의 실행결과는 RAM에 기록되고 닫으면 메모리에서 사라진다. 애써 수집한 자료나 많은 시간을 소모하여 얻은 처리결과를 다시 사용해야 한다면 파일이나 데이터베이스 등에 보존하고 필요하다면 불러와서 사용할 수 있다. 처리결과를 기록한 파일은 보조기억장치인 HDD, USB, SD card, CD, DVD 등에 보관할 수 있다.

컴퓨터에서 만들어진 모든 자료는 바이트(byte, 8 bits)에 기록된 정보의 나열이고 특정 프로그램을 실행할 때 RAM에 탑재되고 CPU가 해석하고 실행하게 된다.

특정프로그램이 만든 정보를 파일에 쓰고 저장하는 파일은 두 가지로 나눌 수 있다.

- 텍스트 파일 : 메모장 등의 텍스트에디터에서 모든 내용을 온전히 볼 수 있는 파일로 확장자는 txt이다. 전용프로그램이 없어도 내용을 확인할 수 있어 범용성이 높지만 저장할 때 효율은 높지 않다.

- 이진파일 : 특정 응용 프로그램에서 사용하는 형식의 데이터를 효율적으로 읽고 수정하기위한 형식으로 작성된 데이터를 보관한 파일로 확장자에 제한이 없다.

10.2.1 파일의 위치

컴퓨터에서는 파일 생성, 파일 접근, 파일 내용 변경을 쉽게할 수 있는 방법을 제공한다. 여러 개의 파일을 묶어서 보관한 장소를 디렉토리(directory) 또는 폴더(folder)라고 한다. 폴더 안에는 다른 폴더가 있을 수 있다.

파일의 보관구조는 일반적으로 트리(tree)로 나타낼 수 있다. 트리에서 가장 위에 있는 폴더를 루트(root) 디렉토리라고 한다. 운영체제가 윈도우이고 하드 드라이브가 1개인 컴퓨터에서는 하드 드라이브 디스크(HDD)가 루트 디렉토리로 "C:\"로 표시된다.

특정파일의 위치를 두 가지 방식으로 나타낸다.

- 절대경로
- 상대경로

절대경로명

절대경로는 루트 디렉토리에서 파일까지 도달할 때 거치는 폴더들의 순서를 백슬래쉬로 구분하여 쓴 문자열이이다. 아래는 파일 example.py의 절대경로와 파일명이다.

```
C:\Users\entity\Desktop\python\example\example1.py
```

상대경로(relative pathname)

상대경로는 현재위치를 기준으로 찾아갈 폴더의 위치이다. 먼저 상대경로 표현에서 사용하는 기호의 의미부터 시작한다.

- .\: 현재 위치
- ..\: 현재 위치의 바로 위 폴더

두 파일의 절대경로가 아래과 같을 때 상대경로를 나타내는 방식에 대해 알아 보자.

```
C:\Users\entity\Desktop\python\example\example1.py
C:\Users\entity\Desktop\python\project\FirstProject.py
```

example1.py를 기준으로 FirstProject.py에 접근하려면 example, python, project 폴더를 거쳐야 한다. 따라서 FirstProject.py의 상대경로는 아래와 같다.

```
..\textbackslas..\textbackslas\project
```

공통의 상위폴더에 도달한 후에는 하위폴더명을 적어주면 목적 파일에 이루는 상대경로가 완성된다.

이제 다음과 같이 파일의 상대경로를 작성할 수 있다.

- 같은 폴더 안에 있는 파일에 접근 : 상대경로를 생략하거나 .\를 사용
- 다른 폴더 안에 있는 파일에 접근
    - 현재위치에서 공통폴더까지의 폴더 수만큼 ..\을 쓴 후에
    - 공통 상위폴더 다음부터 파일까지의 폴더이름을 차례로 쓴다.

파일의 절대경로나 상대경로는 파일을 열거나 생성할 때 꼭 필요한 정보이다. 파일에 접근할 때 경로를 생략하면 작업 중인 파일이 위치한 폴더에서 탐색하므로 예상하지 못한 결과를 초래할 수 있다. 이런 이유로 현재 작업 중인 폴더에서 파일을 열거나 파일을 생성하면 파일경로를 생략하는 경우가 많다.

파일의 위치를 확인한 후 필요한 정보 및 결과물을 파일로부터 읽어오거나 쓰는 과정은 다음과 같다.

1. 파일 열기 및 파일 객체 생성
2. 읽기 또는 쓰기
3. 파일 닫기

10.2.2 파일 열기와 닫기

내장함수 open()을 이용하여 파일을 열고 필요한 작업이 끝나면 반드시 파일을 닫아야 한다. 파일을 이용한 작업은 파일에 데이터를 쓰거나 파일의 내용을 읽는 것을 의미한다.

```
파일열기
    open(파일경로및파일명, 모드, [인코딩방식])
```

내장함수 open()은 파일을 열 때 사용하는 함수로 파일위치, 모드를 인자로 사용한다. 필요에 따라 인코딩 방식을 지정하는 경우도 있다.

- 파일경로 및 이름: 파일경로와 확장자를 포함한 파일이름을 문자로 전달한다.
- 모드(mode): 파일을 여는 목적을 문자열로 전달한다.

파일경로는 상대경로나 절대경로 모두 가능하며 생략할 때에는 현재작업디렉토리[1]에서 파일을 여는 것으로 가정한다.

파일을 열 때 목적은 문자열로 키워드인자 mode를 이용하거나 두 번째 인자로 전달한다. 세 가지 모드를 제공한다.

---

[1]파일에 접근하려는 파이썬 파일이나 주피터노트북 파일이 있는 위치를 의미한다. CWD(current working directory)로 쓴다.

- 읽기 모드 : 'r' 또는 'rt'(텍스트 파일), 'rb'(바이너리 파일)
- 쓰기 모드 : 'w' 또는 'wt'(텍스트 파일), 'wb'(바이너리 파일)
- 이어쓰기 모드

파일을 열 때 아래 내용은 꼭 기억해야 한다.

- 읽기 모드를 사용하면 존재하는 파일만 열 수 있다. 없는 파일을 열려고 시도하면 FileNotFoundError를 발생시키고 실행이 중단된다.
- 쓰기 모드를 사용하면 기존파일 내용을 지우고 열거나 (없는 파일을 열기하면) 새로 생성한다.
- 기존 파일의 내용에 추가하려면 이어쓰기 모드로 파일을 열어야 한다.

파일을 열면 파일 객체를 반환하는데 이 객체를 변수에 대입한다. 이제 파일객체의 적절한 메소드를 써서 파일에 쓰거나 파일에서 읽을 수 있다.

- 텍스트 파일에 쓰거나 읽기 : 파일 객체의 메소드 사용
- 이진파일에 쓰거나 읽기 : pickle 모듈의 메소드 사용

파일을 이용한 작업이 끝나면 반드시 파일 객체 메소드 close()를 호출하여 파일을 닫는다.

다음 코드는 현재 작업디렉토리에 test.txt 파일과 확장자가 mem인 이진파일을 생성한다. 모두 파일의 크기는 0KB이다.

[9]:
```
f=open('test.txt','wt')
f.close()
g=open('.\\test_bin.mem','wb')
g.close()
```

with-open()-as

파일 열기를 간단하게 만드는 구문으로 with 블록이 끝나면 자동으로 파일을 닫아준다. 파일을 닫아주지 않아 발생할 수 있는 상황을 방지해주기 때문에 자주 쓰이는 구문이다. 아래 방식으로 사용한다.

```
with open('파일경로및파일명', '열기모드') as 파일객체이름:
    파일열기후수행할작업
```

10.2.3 텍스트파일 입출력

이 절에서는 확장자가 txt인 텍스트파일을 열어 내용을 읽거나 파일에 쓰는 방식에 대해 알아본다. 파일을 열면 파일객체가 생성된다. 이제 파일 객체의 메소드를 호출하여 파일에서 읽거나 파일에 쓸 수 있다.

이제 여러분이 작업 중인 파이썬 파일(py)이나 주피터노트북파일(ipynb)을 포함한 폴더 안에 yesterday.txt의 내용이 아래와 같다고 하자.

```
Yesterday
All my troubles seemed so far away
Now it looks as though they're here to stay
Oh, I believe in yesterday
```

텍스트파일에서 읽기

텍스트파일을 열어 아래와 같이 파일객체 f를 생성하자.

```
f=open('파일경로및이름', mode='rt')
```

생성된 객체 f는 파일내용을 읽을 수 있는 다음 메소드를 지원한다.

- f.read(n) : 처음부터 n개의 문자를 읽어 문자열로 반환
- f.read() : 파일 전체를 읽어 하나의 문자열로 반환
- f.readline() : 한줄을 읽어 문자열로 반환
- f.readlines() : 파일 전체를 (행이 항목인) 리스트로 반환한다.

읽은 내용은 보통 변수에 대입한 후 사용하게 된다.

커서의 위치

파일을 읽을 때 커서의 위치를 이해해야 한다. 파일을 열면 파일이 시작되는 곳에 커서가 위치하고, n개의 문자를 읽은 다음에는 커서가 n+1 번째 문자를 가리킨다. 한줄을 읽으면 커서는 '\n' 다음 문자를 가리킨다.

read(n)

파일의 처음부터 n개의 문자를 읽거나, n이 파일의 문자 수보다 크면 EOF(end of file)을 만날 때까지 읽어 문자열로 반환한다. read()로 읽어올 때 줄이 바뀐 곳에서는 줄바꿈을 나타내는 이스케이프 문자 '\n'이 들어간다.

[10]:
```
n=20
f=open('yesterday.txt', mode='r') #mode='rt'도 가능
chs=f.read(n)
f.close()

print(chs)
chs
```

```
Yesterday
All my t
```

```
[10]: 'Yesterday  \nAll my t'
```

f.read()
파일 전체를 읽어 하나의 문자열로 반환한다.

```
[11]: f=open('yesterday.txt', mode='r')
      All=f.read()
      f.close()

      print(All)
      All
```

```
Yesterday
All my troubles seemed so far away
Now it looks as though they're here to stay
Oh, I believe in yesterday
```

```
[11]: "Yesterday  \nAll my troubles seemed so far away  \nNow it looks as though
      they're here to stay  \nOh, I believe in yesterday"
```

readline()
파일객체에서 한 줄만 읽는 메소드이다. 한 줄의 범위는 줄바꿈 문자 '\n'이나 파일끝(EOF)을 만날 때까지이다. 이 메소드를 이용하여 파일 전체를 읽기 위해 반복문을 사용할 수 있다.

아래의 파이썬 코드는 파일에서 한줄 씩 읽고 화면에 출력한다. 한 줄씩 띄어 출려된 것은 print()가 실행되면 자동으로 줄바뀜이 일어나고 파일의 각 행 뒤에 줄바뀜을 나타내는 이스케이프 문자 '\n'이 있기 때문이다.

```
[12]: f=open('yesterday.txt', mode='r')
      print(f.readline())
      print(f.readline())
      print(f.readline())
      print(f.readline())
      f.close()
```

```
Yesterday

All my troubles seemed so far away
```

```
Now it looks as though they're here to stay

Oh, I believe in yesterday
```

예제 10.1 yesterday.txt을 한 줄 씩 읽어 콘솔에 출력하는 프로그램을 작성하시오.

반복적으로 한 줄 읽기

파일 전체를 한 줄 한 줄 읽은 후 어떤 처리가 필요하다면 반복문을 사용한다. 한줄 씩 읽을 때 몇 번 읽는지 알 수 없으므로 while을 쓰게 된다. 이 반복문에서는 한줄 씩 읽을 때 내용이 있으면 콘솔에 출력하고 없으면 중단한다.

아래에서 line이 while 문의 조건식으로 쓰고 있는데 line을 불 자료로 생각해야 한다. 따라서 line에 문자열이 대입되지않으면 False가 되어 반복문이 끝난다. 조건식으로 len(line)!=0을 사용해도 된다.

[13]:
```python
f=open('yesterday.txt', mode='r')
line=f.readline() #첫 번째 줄 읽기
while line: #  커서 위치 다음에  읽은 내용이 있으면. line==True와 같음
    print(line)
    line=f.readline()
f.close()
```

```
Yesterday

All my troubles seemed so far away

Now it looks as though they're here to stay

Oh, I believe in yesterday
```

(빈 행을 출력하지 않으려면 `print(line, end='  ')`을 사용하면 된다.)

아래 코드는 while무한루프를 사용한 반복문이다.

[14]:
```python
f=open('yesterday.txt', mode='r')
while True:
    line=f.readline()
    if not line:
        break
```

```
    print(line, end='')
f.close()
```

```
Yesterday
All my troubles seemed so far away
Now it looks as though they're here to stay
Oh, I believe in yesterday
```

파이썬 파일 객체에는 각 행에 대해 반복처리를 할 수 있는 기능을 제공한다.

[15]:
```
f=open('yesterday.txt', mode='r')
for line in f:
    print(line, end='')
f.close()
```

```
Yesterday
All my troubles seemed so far away
Now it looks as though they're here to stay
Oh, I believe in yesterday
```

readlines()
파일에서 한 행씩 읽어 문자열로 만들고 각 행이 원소인 리스트를 반환한다. 각 항목 마지막에 이스케이프 문자 '\n'이 추가된다.

[16]:
```
f=open('yesterday.txt', mode='r')
contents=f.readlines()
f.close()
print(contents)
```

```
['Yesterday  \n', 'All my troubles seemed so far away  \n', "Now it looks as though they're here to stay  \n", 'Oh, I believe in yesterday']
```

예제 10.2 with-open-as 구문을 사용하여 yesterday.txt을 열고 각 행의 알파벳이 몇 개인지 조사하시오.

[17]:
```
with open('yesterday.txt', mode='r') as f:
    contents=f.readlines()

for i,line in enumerate(contents, start=1):
```

```
    count=0
    for ch in line:
        if ch.isalpha():
            count+=1
    print('%d 번째 행 알파벳 수: %d'%(i,count))
```

1 번째 행 알파벳 수: 9
2 번째 행 알파벳 수: 28
3 번째 행 알파벳 수: 34
4 번째 행 알파벳 수: 21

문제 10.1 while문과 readline()을 써서 예제 10.2를 해결하는 코드를 작성하시오.

10.2.4 파일읽기 예외처리

파일을 읽으려고 시도할 때 파일일 존재하지 않으면 FileNotFoundError가 발생한다. 파일이 매우 많거나 자동으로 파일을 생성하고 있다면 파일의 존재여부를 미리 확인하기 어렵다. 이런 상황을 대처할 수 있는 예외처리 기법에 대해 알아 본다.

try-except-as 구문
예외를 처리하는 가장 전형적인 구문으로 try 블록에서 예외발생 가능성이 있는 open() 문장이 들어간다. excep-as- 블록에는 읽을 파일이 없는 에러가 발생할 때 대처하는 문장을 쓴다.

[18]:
```
try:
    f=open('zen.txt', 'r')
except Exception as e:
    print(type(e))
    print(e)

print(f.read())
f.close()
```

파이썬 철학
아름다운 것이 추한 것보다 낫다.
명시적인 것이 암묵적인 것보다 낫다.

try-except- as-else 구문

else블록은 try블록에서 에러가 발생하지 않을 때 반드시 실행되는 블록이다. 에러가 발생하지 않았다면 정상적인 상황에 해당하므로 생략하는 경우가 많다.

[19]:
```
try:
    with open('diary.txt', 'w') as f:
        f.write('이제는 알겠어, 파이썬을 ....')
except Exception as e:#예외발생시 예외타입과 메세지 출력
    print(type(e))
    print(e)
else: #예외가 발생하지 않을 때 실행하는 블록
    with open('diary.txt', 'r') as f:
        print(f.read())
```

이제는 알겠어, 파이썬을 …

10.2.5 텍스트 파일에 쓰기

텍스트 파일에 데이터를 쓰기 위해 파일을 두 방식으로 열 수 있다.

- open-close
```
f=open('파일경로및파일명', 'wt' 또는 'w')
파일쓰기코드
f.close()
```
- with-open-as
```
with open('파일경로및파일명', 'wt' 또는 'w') as f
    파일쓰기코드
```

파일에 쓰기 위해 open()을 사용하면 없는 파일의 경우에는 내용이 없는 빈 파일을 생성하고, 존재하는 파일일 경우에는 내용을 모두 지운다.

파일객체 f가 생성되면 2개의 메소드를 사용하여 파일에 쓸 수 있다.

- f.write(1개의문자열)
- f.writelines(문자열리스트)

문자열 안에 이스케이프 문자가 있으면 이스케이프 문자의 효과를 반영하여 파일에 쓴다.

f.write()

문자열 하나를 파일에 쓰는 메소드로 중간에 줄바꿈 문자 '\n'을 만날 때까지 같은 행에 문자열을 쓴다. '\n' 이후에 오는 문자는 줄을 바꾼 후 다시 쓰기 시작한다.

[20]:
```
f=open('zen_python.txt', 'wt') #쓰기모드로 파일 오픈.
f.write('Explicit is better than implicit.\n
       (명확한 것이 불분명한 것보다 낫다.)\n')
f.write('Simple is better than complex.\n (단순한 것이 복잡한 것보다 낫다.)\n')
f.write('Complex is better than complicated.\n
       (복잡한 것이 난해한 것보다 낫다.)\n')
f.write('Readability counts.\n (가독성은 중요하다.)')
f.close()
```

파일을 열어 zen_python.txt의 내용을 확인해 보자.

[21]:
```
with open('zen_python.txt', mode='r') as f:
    print(f.read())
```

```
Explicit is better than implicit.
 (명확한 것이 불분명한 것보다 낫다.)
Simple is better than complex.
 (단순한 것이 복잡한 것보다 낫다.)
Complex is better than complicated.
 (복잡한 것이 난해한 것보다 낫다.)
Readability counts.
 (가독성은 중요하다.)
```

문제 10.2 친구 5명의 이름과 사는 지역을 키보드로 입력받아 텍스트 파일 friends.txt에 저장하는 프로그램을 작성하시오. 단, 이름과 사는 지역은 다른 줄에 기록해야 함.

f.writelines()
모든 항목이 문자열인 리스트 또는 튜플에서 모든 항목을 읽어 한꺼번에 파일에 쓴다.

[22]:
```
yesterday_1=['Yesterday\n','Love was such an easy game to play\n',
             'Now I need a place to hide away\n',
             'Oh, I believe in yesterday']
```

[23]:
```
f=open('yesterday_1.txt', 'wt')
f.writelines(yesterday_1)
f.close()
```

파일을 열어 yesterday_1.txt의 내용을 확인한다.

[24]:
```
with open('yesterday_1.txt', mode='r') as f:
    print(f.read())
```

```
Yesterday
Love was such an easy game to play
Now I need a place to hide away
Oh, I believe in yesterday
```

텍스트 파일에 이어 쓰기

파일을 열 때 'w'나 'wt'를 사용하면 처음부터 쓰기 시작한다. 기존 파일의 내용 뒤에 이어 쓰고 싶다면 열기 모드로 'a'를 사용한다.

[25]:
```
with open('yesterday_1.txt', mode='a') as f:
    print(f.write('\nsung by Beatles, 1965'))

with open('yesterday_1.txt', mode='r') as f:
    print(f.read())
```

```
Yesterday

Love was such an easy game to play
Now I need a place to hide away
Oh, I believe in yesterday
sung by Beatles, 1965
```

10.2.6 바이너리 파일 읽기 및 쓰기

여기서는 파이썬 자료를 바이너리 파일에 쓰고 읽는 방법에 대해 알아 본다.

내장함수 open()에서 파일열기 모드로 'wb'나 'rb'를 지정하면 파일 객체가 생성된다. 텍스트 파일의 경우와는 다르게 파일개체가 쓰거나 읽는 메소드를 제공하지 않으므로 입출력은 pickple 이라는 모듈을 필요로 한다.

pickle 모듈

pickle 모듈은 파이썬의 자료형, 예를 들어, 리스트나 딕셔너리, 클래스, 넘파이 배열 등을 바이너리 파일로 저장하거나 읽어올 때 사용하는 메소드를 제공하는 표준모듈이다. 파이썬에서 허용된 모든 데이터를 저장하고 읽을 수 있고 읽어온 내용은 파이썬의 자료로 그대로 사용할 수 있다. 파이썬에서 사용하던 자료가 그대로 저정되어 있으므로 빠른 속도로 정보를 읽어들이는 장점이 있다.

우리가 사용할 메소드는 아래와 같다.

- pickle.dump(data, f) : 이진파일에 파이썬 객체를 쓸 때 사용하는 메소드로 실행할 때마다 1개의 객체를 파일에 쓴다.
- pickle.load(f) : 실행할 때마다 객체 1개를 읽어오는 메소드이다. 읽어올 내용이 없으면 EOFError를 발생시킨다.

꼭 기억해야 할 점은 pickle을 이용해서 저장한 자료만 pickle로 읽어올 수 있다는 것이다. 또한 pickle로 저장된 자료는 파이썬에서 동작하는 코드일 수 있으므로 검증되지 않은 pickle 데이터 파일을 읽어들일 때 조심해야 한다.

[26]:
```
import pickle as pk
text='영어 알파벳 문자의 아스키 인코딩입니다.'
upper={'A': 65, 'B': 66, 'C': 67, 'D': 68, 'E': 69}
lower={'a': 97, 'b': 98, 'c': 99, 'd': 100, 'e': 101}

with open('encoding.bin', mode='wb') as f:
    pk.dump(text,f)
    pk.dump(upper, f)
    pk.dump(lower, f)
```

위 파일 encoding.bin은 객체변수에 대입한 데이터를 저장한 이진파일이므로 텍스트 편집기에서 파일을 열어도 온전한 내용을 볼 수 없다. 파일에 저장한 내용을 읽으려면 pk.load()를 사용한다. pk.load()는 피클로 저장한 파일에서만 자료를 읽어올 수 있다.

파일에서 자료를 한번에 객체 1개만 읽을 수 있으며 저장된 내용에 맞게 객체를 읽어 변수에 저장한다. 아래에서는 변수 Upper와 Lower에 객체를 대입한다. 이렇게 읽어온 객체를 이용하여 추가적인 처리를 할 수 있다.

[27]:
```
import pickle as pk

try:
    with open('encoding.bin', mode='rb') as f:
        Text= pk.load(f)
        Upper= pk.load(f)
        Lower= pk.load(f)
except Exception as e:
    print(type(e))
    print(e)
```

```
print(Text)
del Upper['A']
Upper['X']=ord('X')

del Lower['e']
del Lower['d']

print(Lower)
Lower.update(Upper)# 딕셔너리 병합
print(Lower)
```

```
영어 알파벳 문자의 아스키 인코딩입니다.
{'a': 97, 'b': 98, 'c': 99}
{'a': 97, 'b': 98, 'c': 99, 'B': 66, 'C': 67, 'D': 68, 'E': 69, 'X': 88}
```

예제 10.3 사용자로부터 키보드를 통해 리스트를 입력받아 이진파일 mine.lst에 저장하고 읽어 콘솔에 출력하는 코드를 작성하시오.

[28]:
```
import pickle as pk
with open('mine.lst','wb') as f:
    A=input('리스트를 입력하시오 :')
    A=eval(A) # 문자열을 실행한 결과를 A에 대입
    pk.dump(A,f)

print('A: ', A)

with open('mine.lst','rb') as f:
    print(pk.load(f))
```

```
리스트를 입력하시오 :['Korea','Japan','German']
A:  ['Korea', 'Japan', 'German']
['Korea', 'Japan', 'German']
```

10.2.7 파일 삭제 및 이름 바꾸기

파이썬을 사용하고 있는 컴퓨터의 운영체제와 관련된 정보를 제공하는 os모듈을 이용하여 파일을 삭제하거나 이름을 바꿀 수 있고 관련 정보를 얻을 수 있다.

os.mkdir(dirname)

디렉토리 혹은 폴더를 생성하기 위해 사용할 수 있다.

os.listdir(path)

폴더 안에 있는 파일 및 폴더(디렉토리)를 (항목이 문자열인) 리스트로 반환한다.

os.remove()

삭제메소드인 os.remove()를 써서 파일을 삭제할 수 있다.

사용문법:

```
import os
os.remove('파일이름')
```

os.rename(old, new)

기존파일의 이름을 다른 이름으로 바꾸는 함수이다.

`os.rename('test.txt', 'TEST.txt')`는 파일명을 새로운 이름 TEST.txt으로 바꾼다.

CHAPTER 11

모듈 및 패키지

파이썬 프로그래밍을 자기만의 분야에 적용하길 원할 때 다른 사람이 만든 프로그램을 이용하는 것이 더 좋은 경우도 많다. 스스로 작성할 수 있더라도 실행속도가 느리거나 확인하기 어려운 약점이 있을 수도 있다. 이런 경우에는 전문가에 의해 작성되고 검증된 프로그램을 사용하는 것이 더 경제적이고 안전하다.

자주 사용되는 상수, 함수, 클래스 등을 별도의 파일에 저장하면 코드를 다시 쓰지 않고도 불러와서 재활용할 수 있다. 이런 목적으로 작성한 파이썬 파일을 모듈(module)이라고 한다. 모듈은 세 가지로 나눌 수 있다.

- 표준모듈 : 파이썬을 설치할 때 자동으로 포함되는 모듈
- third party module : 기업이나 전문가가 개발하여 배포하는 모듈
- 사용자정의 모듈 : 개발자가 필요에 의해 작성한 모듈

이 장에서는 사용자정의 모듈 작성법과 사용법을 공부한다. 또한 몇 가지 표준모듈에 대해 소개한다

11.1 모듈 및 패키지

모듈은 파이썬 코드를 포함한 확장자가 py인 파일이며 이 파일의 이름이 모듈 이름으로 인식된다. 모듈 안에는 변수에 저장된 파이썬 데이터, 함수, 클래스 등이 정의되어 있다. 여러 개의 모듈은 폴더에 보관하는데 폴더 이름을 패키지(package) 또는 라이브러리(library)라고 한다.

우리는 파이썬에서 기본적으로 제공하는 표준모듈 중의 하나인 math, random, time를 이미 사용해 왔다. 이 모듈에 대한 자세한 내용을 더 소개한다. 또한 날짜와 시간을 다룰 수 있는 모듈인 time, datetime에 대해 살펴본다.

파이썬은 이외에도 수 많은 모듈을 제공하고 있다. 파이썬 재단에서 제공하는 공식문서를 확인하기 바란다. (https://docs.python.org/ko/3/library/index.html)

한편 데이터 과학에 입문하고 싶다면 데이터 과학의 필수 3종 패키지에 대해 익숙해져야 한다. (이 패키지에 대한 내용은 12장, 13장을 참조하기 바란다.)

- 넘파이(numpy) : 빠른 자료처리를 위한 파이썬 자료형과 다양한 메소드를 제공하는 패키지
- 팬더스(pandas) : 데이터 보관을 위한 자료형과 데이터 분석을 위한 여러 메소드 제공
- matplotlib : 데이터의 이해를 도와주는 다양한 시각화 툴 제공

파이썬이 데이터 과학에서 많이 사용되는 이유 중의 하나가 전문가가 개발한 수많은 모듈을 무료로 사용할 수 있다는 것에 있다. 모듈을 활용하려면 모듈에 포함된 함수, 클래스 및 메소드가 어떤 것인지 어떻게 사용해야 되는지 알아야 한다. 내장함수 help()를 적절하게 사용하면 클래스 및 메소드를 올바르게 사용할 수 있다. 이 과정이 파이썬을 배우는 과정이며 고급사용자로 발전하는 과정이다.

11.1.1 모듈 또는 패키지 불러오기

모듈 안에 정의된 변수에 저장된 데이터, 함수, 클래스 등을 사용하려면 임포트하는 과정이 필요하다. 이때 예약어 import를 써서 모듈을 사용할 수 있도록 준비한다. 이 과정을 **불러오기**라고 말할 수 있다. 패키지의 경우에도 사용하는 방식은 동일하다.

import 모듈(패키지)이름

모듈 안에 포함된 모든 함수, 상수, 클래스를 사용할 수 있도록 불러오는 방식이다. 사용하는 방법은 아래와 같다.

- 모듈이름. 함수이름
- 모듈이름. 변수이름
- 모듈이름. 클래스이름

import 모듈(패키지)이름 as 바뀐이름

모듈의 이름을 바꿔서 불러오는 방식으로 자주 사용한다. 패키지나 모듈의 이름이 길거나 너무 짧은 경우 이 방식을 사용하면 사용하기 매우 편하다. 이름이 짧더라도 의미를 명확하게 하거나 키보드 입력이 쉬워지도록 이름을 바꾸기도 한다.

모듈 안에 포함된 모든 함수, 상수, 클래스를 사용할 수 있다. 아래와 같이 사용한다.

- 바뀐모듈이름. 함수이름
- 바뀐모듈이름. 변수이름
- 바뀐모듈이름. 클래스이름

from 모듈(패키지)이름 import *

모듈 안에 포함된 모든 함수, 상수, 클래스를 사용할 수 있다. 모듈이름을 명시하지 않고 함수이름, 상수 이름, 클래스 이름으로 사용한다. 여러 패키지 안에 같은 이름의 함수나 클래스가 정의된 경우가 있기 때문에 혼동할 수 있다. 부득이한 경우가 아니면 사용하지 않는 것이 좋다.

from 모듈(패키지)이름 import 특정함수나클래스
모듈에 포함된 여러 함수 중에서 원하는 함수나 클래스만 골라서 불러오는 방식이다. 모듈이름 없이 함수이름과 클래스이름만을 써서 사용한다.

내장함수 dir(), help()
처음 접하는 모듈이나 패키지에 포함된 함수나 클래스의 목적 및 사용법을 확인할 때 이용하면 좋다.

```
dir(패키지또는모듈이름) : 모듈에 포함된 함수나 클래스의 목록
help(모듈이름.함수또는클래스) : 함수나 클래스의 목적,사용법 확인
```

11.2 표준모듈 소개

여기서는 수학함수, 난수 발생, 표본선택, 날짜 및 시간을 다루는 메소드를 제공하는 표준모듈에 대해 간단히 소개한다.

- math 모듈
- random 모듈
- time 모듈
- datetime 모듈

11.2.1 math 모듈

기본적인 수학함수를 사용할 수 있도록 제공하는 모듈이다.

[1]:
```
import math
```

상수
자주 사용하는 상수인 원주율 π, 오일러 수(자연로그의 밑) e, 무한대를 나타내는 기호 inf, 숫자가 아님을 나타내는 nan(not a number)을 제공한다. 모두 실수형 상수이다.

[2]:
```
print(math.pi)
print(math.e)
print(math.tau) # 2*math.pi
```

```
3.141592653589793
2.718281828459045
6.283185307179586
```

[3]:
```
print(type(math.inf))
print(type(math.nan))
```

```
<class 'float'>
<class 'float'>
```

math 모듈의 수학함수

모듈에서 제공하는 자주 사용하는 함수만 소개한다. 이 함수를 써서 새로운 함수를 파이썬으로 작성할 수 있다.

- 로그함수 : log(), log10(), log2()
- 밑이 e 인 지수함수 : exp()
- 거급제곱 : pow(), sqrt()
- 삼각함수 및 역함수 : sin(), cos(), tan(), asin(), acos(), atan()
- 쌍곡함수 및 역함수 : sinh(), cosh(), tanh(), asinh(), acosh(), atanh()
- 절대값 : fabs()
- 올림, 내림, 절단 : ceil(), floor(), trunc()

내장함수인 pow()는 math 모듈의 수학함수와 이름이 같다. 수학함수는 계산 결과를 항상 실수로 반환한다.

[4]:
```
print(abs(-4))
print(math.fabs(-4))
print(pow(3,5))
print(3**5)
print(math.pow(3,5))
```

```
4
4.0
243
243
243.0
```

내장함수 round()는 반올림 처리하는 함수지만 ceil(), floor(), trunc()는 실수를 정수로 변환하는 함수이다.

[5]:
```
x=-3.141592
print(round(x,4))
print(math.ceil(x))
print(math.floor(x))
```

```
print(math.trunc(x))
```

```
-3.1416
-3
-4
-3
```

11.2.2 random 모듈

이 모듈은 범용으로 쓰일 수 있는 난수(random number)를 생성하거나 임의의 표본을 뽑아내는 함수를 제공한다. 엄밀한 의미에서 난수는 아니고 의사난수(pseudorandom number)의 범주에 속한다.

random.seed() 난수를 생성하는 수학공식에 초기값을 설정하는 역할을 한다. 동일하게 초기값을 설정한 사용자들이 작성한 코드의 실행결과는 같아진다.

[6]:
```
import random
random.seed(5)
```

주요 메소드

다음은 모집단에서 표본을 추출하는 메소드이다. 동전이나 주사위 던지기 등의 확률실험을 흉내낼 수 있다.

- random.randint(a,b) : [a,b] 에서 정수를 무작위로 뽑아 반환
- random.randrange(a,b) : [a,b) 에서 정수를 무작위로 뽑아 반환
- random.choice(seqence) : 시퀀스 원소 1개를 무작위로 뽑음
- random.sample(sequence, n) : 시퀀스에서 중복 없이 n개의 표본을 뽑음
- random.shuffle(list) : 원소를 랜덤하게 섞은 리스트 반환

동전 던지기

아래는 동전을 10번 던질 때 앞면인지 뒷면인지 기록한다.

[7]:
```
th='TH' # head or tail
throw=[]
for i in range(10):
    throw.append(random.choice(th))
throw
```

[7]:
```
['H', 'H', 'T', 'H', 'T', 'T', 'T', 'T', 'H', 'H']
```

로또번호 추첨

아래 코드는 1~45에서 서로 다른 정수 6개를 랜덤하게 추출한다. 로또 번호 추첨을 흉내낸 코드이다.

[8]:
```
import random

winning=set()
while len(winning)!=6:
    num=random.randrange(1,46)
    winning.add(num)

print(sorted(winning))
```

```
[1, 7, 16, 25, 35, 37]
```

random.random() 구간 [0,1)에서 난수를 반환한다. 균등분포를 따르는 난수이다.

[9]:
```
a=random.random()
b=random.random()
print(a+b)
```

```
1.1393347717539382
```

random.randint(a,b) [a,b]에서 정수를 무작위로 뽑아 반환한다.

[10]:
```
a=random.randint(1,6) #주사위 던지기
b=random.randint(1,6)
print(a,b)
```

```
2 4
```

random.choice(리스트) 리스트의 원소를 랜덤하게 1개 선택한다.

[11]:
```
rsp=['가위','바위','보'] #rock, scissors, paper
me=random.choice(rsp)
you=random.choice(rsp)
result='나: {}, 너: {}'.format(me, you)
print(result)
```

```
나: 가위, 너: 가위
```

random.sample(sequence or set) random.sample()은 시퀀스에서 중복 없이 표본을 추출한다.

[12]:
```
num_set=list(range(1,46))
random.sample(num_set, 6)
```

[12]:
```
[9, 40, 44, 29, 45, 41]
```

확률분포를 따르는 난수 발생

random 모듈은 확률분포를 따르는 난수를 생성하는 여러 메소드를 제공한다.

- random.random() : [0,1)에서 랜덤하게 실수 반환
- random.normalvariate(mu, sigma) : 평균이 mu, 표준편차가 sigma인 정규분포를 따르는 난수를 반환
- random.uniform(a,b) : [a, b]에서 균등분포를 따르는 난수 반환
- random.expovariate(lambda) : 지수분포를 따르는 난수 반환
- random.lognormvariate(mu, sigma) : 로그정규분포를 따르는 난수 반환

아래 코드는 평균 2, 표준편차 1인 정규분포를 따르는 난수 200개를 생성하고 평균과 표준편차를 계산한다. 편차제곱을 계산하기위해 리스트 컴프리헨션을 사용하였다.

[13]:
```
data=[]
for i in range(200):
    data.append(random.normalvariate(2,1)) #평균2, 표준편차 1인 정규분포
m=sum(data)/200 #균
sq=[(x-m)**2 for x in data] # 편차제곱
sd=sum(sq)/200
print('평균:%f, 표준편차: %f'%(m,sd))
```

```
평균:2.023786, 표준편차: 0.967094
```

11.3 사용자정의 모듈

모듈(module)은 프로그램 개발자가 작성한 함수, 상수, 클래스 등을 저장한 확장자가 py인 파일이다. 이때 파일명이 모듈이다.

사용자정의 모듈을 불러서 사용하려면 모듈의 위치를 파이썬에게 알려주어야 한다. 2 가지 방법을 사용할 수 있다.

- 모듈이 저장된 위치를 sys.path에 추가
```
import sys
sys.path.append('모듈이저장된경로모듈이름') \index{sys.path}
```

- 모듈을 사용하는 파일이 있는 폴더에 복사

이제 import를 써서 모듈을 불러와서 사용할 수 있다. 사용하는 방식은 표준모듈에서와 같다.

우리가 모듈을 개발하고 있다고 하자. 이 파일에는 함수, 클래스 등이 정의되어 있고 테스트를 위한 파이썬 코드가 들어 있다. 파이썬 파일 안에 실행하면 결과를 보여주는 파이썬 문장이 있으면 import할 때 이 문장들이 실행되어 화면에 출력된다. 이것은 모듈을 사용하는 사람들에게 불편한 상황을 만든다.

모듈 개발자가 이런 코드를 분리하여 다음 조건문의 블록 안에 작성하면 이 파일을 실행하고 결과를 확인하며 개발을 진행할 수 있다.

```
if __name__=='__main__':
```

더 좋은 점은 이 파일을 모듈로 import한 후에 활용해도 어떤 문제도 생기지않는다.

- __name__은 현재 실행 중인 모듈의 이름을 나타내는 파이썬에서 사용하는 식별자(변수)이다.
- __name__의 기능
  - 현재 주피터 노트북의 셀이나 파이썬 파일이 실행될 때는 __name__에 __main__이 대입됨
  - 파일이 모듈로 임포트되면 __name__에는 모듈이름이 대입됨

참고 11.1 주피터 노트북의 셀 각각은 하나의 파이썬 파일에 해당한다. 셀에 있는 파이썬 모든 문장을 ctrl+enter 또는 shift+enter 실행하는 것은 확장자가 py인 파이썬 파일을 실행하는 것과 같다.

다음 셀을 실행하여 __name__에 대입되는 값을 확인해 보자.

[14]:
```
import random
def n_random(start, end, n, duplicated=False):
    tmp=[]
    if duplicated:
        for _ in range(n):
            tmp.append(random.randint(start,end))
    else:
        tmp=list(random.sample(range(start,end+1),n))
    return sorted(tmp)

print(__name__)# __name__에 대입되는 값 확인

print('lotto: ', n_random(1,45,6))
print('주사위 3번 던지기', n_random(1,6,3,True))
```

```
__main__
lotto:  [2, 4, 8, 9, 36, 44]
주사위 3번 던지기 [3, 3, 4]
```

__name__에 __main__이 대입되는 것을 확인할 수 있다.

위 셀의 코드를 복사한 후 파이썬 파일 my_random.py로 저장하여 C에 있는 폴더 myPython에 저장하자. 이 파이썬 파일을 모듈로 불러오기 위해 sys.path에 경로를 다음과 같이 추가하자.

[15]:
```
import sys
sys.path.append("C:/myPython")
#sys.path.append("C:\\python_file")도 가능함
```

path 안에 파일이 저장된 경로가 추가되었다. (sys.path를 실행하여 확인할 수 있다.)

이제 my_random.py을 모듈로 불러올 수 있다. 불편한 점은 임포트하면 파일의 파이썬 코드가 모두 실행되면서 콘솔에 결과가 출력된다는 것이다.

[16]:
```
import my_random
```

```
my_random
lotto:  [2, 9, 15, 28, 34, 40]
주사위 3번 던지기 [2, 3, 3]
```

[17]:
```
my_random.n_random(1,45,6)
```

[17]:
```
[1, 11, 23, 38, 40, 43]
```

사용자정의 모듈

모듈로 개발 중인 파일을 다음과 코딩할 수 있다. 특징은 함수 및 상수의 정의와 실행 부분을 분리하였다는 것이다. 이렇게 수정함으로써 임포트한 후 표준 모듈처럼 사용할 수 있다.

[18]:
```
import random

def n_random(start, end, n, duplicated=False): #duplicated  중복허락여부
    tmp=[]
    if duplicated: # 중복 추출
        for _ in range(n): # 제어변수 생략, 단순반복
            tmp.append(random.randint(start,end))
    else:
        tmp=list(random.sample(range(start,end+1),n)) # 중복없이 추출
    return sorted(tmp)
```

```
if __name__=='__main__':
    print('lotto: ', n_random(1,45,6))
    print('주사위 3번 던지기', n_random(1,6,3,True))
```

```
lotto:  [7, 10, 11, 18, 34, 39]
주사위 3번 던지기 [4, 4, 4]
```

11.4 시간, 날짜 관련 모듈

금융, 물류, 품질관리 등에서 시간이나 날짜도 중요한 정보의 하나이며 국가마다 표기양식도 다르다. 데이터의 생성 시점이나 시간에 따른 변화를 추적한다면 코딩에서 시간이나 날짜된 관련 모듈에 대해 이해할 필요가 있다.

11.4.1 time 모듈

파이썬에서는 1970년 1월1일 0시 0분 0초 이후 경과한 시간(단위 : 초)를 다룰 수 있다. 이 경과시간을 타임스탬프(timestamp) 또는 epoch time이라고 부른다. time 모듈에서는 타임스탬프를 측정하거나 타임스탬프를 익숙한 형태의 연월일시분초 형태로 변환하는 클래스와 관련 메소드 몇개를 제공한다.

- 클래스 : time.struct_time
- 메소드 : time(), localtime(), strftime(), strptime(), sleep()

time.time()
현재 시점의 타임스탬프는 기준시점에서 현재까지 경과한 시간으로 초단위로 측정하여 보여준다.

[19]:
```
import time
print(time.time())
```

```
1673942679.0031796
```

이 메소드를 사용하면 이용하여 프로그램의 실행 시간을 측정할 수 있다. 두 시점에서 측정한 타임스탬프의 차이가 실행시간이다.

[20]:
```
start=time.time()
S=0
for i in range(10000000):
    S+=i
end=time.time()
```

```
print('실행시간',end-start)
```

실행시간 1.4741568565368652

time.time_struct 클래스
날짜와 시간을 표현하기 위한 클래스로 타임스탬프로부터 사람이 사용하는 연, 월, 일, 시, 분, 초, 요일, 연중경과일 등의 속성을 가진 객체를 생성한다.

```
tm_year 연    예: 1993, 2019
tm_mon  달    범위: 1~12
tm_mday 일    범위: 1~31
tm_hour 시    범위: 0~23
tm_min  분    범위: 0~59
tm_sec  초    범위: 0~59
tm_wday 요일  범위: 0~6 (0: 월요일)
tm_yday 연중 경과일  범위: 1~366
tm_isdst     일광절약타임 적용여부 (1:적용, 0;미적용, -1: 모름)
```

time.localtime(), time.gmtime() 의 반환값을 나타내는 자료형으로 사용된다.

[21]:
```
tm_values = (2023, 1, 17, 15, 55, 40, 1, 17, 0)
tm=time.struct_time(tm_values)
tm
```

[21]:
```
time.struct_time(tm_year=2023, tm_mon=1, tm_mday=17, tm_hour=15,␣
↪tm_min=55,
tm_sec=40, tm_wday=1, tm_yday=17, tm_isdst=0)
```

struct_time 객체 속에 표현된 정보를 아래와 같이 추출할 수 있다.

```
struct_time객체.속성이름
```

[22]:
```
print(tm.tm_mon)
print(tm.tm_mday)
```

```
1
17
```

time.localtime()
이 함수는 컴퓨터 친화적인 타임스탬프를 인간친화적인 9개의 정보로 바꾸어 struct_time 객체로 반환한다. 인자없이 호출하면 현시점의 지역시간을 알려준다.

[23]:
```
t=time.localtime(1475007970)
t
```

[23]:
```
time.struct_time(tm_year=2016, tm_mon=9, tm_mday=28, tm_hour=5, tm_min=26,
tm_sec=10, tm_wday=2, tm_yday=272, tm_isdst=0)
```

[24]:
```
time.localtime()
```

[24]:
```
time.struct_time(tm_year=2023, tm_mon=1, tm_mday=17, tm_hour=17, tm_min=4,
tm_sec=40, tm_wday=1, tm_yday=17, tm_isdst=0)
```

time.ctime()
인자에 타임스탬프를 전달하면 미국식인 다음 꼴의 문자열로 변환한다.

요일 월 일 시:분:초 년

인자없이 호출하면 현재시점의 달력정보 및 시간정보를 문자열로 반환한다.

[25]:
```
print(time.ctime(1475007970))
print(time.ctime())
```

```
Wed Sep 28 05:26:10 2016
Tue Jan 17 17:04:40 2023
```

time.strftime() : 시간정보를 익숙한 형태의 문자열로 변환
struct_time 객체를 연-월-일 등의 형태로 변환하여 출력한다.

사용법

```
time.strftime('포맷', 시간객체)
포맷: 년월일의 순서 지정
```

시간정보의 표현방식은 나라마다 지역마다 다른 경우가 많다. 여러 방식의 포맷에 대해서는 https://docs.python.org/3/library/time.html의 time.strftime()을 참조하기 바란다.

[26]:
```
time.strftime('%c',tm) # 달력날짜정보 및 시간정보
```

[26]:
```
'Tue Jan 17 15:55:40 2023'
```

[27]:
```
time.strftime('%Y-%m-%d', tm)
```

[27]:
```
'2023-01-17'
```

```
[28]: time.strftime('%Y-%m-%d %I:%M:%S %p',tm)
```

```
[28]: '2023-01-17 03:55:40 PM'
```

time.strptime()

시간 및 날짜 정보를 가진 특정 포멧의 문자열을 struct_time 객체로 변환한다. 날짜를 나타내는 국제표준은 'YYYY-MM-DD'이다.

```
[29]: ts='2022-10-03 11:40:06'
      time.strptime(ts, '%Y-%m-%d %I:%M:%S')
```

```
[29]: time.struct_time(tm_year=2022, tm_mon=10, tm_mday=3, tm_hour=11,␣
       ↪tm_min=40,
      tm_sec=6, tm_wday=0, tm_yday=276, tm_isdst=-1)
```

```
[30]: day='2022-10-03'
      time.strptime(day, '%Y-%m-%d')
```

```
[30]: time.struct_time(tm_year=2022, tm_mon=10, tm_mday=3, tm_hour=0, tm_min=0,
      tm_sec=0, tm_wday=0, tm_yday=276, tm_isdst=-1)
```

time.sleep()

프로그램의 실행을 주어진 시간만큼 정지시킨다.

```
[31]: import time
      for i in range(2,13,2):
          print('2023년 {}월'.format(i))
          time.sleep(1)
```

```
2023년 2월
2023년 4월
2023년 6월
2023년 8월
2023년 10월
2023년 12월
```

11.4.2 datetime 모듈

시간이나 날짜는 일상생활이나 실무에서 자주 나타나며 주요 정보 중의 하나이다. 파이썬에서는 이 정보를 다루기 위해 datetime 모듈을 제공한다.

datemie모듈의 주요 클래스

- date : 날짜 관련 클래스
- time : 시간관련 클래스
- datetime : date와 time 클래스의 기능을 동시에 제공
- timedelta : 두 시점 사이의 날짜 또는 시간 간격
- sys : 파이썬 인터프러터와 관련된 모듈, 모듈 위치, 입출력 등과 관련된 시스템 정보에 접근하는 방법 제공
- timezone, timezone(tzinfo)

datemie모듈의 주요 상수

연도를 나타낼 때 최대값은 상수 MAXYEAR=9999이고, 최소값은 MINYEAR=1이다.

이 절에서는 이 모듈의 구성과 사용법에 대해 자세히 알아본다. 먼저 모듈을 임포트하자.

[32]:
```
import datetime as dt
```

datetime.date 클래스

달력에서의 날짜(년, 월, 일) 정보를 제공하는 클래스이다. date 객체를 생성하는 방법은 다음과 같다.

```
datetime.date(year, month, day)
```

이 클래스에서는 다음을 제공한다.

- 클래스메소드 : 객체 생성없이 호출하는 함수
  - date.today() : 오늘 날짜
- 연산
  - date 객체끼리 뺄 수 있다.
  - timedelta 객체와 더하거나 뺄 수 있다.
- 인스턴스메소드
  - date.replace() : 객체의 연월일 수정
  - date.weekday() : 정수로 요일을 반환
  - date.isoformat() : ISO 8601 형식으로 날짜를 나타내는 문자열을 반환
- 속성
  - date.year
  - date.month
  - date.day

date 클래스의 객체를 생성하려면 연월일 정보를 전달한다.

```
[ ]: print(dt.date(2022,12,25))
     dt.date(2022,12,25)
```

date 객체 연산 두 date 객체 사이에 다음 연산을 지원한다.

- 빼기 : 두 날짜 사이의 간격을 계산하여 timedelta객체로 표시
- date 객체에서 timedelta객체를 빼거나 더해서 date 객체로 표시
- 날짜의 선후를 부등식 기호를 사용하여 확인할 수 있다.

date 객체끼리 빼는 경우 달력의 미래 날짜가 과거 날짜보다 크다.
아래 코드는 두 날짜 사이의 차이를 계산한다. date 객체끼리 빼는 경우 이 값은 날짜 단위이다.

```
[33]: d1=dt.date(2022,12,25)
      d2=dt.date(2023,2,14)
      d1-d2 # 두 시점의 차

[33]: datetime.timedelta(days=-51)

[34]: d1<=d2

[34]: True
```

date 객체에 타임델타를 더하면 과거날짜 또는 미래날짜를 반환한다.

```
[35]: day=dt.date(2023,1,10)
      delta=dt.timedelta(days=5)
      print(day+delta) #5일 후
      print(day-delta) #5일 전

      2023-01-15
      2023-01-05
```

클래스메소드: date.today() date클래스에서 제공하는 클래스메소드로 객체를 생성하지 않고 호출할 수 있는 메소드이다. 이 메소드는 현시점의 날짜를 date객체로 알려준다.

```
[36]: now=dt.date.today() #클래스메소드
      now

[36]: datetime.date(2023, 1, 17)
```

date 객체의 속성 날짜 정보 속에 포함된 연도, 월, 일에 대한 정보에 접근할 수 있다.

[37]:
```
print(now.year)
print(now.month)
print(now.day)
```

```
2023
1
17
```

date클래스의 인스턴스메소드 date클래스는 날짜정보를 여러 형태로 변환할 수 있는 메소드를 제공한다.

[38]:
```
print(now.weekday()) #정수로 요일을 반환, 월 0, 화1, 수 2,...
print(now.isoformat()) # 국제표준의 날짜정보를 문자열로 반환
```

```
1
2023-01-17
```

isocalendar()는 특정 날짜가 일년 중 몇 번째 주의 몇 번째 요일인지 숫자로 알려준다

[39]:
```
print(now.isocalendar())
```

```
datetime.IsoCalendarDate(year=2023, week=3, weekday=2)
```

datetime.time 클래스

하루 중 특정시점을 나타내는 time 객체를 생성하는 클래스이다. 시, 분, 초, 마이크로초를 사용한다.

이 클래스에서는 시간 비교를 위한 객체 연산을 부등식으로 나타낸다. 또한 시간정보를 여러 형태로 나타내기위한 인스턴스 메소드와 속성값을 제공한다.

- 메소드 : isoformat(), strftime(), replace() 등
- 속성 : hour, minute, second, microsecond

time 객체 생성 time 객체를 생성하려면 시간, 분, 초, 마이크로초를 전달한다. 모든 인자는 생략할 수 있으며 개수에 맞춰 차례대로 시간, 분, 초 등에 대입된다.

객체생성

```
datetime.time()
```

[40]:
```
print(dt.time(8,45,59,23))#시, 분, 초, 마이크로초
print(dt.time(8, 45)) #시,분
```

```
print(dt.time(9)) #시
```

```
08:45:59.000023
08:45:00
09:00:00
```

부등식 기호를 써서 두 time 객체 사이에 선후를 비교할 수 있다.

[41]:
```
t1=dt.time(12,4,45)
t2=dt.time(9,0,56)
t1>t2
```

[41]: True

[42]:
```
print(t1)
print(t1.hour)
print(t1.second)
print(t1.microsecond)
```

```
12:04:45
12
45
0
```

11.4.3 datetime.timedelta 클래스

두 날짜 또는 날짜시간 객체 사이의 시간간격을 다루는 클래스로 특정시점을 나타내는 객체에 더하거나 뺄 수 있다. 이 클래스의 객체를 생성할 때 week, day, hour, minute, second, micro second를 전달한다.

객체 생성 방법

```
timedelta(days=0, seconds=0, microseconds=0, milliseconds=0,
    minutes=0, hours=0, weeks=0)
```

생성된 객체에서는 속성으로 day와 microsecond만 사용한다.

- 인스턴스 메소드: 사칙연산, 비교연산 등을 지원
- 인스턴스 속성: days, microseconds, seconds

[43]:
```
d_1=dt.timedelta(days=2, hours=3)
day=dt.date(2023,1,20)
```

```
print(day+d_1)
```

2023-01-22

[44]:
```
previous=dt.date(2023,2,14) # date객체 생성
later=dt.date(2023,2,10)

delta=later-previous #  두 날짜 사이의 시간간격
print(delta) # 시간 간격을 일시분초까지 계산
```

-4 days, 0:00:00

[45]:
```
d=dt.timedelta(days=5)
today=dt.date.today() #오늘 날짜
print(today+d) #5일 후 날짜
print(today-3*d) # 15일전 날짜
```

2023-01-22
2023-01-02

datetime.datetime 클래스

datetime.date 클래스를 상속한 클래스로 datetime.date와 datetime.time 클래스에서 지원하는 대부분의 기능을 지원한다. 이 datetime 객체는 날짜인 연월일, 시간이 시분초의 정보를 모두 갖고 있다.

이 클래스에서는 인스턴스 메소스

- date() : date 객체 생성
- time() : time 객체 생성
- timestamp()

를 제공하며, 다음 클래스메소드를 제공한다.

- now(): 현시점의 날짜와 시간을 나타내는 datetime 객체 반환
- combine() : time 객체와 date 객체를 결합하여 datetime 객체 생성
- strptime() : time 객체에서와 비슷하게 문자열에서 datetime 객체 생성

한편, date 클래스에서 상속한 인스턴스메소드, 클래스메소드 today(), 속성 year, month, day를 모두 사용할 수 있다. 또한 time 클래스의 속성 hour, microsecond, minute, second도 사용할 수 있다.

datetime 객체생성과 객체연산 datetime 객체를 생성하려면 연, 월, 일, 시, 분, 초, 마이크로 초, 시간대(timezone)를 전달하면. 시간 이하의 인자는 생략할 수 있으며 생략하는 경우 기본값으로 0을 전달한다.

객체생성 방법
datetime(year, month, day[, hour[, minute[, second[, microsecond[,tzinfo]]]]])

[46]:
```
now=dt.datetime.now()
now
```

[46]:
```
datetime.datetime(2023, 1, 17, 17, 4, 47, 100769)
```

datetime.date 클래스를 상속했으므로 년, 월, 일에 접근할 수 있다. 또한 시분초 정보도 속성을 통해 접근할 수 있다.

[47]:
```
print(now.year)
print(now.month)
print(now.day)
print(now.hour)
```

```
2023
1
17
17
```

datetime 객체를 date객체와 time객체로 나눌 수도 있다. 역으로 두 객체를 합칠 수도 있다.

[48]:
```
print(now.time())
print(now.date())
```

```
17:04:47.100769
2023-01-17
```

[49]:
```
dt.datetime.combine(now.date(), now.time()) #날짜, 시간 객체 합침
```

[49]:
```
datetime.datetime(2023, 1, 17, 17, 4, 47, 100769)
```

아래는 datetime 객체에 적용할 수 있는 객체 연산이다.

- timedelta 객체와 더하기, 빼기
- 객체끼리 빼기
- 부등호으로 표시하는 비교연산

[50]:
```
dt1=dt.datetime(2022,12,5,12,30,0)
dt2=dt.datetime(2022, 12, 24)
dt1-dt2
```

[50]:
```
datetime.timedelta(days=-19, seconds=45000)
```

[51]:
```
print(dt1>=dt2)
print(dt1==dt2)
```

```
False
False
```

datetime 객체와 timedelta 객체의 연산 일반적으로 timedelta 객체를 더하면 미래시점의 객체를 얻을 수 있으며 timedelta 객체를 빼면 과거시점의 객체를 얻는다.

[52]:
```
dt1+dt.timedelta(days=5, hours=5)
```

[52]:
```
datetime.datetime(2022, 12, 10, 17, 30)
```

[53]:
```
dt2-dt.timedelta(days=-5, hours=5)
```

[53]:
```
datetime.datetime(2022, 12, 28, 19, 0)
```

CHAPTER 12

넘파이와 팬더스

이 장에서는 파이썬의 기본 자료형인 리스트와 딕셔너리에 대해 간단히 살펴본 후 데이터 과학에서 필수 라이브러리인 넘파이(numpy) 및 팬더스(pandas)에 대하여 알아본다. 넘파이는 데이터를 저장하는 배열, 선형대수, 수학함수, 통계함수 및 데이터 처리를 위해 다양한 메소드를 제공한다.

12.1 넘파이(numpy)

파이썬의 넘파이 라이브러리에서는 데이터 처리에 유용한 자료형과 함수를 제공한다.

- 넘파이 배열(ndarray)
- 여러 수학함수
- 여러 통계함수
- 행렬 및 관련 함수
- 난수 관련 함수

넘파이 기능을 사용하려면 아래와 같이 불러와야 한다.

```
import numpy as np
```

12.1.1 넘파이 배열

넘파이 배열은 파이썬의 리스트에 데이터 처리를 위한 행렬과 벡터의 성질, 여러 메소드, 속성을 추가한 자료형이라고 볼 수 있다. 넘파이 배열은 리스트와 마찬가지로 각 항목에 인덱스가 부여되므로 인덱싱과 슬라이싱이 가능하고 처리방식이 리스트보다 직관적이다.

넘파이 배열을 사용하는 여러가지 장점을 몇개 예시한다.

- 데이터 분석에 적합한 자료형
- 빠른 처리 속도
- 반복문 사용없이 동일한 연산 처리(벡터화 연산)

통계자료를 넘파이배열로 저장하면 자료의 합, 평균, 분산 등이 한 줄의 파이썬 문장으로 쉽게 처리된다.

```
data = numpy.array([0, 1, 2, 3, 4, 5, 6, 7, 8, 9])
```

리스트로 저장한 자료의 경우에는 for문과 이용한 반복작업이 필수적이다.

넘파이는 대량의 데이터를 저장할 자료형과 자료처리를 위한 다양한 메소드를 제공하여 빠른 처리를 가능하게 해주므로 데이터과학의 필수 패키지로 인식되고 있다.

넘파이 배열 생성

기본적으로 넘파이 배열은 데이터과학을 위한 자료형이다. 넘파이 배열을 생성하는 방식을 두 가지로 나눌 수 있다.

- np.array()를 이용하여 리스트를 넘파이 배열로 변환
- 넘파이 메소드를 이용하여 특수형태로 생성

np.array() 리스트, 2차원리스트, 3차원리스트 등과 구조적으로 비슷한 자료를 넘파이 배열로 변환하는 함수이다. 넘파이 배열은 기존 리스트를 array()가 감싼 형태의 자료로 ndarray 클래스의 객체이다.

[1]:
```
import numpy as np
data = [0, 1, 2, 3, 4, 5, 6, 7, 8, 9] #1차원 리스트
Data=np.array(data)
print(Data)
print(type(Data))
Data
```

```
[0 1 2 3 4 5 6 7 8 9]
<class 'numpy.ndarray'>
```

[1]:
```
array([0, 1, 2, 3, 4, 5, 6, 7, 8, 9])
```

[2]:
```
np.array(([10,20,30],[100,200,300])) # 튜플의 항목이 길이 3인 리스트
```

[2]:
```
array([[ 10,  20,  30],
       [100, 200, 300]])
```

[3]:
```
Data2=np.array([[17, 59],[45, 52],[19, 86],[63, 53]])
Data2
```

```
[3]: array([[17, 59],
            [45, 52],
            [19, 86],
            [63, 53]])
```

구간을 등분하여 배열 생성 직선상에서 일정 간격으로 떨어진 배열을 두 방법으로 만들 수 있다.

- np.arange() : 등차수열의 항으로 구성된 배열 생성
- np.linspace() : 구간을 등분한 점으로 구성된 배열 생성

np.arange()의 기본형은 np.arange(a,b,h)로 내장함수 range(a,b,h)와 비슷하게 작동한다. 다른 점은 a,b,h가 실수값을 가질 수 있다는 점이다. 이 메소드는 h가 주어질 때 주로 사용한다.

```
[4]: print(np.arange(10))
     print(np.arange(2,6))
     print(np.arange(2,10,3))
```

```
[0 1 2 3 4 5 6 7 8 9]
[2 3 4 5]
[2 5 8]
```

```
[5]: np.arange(1,3,0.5)
```

```
[5]: array([1. , 1.5, 2. , 2.5])
```

np.linspace(a,b,n)는 구간 $[a, b]$를 $(n-1)$ 등분할 때 생기는 점으로 구성되는 넘파이 배열을 생성된다. 기본적으로 오른쪽 끝점은 항상 포함되지만 키워드인자 endpoint에 False를 지정하면 포함되지않는다.

사용법

```
np.linspace(a,b,num=50, endpoint=True)
    # num은 기본값이 50인 키워드인자
```

이런 방식으로 만들어진 배열은 함수의 정의구역을 등분하여 함수값을 계산한 후 그래프를 그릴 때 자주 사용된다.

```
[6]: np.linspace(1,3,5) #4등분한 점
```

```
[6]: array([1. , 1.5, 2. , 2.5, 3. ])
```

```
[7]: np.linspace(1,3, num=5, endpoint=False)
```

[7]: array([1. , 1.4, 1.8, 2.2, 2.6])

참고 12.1 아래는 뒤에서 배울 패키지를 사용하여 그린 $y = x^2 - x + 1$의 그래프이다. 구간은 $[-2, 2]$이다.

[8]:
```
import matplotlib.pyplot as plt
x=np.linspace(-2,2)
y=x*x-x+1
plt.plot(x,y)
plt.show()
```

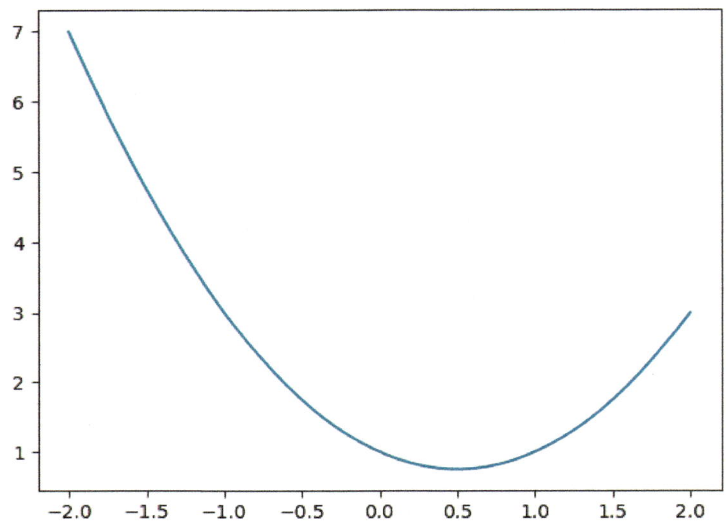

특수한 형태의 배열 생성 넘파이 제공 함수를 이용하여 특수한 형태의 배열을 생성할 수 있다. 주로 변수를 초기화할 때 사용한다. 인자로 배열의 형태(행의 수, 열의 수)를 튜플로 전달한다.

- np.ones() : 모든 항목이 1인 배열
- np.zeros() : 모든 항목이 0인 배열

[9]:
```
# 모든 원소가 실수 1 또는 0인 넘파이 배열 생성
print(np.ones((2,3))) # 2차원 배열
print(np.zeros((5,3))) # 2차원 배열
```

```
[[1. 1. 1.]
 [1. 1. 1.]]
[[0. 0. 0.]
```

```
 [0. 0. 0.]
 [0. 0. 0.]
 [0. 0. 0.]
 [0. 0. 0.]]
```

np.reshape() 괄호 안에 배열의 형태를 전달하여 기존 배열을 다른 형태로 변환할 수 있다. 재배치하는 하는 경우에는 원소의 수가 유지되도록 배열의 형태를 전달하는 것이 중요하다.

```
[10]: A=np.arange(10) # 원소 수가 10개인 1차원 배열 생성
      B=A.reshape(2,5) # 행의 수 2개, 열의 수 5개인 배열
      B
```

```
[10]: array([[0, 1, 2, 3, 4],
             [5, 6, 7, 8, 9]])
```

```
[11]: np.reshape(A,(2,5))
```

```
[11]: array([[0, 1, 2, 3, 4],
             [5, 6, 7, 8, 9]])
```

위 배열 A에 대해 A.reshape(2,5)은 가능하지만 A.reshape(3,5)는 에러를 발생시킨다. 새로 생성할 배열의 전체 원소의 수를 유지시켜야 한다.

np.shape 넘파이 배열의 형태를 튜플로 알려준다.

- 일차원 배열 : $(n,)$ 형태의 튜플 반환
- 2차원 배열 : (m,n) 형태의 튜플 반환

```
[12]: print(Data.shape)
      print(Data2.shape)
```

```
(10,)
(4, 2)
```

배열의 속성

넘파이는 배열의 특징을 설명하는 기능을 제공하며 배열의 속성이라고 한다. 배열이 저장된 변수이름, 점(.), 속성이름으로 참조한다.

- np.shape : 배열의 형태
- np.size : 원소의 수
- np.ndim : 배열의 차원

- 엑셀이 행이나 열에 원소가 일렬로 나열된 배열의 경우 차원은 1
- 엑셀의 쉬트 1개에 표처럼 저장할 수 있을 때 차원은 2
- 엑셀 쉬트 여러 개에 저장될 수 있는 배열의 차원은 3

[13]:
```
A=np.arange(10)
B=A.reshape(2,5)
print("배열의 모양: ", B.shape)
print("배열을 구성하는 원소의 수: ", B.size)
print("배열의 차원: ", B.ndim)
```

```
배열의 모양: (2, 5)
배열을 구성하는 원소의 수: 10
배열의 차원: 2
```

12.1.2 넘파이 배열에 대한 인덱싱, 슬라이싱

넘파이 배열의 원소에서 인덱스가 내부적으로 할당되는데 이 인덱스를 이용하여 원소를 참조할 수 있다. 배열의 인덱스는 리스트와 같지만 인덱싱 및 슬라이싱은 약간의 차이가 있다.

1차원배열의 인덱싱과 슬라이싱

넘파이 배열에 대한 인덱싱은 리스트와 동일하지만 2차원 이상인 경우에는 조금 더 편리하게 인덱싱할 수 있다.

[14]:
```
A1=np.array(range(0,12))
print(A1)
print(A1[:3]) # 처음 3개
print(A1[2:9])
print(A1[-4:]) # 마지막 4개
```

```
[ 0  1  2  3  4  5  6  7  8  9 10 11]
[0 1 2]
[2 3 4 5 6 7 8]
[ 8  9 10 11]
```

2차원 배열의 인덱싱과 슬라이싱

2차원배열 A에서 다음 형태의 인덱싱과 슬라이싱을 적용할 수 있다.

- A[x] : 행에 대한 인덱싱, 슬라이싱
  - x는 k 또는 a:b 또는 a:b:h 꼴

- A[x,y] : 행인덱스와 열인덱스에 대한 인덱싱이나 슬라이싱 적용
  - x,y는 k 또는 a:b 또는 a:b:h 꼴
  - x,y가 모두 정수이면 원소에 대한 인덱싱
  - x,y의 조합에 따라 여러 형태의 슬라이싱이 가능하다.

A[k]는 인덱스가 k인 항목에 접근한다. 따라서 1차원배열에 대한 인덱싱과 슬라이싱을 적용할 수 있다.

행인덱스를 사용한 인덱싱의 결과도 넘파이 배열이고 슬라이싱의 결과는 항상 넘파이 배열이다.

[15]:
```
A2=np.array(range(24)).reshape((4,6))
print(A2)
print(A2[1]) #행에 대한 인덱싱
print(A2[1][3]) #인덱스1인 행의 인덱스3인 항목
print(A2[1][2:]) # 인덱싱 후 슬라이싱
```

```
[[ 0  1  2  3  4  5]
 [ 6  7  8  9 10 11]
 [12 13 14 15 16 17]
 [18 19 20 21 22 23]]
[ 6  7  8  9 10 11]
9
[ 8  9 10 11]
```

2차원 배열의에서 행인데스와 열인덱스를 사용한 인덱싱 A[i][j]를 A[i,j]로 쓸 수 있다.

[16]:
```
print(A2[2][3]) # 리스트 방식 인덱싱
print(A2[2,3]) #배열 방식 인덱싱
```

```
15
15
```

리스트에서와 마찬가지로 음수 인덱스를 사용할 수 있다.

[17]:
```
print(A2[2])
print(A2[-3])
```

```
[12 13 14 15 16 17]
[ 6  7  8  9 10 11]
```

행인덱스에 대한 인덱싱의 결과는 넘파이 배열이다.

[18]:
```
A2[1:3] # 행 추출
```

```
[18]: array([[ 6,  7,  8,  9, 10, 11],
             [12, 13, 14, 15, 16, 17]])
```

행인덱스와 열인덱스를 사용하여 슬라이싱하면 원래 넘파이 배열의 부분을 추출한다.

```
[19]: A2[:2,1:4] # 행인덱스 0,1이고 열인덱스가 1,2,3인 부분을 추출
```

```
[19]: array([[1, 2, 3],
             [7, 8, 9]])
```

```
[20]: A2[2, :] # 인덱스가 2인 행 추출
```

```
[20]: array([12, 13, 14, 15, 16, 17])
```

```
[21]: A2[:, 2] # 인덱스가 2인 열 추출
```

```
[21]: array([ 2,  8, 14, 20])
```

12.1.3 배열에 대한 연산

넘파이 배열에 대해 벡터 및 행렬과 비슷한 세 방식의 연산이 제공된다.

- 스칼라 곱 : 모든 원소에 동일한 수를 곱하는 연산
- 벡터화 연산 : 배열의 모양(shape)이 같을 때 인덱스가 같은 원소에 동일한 사칙연산을 실행
- 브로드캐스팅 : 크기가 다른 배열을 확장한 후 벡터화 연산 적용

배열의 스칼라곱(scalr multiplication) 배열을 구성하는 각 원소에 동일한 숫자를 곱한 후 새로운 배열을 반환한다.

```
[22]: A=np.arange(0,10)
      print(A)
      print(A*3)
      print(5*B)
```

```
[0 1 2 3 4 5 6 7 8 9]
[ 0  3  6  9 12 15 18 21 24 27]
[[ 0  5 10 15 20]
 [25 30 35 40 45]]
```

벡터화 연산

크기가 같은 넘파이 배열에 대해 인덱스가 같은 원소끼리 동일하게 연산을 적용하는 것을 벡터화 연산(vectorization)이라고 한다. 리스트의 경우 원소에 대한 일괄 연산, 즉, 벡터화 연산이 불가능한데 필요한 경우에는 for문을 사용하여 반복작업을 수행해야 한다.

[23]:
```
X=np.array(range(1,7)).reshape((3,2))
Y=np.array(range(0,60,10)).reshape((3,2))
print('X: \n', X)
print('Y: \n', Y)
```

```
X:
 [[1 2]
 [3 4]
 [5 6]]
Y:
 [[ 0 10]
 [20 30]
 [40 50]]
```

인덱스가 같은 원소끼리 더하기

[24]:
```
X+Y
```

[24]:
```
array([[ 1, 12],
       [23, 34],
       [45, 56]])
```

인덱스가 같은 원소끼리 빼기

[25]:
```
X-Y
```

[25]:
```
array([[  1,  -8],
       [-17, -26],
       [-35, -44]])
```

인덱스가 같은 원소끼리 곱하기

[26]:
```
X*Y
```

[26]:
```
array([[  0,  20],
       [ 60, 120],
       [200, 300]])
```

인덱스가 같은 원소끼리 나누기 0으로 나누는 경우에는 inf로 표시한다. inf는 양의 무한대 (infinity)를 나타내는 넘파이 상수이다.

[27]:
```
X/Y
```

[27]:
```
array([[        inf, 0.2       ],
       [0.15      , 0.13333333],
       [0.125     , 0.12      ]])
```

브로드캐스팅 (broadcasting)

행렬과 벡터에서는 크기가 같은 경우에만 덧셈과 뺄셈이 가능하다. 넘파이 배열의 경우에는 배열에 실수를 더하거나 빼는 연산이 가능하다. 넘파이에서 실수를 동일한 크기의 넘파이 배열로 자동적으로 확장하기 때문이다. 이런 특성을 브로드캐스팅이라고 부른다.

확장은 스칼라를 모든 원소가 1이고 크기가 같은 배열로 바꿔 연산을 수행하는데 있다.

[28]:
```
a=[1,2,3,4,5]
A=np.array(a)
print(A)
A+2
```

```
[1 2 3 4 5]
```

[28]:
```
array([3, 4, 5, 6, 7])
```

브로드캐스팅에서 2는 실수지만 실제로는 배열로 확장된 후 벡터화연산이 적용된다. 이 계산 과정은 수학적으로 다음과 같다.

$$A+2=\begin{bmatrix}1\\2\\3\\4\\5\end{bmatrix}+2\begin{bmatrix}1\\1\\1\\1\\1\end{bmatrix}=\begin{bmatrix}1\\2\\3\\4\\5\end{bmatrix}+\begin{bmatrix}2\\2\\2\\2\\2\end{bmatrix}=\begin{bmatrix}3\\4\\5\\6\\7\end{bmatrix}$$

아래에서는 10이 shape가 (3,2)인 넘파이 배열로 확장된 후 벡터화 연산이 적용된다.

```
[29]: data=np.array([[ 1, 12],[23, 34],[45, 56]])
      data+10
```

```
[29]: array([[11, 22],
             [33, 44],
             [55, 66]])
```

브로드캐스팅의 예를 하나 더 살펴보자. data에서 각 열에 대한 평균과 표준편차를 구하면 다음과 같다.

```
[30]: data.mean(axis=0)
```

```
[30]: array([23., 34.])
```

```
[31]: m=np.array([23., 34.]) # 각 열의 평균
      s=np.array([17.96292478, 17.96292478]) # 각 열의 표준편차
```

이 자료를 각 열의 평균이 0, 표준편차가 1이 되도록 변환할 수 있다. (이 과정을 표준화라고 한다.)

$$\text{표준화된 자료} = \frac{\text{측정치} - \text{평균}}{\text{표준편차}}$$

아래 코드에서 data-m에서는 벡터화연산, s로 나누는 과정에서 브로드캐스팅 연산이 적용되었다.

```
[32]: new=(data-m)/s
      print(new)
```

```
[[-1.22474487 -1.22474487]
 [ 0.          0.        ]
 [ 1.22474487  1.22474487]]
```

넘파이 메소드 np. append()로 배열에 행이나 열 추가

넘파이배열에 차원이 같은 배열을 추가하거나 삭제할 수 있다.

```
[33]: A=np.array(range(5))
      x=np.array([20])
      np.append(A,x)
```

```
[33]: array([ 0,  1,  2,  3,  4, 20])
```

2차원 배열에 추가할 때는 데이터 방향을 지정해야 한다. 행으로 추가할 때는 기존 배열의 열 숫자와 같아야 한다.

```
[34]: data=np.array([[80,90, 60], [65,80,70]])
      x=np.array([[50,50,50]])
      np.append(data,x,axis=0)
```

```
[34]: array([[80, 90, 60],
             [65, 80, 70],
             [50, 50, 50]])
```

옆으로, 즉, 열로 추가할 때에는 행의 수가 같아야 한다.

```
[35]: y=np.array([[50],[50]]) #
      np.append(data,y,axis=1)
```

```
[35]: array([[80, 90, 60, 50],
             [65, 80, 70, 50]])
```

넘파이메소드 np.delete()로 열이나 행 삭제

다차원배열일 경우에는 삭제할 행 또는 열 인덱스를 리스트로 만들어 데이터 방향과 함께 전달한다.

```
[36]: A=np.array(range(0,50,10))
      np.delete(A,[0,2])
```

```
[36]: array([10, 30, 40])
```

```
[37]: B=np.array([[80,90,60,85],[65,80,70,90],[50, 50, 50,50]])
      print(B)
      np.delete(B, [1,2], axis=0) #인덱스 1,2인 행 삭제
```

```
[[80 90 60 85]
 [65 80 70 90]
 [50 50 50 50]]
```

```
[37]: array([[80, 90, 60, 85]])
```

```
[38]: np.delete(B, [1,2], axis=1) #인덱스가 1,2인 열 삭제
```

```
[38]: array([[80, 85],
             [65, 90],
             [50, 50]])
```

축을 지정하지 않으면 전체를 1차원배열로 만든 후 해당 인덱스의 항목만 삭제한다.

[39]:
```
np.delete(B, [1,2])
```

[39]:
```
array([80, 85, 65, 80, 70, 90, 50, 50, 50, 50])
```

12.1.4 넘파이배열과 기술통계량 함수

넘파이에서는 데이터에 대한 간단한 처리를 위해 기술통계량을 계산하는 함수를 제공한다. 함수 이름으로부터 의미를 파악할 수 있다.

- 대표값: np.mean(), np.median()
- 최대값, 최소값 : np.max(), np.min()
- 산포 관련 : np.var(), np.std()
- 백분위수 : np.percentile()
- 최대원소, 최소원소 위치 : np.argmax(), np.argmin()
- 누적합, 누적곱 : np.cumsum(), np.cumprod()

1차원 배열과 기술통계량

1차원 배열의 각 원소를 관측 통계치로 간주하여 평균, 분산, 사분위 등을 계산할 수 있다.

[40]:
```
d=np.arange(6)
print(d)
print(d.mean())
print(d.var())
print(np.round(d.var(),2)) # 분산 값을 소수 이하 2자리에서 반올림처리
print(d.max())
print(d.argmax()) # 최대 원소의 인덱스
```

```
[0 1 2 3 4 5]
2.5
2.9166666666666665
2.92
5
5
```

2차원 배열과 기술통계량

2차원 배열의 경우에는 데이터의 방향을 고려하여 기초통계량을 계산할 수 있다. 이 때 기술통계량을 계산하는 함수의 괄호 안에 데이터의 방향을 알려준다.

- axis=0 : 각 열에 대한 기초통계량을 배열로 반환

- axis=1 : 각 행에 대한 기초통계량을 배열로 반환
- 축이 지정되지않으면 2차원 배열의 모든 원소로 1차원 배열을 만든 후에 기초통계량 반환

[41]:
```
Data2=np.array([[17, 59],[45, 52],[19, 86],[63, 53],[81, 49]])
print("Data2: \n", Data2)

print(Data2.mean(axis=0)) # 각 열에 대한 평균
print(Data2.mean(axis=1)) # 행에 대한 평균

print(Data2.mean())
```

```
Data2:
 [[17 59]
 [45 52]
 [19 86]
 [63 53]
 [81 49]]
[45.  59.8]
[38.  48.5 52.5 58.  65. ]
52.4
```

[42]:
```
data=np.array([[80,90, 60], [65,80,70],[90,55, 85]])
print(data)

print(data.max(axis=0)) # 각 열에서 최대값
print(data.argmin(axis=1)) # 각 행에서 최소값의 위치를 인덱스로
```

```
[[80 90 60]
 [65 80 70]
 [90 55 85]]
[90 90 85]
[2 0 1]
```

12.1.5 넘파이 배열과 넘파이 수학함수

$f(x) = x^2 - x + 3$과 같은 함수는 실수값이 입력될 때 함수값을 계산한다. 데이터 과학에에서는 배열로 입력되는 자료에 대해 함수값을 계산한 후 의사결정을 내리거나 함수의 그래프를 그리는 경우가 많다.

입력되는 자료가 많은 경우에 모든 자료에 대한 함수값을 계산하는 것은 반복작업을 통해 이루어진다. 넘파이는 A가 넘파이 배열인 경우에는 f(A)를 실행하면 각 원소에 함수를 적용하여 계산한 값을 배열로 만들어 반환한다. 여기서 $f(A) = \{f(x)|x \in A\}$는 **f에 의한 A의 상**(image)이라고 한다.

이 특징은 코딩과정을 직관적으로 이해할 수 있도록 만들 뿐만 아니라 반복작업을 수행하지 않으므로 코딩의 양을 줄여준다.

[43]:
```
def f(x):
    y=2*x-3
    return y
A=np.array([2,3,9,-3])
f(A)
```

[43]:
```
array([ 1,  3, 15, -9])
```

아래 반복문을 사용하는 방식과 비교하면 장점을 느낄 수 있다.

[44]:
```
Y=[]
for x in A:
    y=f(x)
    #print((x,f(x)))
    Y.append(y)
print(Y)
```

```
[1, 3, 15, -9]
```

위에서는 함수를 사칙연산만 써서 정의할 수 있지만 지수함수나 로그함수를 이용해야 하는 경우도 있다. 이런 경우 math 모듈에서 제공하는 함수를 이용하여 사용자 정의함수를 만들면 이 장점을 이용할 수 없다.

넘파이 수학함수

넘파이 수학함수는 기본모듈 math보다 더 많은 함수를 제공한다. 넘파이 수학함수가 벡터화 연산을 지원하기 때문에 각 데이터에 대한 일괄처리가 간단한 코드를 통해 가능해진다. 다만, math 모듈이나 파이썬 내장함수와 이름이 같은 경우가 많기 때문에 주의해야 한다.

- 삼각함수: np.sin(), np.cos(), np.tan()
- 역삼각함수: np. arcsin(), np.arccos(), np.arctan()
- 각도 측정: np.radians(), np.deg2rad(), np.degrees(), np.rad2deg()
- 쌍곡함수: np.sinh(), np.cosh(), np.tanh()
- 역쌍곡함수: np.arcsinh(), np.arccosh(), np.arctanh()

- 거급제곱 : np.sqrt(), np.power()
- 지수함수 : np.exp()
- 로그함수 : np.log(), np.log10(), np.log2()
- 절대값 : np.abs(), np.fabs()
- 실수의 소수부분 처리 : np.round(), np.ceil(), np.floor()
- 실수의 부호 처리 : np.sign()
- 누적계산 : np.prod(), np.sum()

넘파이에서 제공하는 수학함수를 이용하면 배열의 각 항목에 동일한 처리를 할 수 있다. 넓은 의미에서 벡터화 연산이라고 한다.

[45]:
```
X=np.array([-1,0,1,2])
np.power(X,3)
```

[45]:
```
array([-1,  0,  1,  8])
```

다음 코드에서는 함수에 배열을 인수로 전달하여 치역을 구한다. 벡터화 연산을 이용하는 대표적인 예이다.

[46]:
```
import numpy as np
def f(x):
    y= 2*x-3+np.exp(x)
    return y
A=np.array([2,3,9,-3])
f(A)
```

[46]:
```
array([   8.3890561 ,   23.08553692, 8118.08392758,   -8.95021293])
```

12.1.6 행렬 관련 넘파이 함수

넘파이에서는 행렬 및 연립일차방정식과 관련된 함수를 제공한다.

- np.dot(a,b)
  - a, b 가 모두 벡터인 경우 : 두 벡터의 내적 계산
  - a, b 가 모두 N차 정사각행렬인 경우 : 두 행렬의 행렬곱 계산
  - a, b 가 모두 스칼라인 경우 : 두 스칼라의 스칼라곱 계산
  - a는 N차원 행렬, b는 벡터인 경우 : a의 각 row와 b의 내적 계산
- np.linalg : 행렬, 연립방정식 관련 함수 제공
  - np.linalg.multi_dot(), np.matmul() : 행렬곱 계산
  - np.diag(), np.trace() : 대각행렬 생성, 대각원소 합

- np.linalg.det(), np.linalg.eig() : 행렬식, 고유치
- np.linalg.inv() : 역행렬
- np.linalg.svd() : 특이값 분해
- np.linalg.solve() : 일차연립방정식의 해
- np.linalg.lstsq() : 최소제곱법의 해

행렬 곱 np.dot()과 np.matmul()를 써서 행렬곱을 계산한다.

[47]:
```
A= np.array([[50, 60], [70, 80]])
B = np.array([[1, 2],[3, 4]])
C=np.array([-10,-20])
print(np.dot(A,B)) # 행렬 곱
print(np.matmul(A,B) )
```

```
[[230 340]
 [310 460]]
[[230 340]
 [310 460]]
```

[48]:
```
np.dot(B,C) # 행렬과 벡터의 곱
```

[48]:
```
array([ -50, -110])
```

예제 12.1 다음 연립방정식을 생각하자.

$$x + 2y = 6$$
$$3x + 4y = 14$$

계수행렬 A와 비제차항 b를 배열로 나타내고 연립방정식의 해를 구해보자.

$$A = \begin{pmatrix} 1 & 2 \\ 3 & 4 \end{pmatrix}, \quad b = \begin{pmatrix} 2 \\ 2 \end{pmatrix}$$

[49]:
```
A=np.array([[1,2],[3,4]])
b=np.array([6,14])
print(np.linalg.det(A)) #A의 행렬식
Ainv=np.linalg.inv(A) #A의 역행렬
print(Ainv)
print(np.dot(Ainv,b)) #X=A^{-1}b --연립방정식의 해
```

```
np.linalg.solve(A,b) #행렬로 나타낸 연립방정식 AX=b의 해
```

```
-2.0000000000000004
[[-2.   1. ]
 [ 1.5 -0.5]]
[2. 2.]
```

```
[49]: array([2., 2.])
```

12.2 팬더스(pandas)

팬더스는 원소가 모두 숫자인 1차원 또는 2차원 리스트에 행이름과 열이름을 붙이고 특별한 성질과 구조를 부여하여 데이터를 처리할 수 있게 만든 라이브러리로 다음 두 가지 자료형과 관련 메소드를 제공한다. 각 두 자료형은 클래스로부터 생성된 객체이다.

- 시리즈(시계열데이터)
  - 클래스 pandas.Series의 객체
  - 1차원 넘파이 배열과 같은 정수 인덱스를 갖는 팬더스 자료형
  - (정수아닌) 행인덱스와 열이름을 가진 1차원 넘파이 배열
- 데이터프레임
  - 클래스 pandas.DataFrame의 객체
  - 넘파이 2차원배열처럼 정수 인덱스를 갖는 팬더스 자료형
  - (정수 아닌) 행인덱스와 열이름을 가진 2차원 넘파이 배열

데이터프레임에서 자료를 아래와 같이 읽을 수 있다.

```
- 자료 : 각 열은 동일항목에 대해 측정한 자료
- 인덱스(index) : 행 이름
- 각 행 : 인덱스에 해당하는 자료, 여러 개이 특정 항목으로 구성. 개별자료 또는 레코드.
```

자료를 추가하고 접근하는 방법면에서 시리즈 및 데이터프레임은 리스트와 딕셔너리의 특징을 모두 갖고 있다. 정수 인덱스를 사용할 수 있을 뿐만 아니라 키 역할을 하는 열이름 및 행이름을 통해 데이터에 접근할 수 있다. 또한 데이터 처리 및 부분추출을 위해 인덱싱 및 슬라이싱이 가능하다. 데이터과학에서 파이썬이 사용되는 이유 중의 하나가 팬더스가 제공하는 두 자료형의 장점 때문이라고 봐도 과언이 아니다.

12.2.1 시리즈(Series)

팬더스의 시리즈는 1차원 데이터의 각각에 행이름을 부여한 자료로 넘파이배열과 딕셔너리의 장점을 모두 갖고 있는 자료형이다. 시리즈는 엑셀의 한 열에 저장된 각 데이터에 이름이 부여되었다고 생각하면 이해하기 쉽다. 이 때 데이터에 부여된 전체 이름이 행인덱스인데 보통 인덱스라고 한다.

참고 12.2 (인덱스) 파이썬에서 인덱스(index)는 시퀀스 자료에서 항목의 위치를 나타낸다. 팬더스 자료인 시리즈나 데이터프레임에서의 인덱스는 행방향의 데이터에 부여한 이름이다. 인덱스와 의미가 다른 점에 주의해야 한다.

시리즈 생성

pd.Series()에 1차원 리스트, 1차원 넘파이배열 또는 딕셔너리 등을 전달하면 시리즈가 생성된다. pd.Series는 팬더스에 정의된 클래스이다.

```
pd.Series(data=None, index=None, dtype=..., name=None,...)
```

키워드인자 index에 전달되는 자료가 없으면 정수 0~len(data)-1가 자동으로 사용된다. dtype에 자료형이 전달되지 않으면 자료형이 자동으로 판단된다.

1차원 데이터로 시리즈 생성 지금부터 시리즈 객체를 생성하는 몇 가지 방식에 대해 알아본다. 데이터만 전달하면 기본 인덱스인 range(data)가 적용된다.

```
[50]: import pandas as pd
      data=[10,20,30,40]
      pd.Series(data) #1차원 리스트로부터 시리즈 생성
```

```
[50]: 0    10
      1    20
      2    30
      3    40
      dtype: int64
```

```
[51]: r = np.array([1, 2,3])
      pd.Series(r) # 1차원 넘파이 배열로부터 시리즈 생성
```

```
[51]: 0    1
      1    2
      2    3
      dtype: int64
```

다음은 이름과 데이터형을 지정한 시리즈를 생성하는 코드이다.

[52]:
```
r = np.array([1, 2,3], dtype='float64')
pd.Series(r,name='시리즈 예제') # 1차원 배열로부터 항목의 데이터형 및 이름이 지정된 시리즈 생성
```

[52]:
```
0    1.0
1    2.0
2    3.0
Name: 시리즈 예제, dtype: float64
```

[53]:
```
pd.Series(r, name='시리즈 예제').index
```

[53]:
```
RangeIndex(start=0, stop=3, step=1)
```

시리즈를 생성할 때 행인덱스를 지정하지 않으면 0부터 시작하는 기본인덱스인 RangeIndex를 사용한다. 시리즈에 행이름인 행인덱스를 추가할 수 있다.

```
pd.Series(data, index=인덱스데이터)
```

시리즈의 이름과 인덱스는 생성 후에 추가할 수 있다.

[54]:
```
data=list('ABCD')
index=range(65,69)
S=pd.Series(data)
S.name='대문자 인코딩'
S.index=index
print(S)
```

```
65    A
66    B
67    C
68    D
Name: 대문자 인코딩, dtype: object
```

딕셔너리로부터 시리즈 생성 pd.Series()에 딕셔너리를 전달하면 키가 행이름, 값이 데이터인 시리즈를 반환한다.

[55]:
```
data={'A':10,'B':20, 'C':30, 'D':40}
s=pd.Series(data)
s
```

[55]:
```
A     10
B     20
C     30
D     40
dtype: int64
```

어떤 면에서 시리즈와 딕셔너리는 동일한 구조를 갖는다고 말할 수 있다.

[56]:
```
pd.Series(data.values(), index=data.keys())
```

[56]:
```
A     10
B     20
C     30
D     40
dtype: int64
```

[57]:
```
dict(zip(s.index, s.values))
```

[57]:
```
{'A': 10, 'B': 20, 'C': 30, 'D': 40}
```

시리즈의 속성

시리즈는 외면적으로 드러나는 아래의 속성을 갖는다.

- Series.index : 인덱스로 사용된 데이터를 알려줌
- Series.values : 시리즈의 데이터를 1차원 배열로 표시
- Series.name : 전체 데이터의 이름
- Series.dtype : 전체 항목의 공통 데이터형 (모두 문자열이거나 다른 형의 데이터가 있으면 object)

[58]:
```
score=[80, 90, 70, 100]
index=['수학','물리','영어','한국사']
Score=pd.Series(score, index=index, name='점수')
print(Score.index)
print(Score.values)
print(Score.name)
print(Score.dtype)
```

```
Index(['수학', '물리', '영어', '한국사'], dtype='object')
[ 80  90  70 100]
```

점수
int64

시리즈에 대한 연산

시리즈로 저장된 데이터는 1차원 넘파이배열이므로 스칼라곱, 벡터화연산, 브로드캐스팅 연산이 가능하다.

[59]:
```
Score/2+100
```

[59]:
```
수학      140.0
물리      145.0
영어      135.0
한국사    150.0
Name: 점수, dtype: float64
```

시리즈 인덱싱과 슬라이싱

시리즈에서는 기본형인덱스와 사용자제공 인덱스를 사용하여 데이터 1개 또는 부분에 접근할 수 있다.

- 기본형인덱스 : range(시리즈길이)
- 행인덱스 : 사용자 제공인덱스

기본형인덱스를 사용하는 인덱싱과 슬라이싱은 리스트 또는 1차원 배열에서와 동일하다. 한편, 사용자제공 인덴스를 사용할 때 인덱싱은 딕셔너리의 키를 통한 참조와 같다. 슬라이싱은 끝값에 해당하는 값을 포함한다는 것이 다르므로 주의해야 한다.

다음 시리즈 python에 대해 인덱싱과 슬라이싱을 적용시켜 보자.

[60]:
```
score=[80, 90, 70, 100]
index=list('DBCA')
python=pd.Series(score, index=index, name='점수')
```

정수형인덱스를 사용한 인덱싱과 슬라이싱

[61]:
```
print(python)
print(python[2])
print()
print(python[1:3]) # 인덱스 3인 항목 제외
```

```
D     80
B     90
```

```
C      70
A     100
Name: 점수, dtype: int64
70

B     90
C     70
Name: 점수, dtype: int64
```

행이름을 사용한 인덱싱과 슬라이싱

[62]:
```
print(python['B'])
print()
print(python['B':'A']) #슬라이싱 끝값도 포함됨
```

```
90

B      90
C      70
A     100
Name: 점수, dtype: int64
```

팬시 인덱싱(fancy indexing) 접근하고 싶은 행이름을 리스트로 만들어 해당 인덱스에 대응하는 데이터에 한꺼번에 접근할 수 있다. 리스트나 넘파이배열에서는 불가능했던 방식으로 매우 편리하다.

[63]:
```
python[['B','D', 'A']]
```

[63]:
```
B      90
D      80
A     100
Name: 점수, dtype: int64
```

불 인덱싱(boolean indexing) 불 자료로 구성된 리스트에서 True와 위치가 같은 데이터만 추출한다.

[64]:
```
python[[True, False, False, True]]
```

[64]:
```
D     80
A    100
Name: 점수, dtype: int64
```

불 인덱싱에 사용할 리스트를 만들 때 시리즈변수에 대한 부등식이나 등식을 사용하면 편리하다. 시리즈에서 조건을 만족시키는 데이터만 추출할 때 자주 사용한다.

[65]:
```
b=python>75
python[b]
```

[65]:
```
D     80
B     90
A    100
Name: 점수, dtype: int64
```

데이터의 추가, 변경, 삭제는 딕셔너리에서와 비슷하다.

- 추가 : series[새로운인덱스]=새로운데이터
- 변경 : series[인덱스]=새로운데이터
- 삭제 : del series[삭제할인덱스]

[66]:
```
python['C']=60 # 값 변경
python
```

[66]:
```
D     80
B     90
C     60
A    100
Name: 점수, dtype: int64
```

[67]:
```
python['F']=55 # 행인덱스와 값 추가
python
```

[67]:
```
D     80
B     90
C     60
A    100
F     55
Name: 점수, dtype: int64
```

시리즈에 대한 기술통계량 1차원배열에서 이용할 수 있는 모든 함수를 사용할 수 있다.

[68]:
```
print(python.sum())
print(python.mean())
print(python.std())
print(np.percentile(python,[20,50,75])) # 백분위수
```

```
385
77.0
19.235384061671343
[59. 80. 90.]
```

[69]:
```
python.describe() # 기초통계량 요약
```

[69]:
```
count      5.000000
mean      77.000000
std       19.235384
min       55.000000
25%       60.000000
50%       80.000000
75%       90.000000
max      100.000000
Name: 점수, dtype: float64
```

시리즈 정렬

시리즈를 시리즈메소드를 적용하여 두 방식으로 정렬할 수 있다.

- 행인덱스 기준 정렬 : Series.sort_index(ascending=True)
- 데이터 기준 정렬 : Series.sort_values(ascending=True)

두 메소드는 기본적으로 오름차순으로 정려하면 키워드인자 ascending=False를 전달하면 오름차순으로 정렬한다.

[70]:
```
print(python)
```

```
D     80
B     90
C     60
A    100
```

```
F      55
Name: 점수, dtype: int64
```

[71]:
```
python.sort_index()
```

[71]:
```
A     100
B      90
C      60
D      80
F      55
Name: 점수, dtype: int64
```

[72]:
```
python.sort_index(ascending=False)
```

[72]:
```
F      55
D      80
C      60
B      90
A     100
Name: 점수, dtype: int64
```

[73]:
```
python.sort_values()
```

[73]:
```
F      55
C      60
D      80
B      90
A     100
Name: 점수, dtype: int64
```

[74]:
```
python.sort_values(ascending=False)
```

[74]:
```
A     100
B      90
D      80
C      60
F      55
Name: 점수, dtype: int64
```

12.2.2 데이터프레임

엑셀의 쉬트(sheet)에서 표 모양의 2차원 데이터는 행과 열로 구성되어 있고 행과 열에 이름이 붙어 있다. 데이터를 행방향으로 읽을 수도 있고 열방향으로 읽을 수 있다. 이 구조를 구현한 자료형이 팬더스의 데이터프레임(DataFrame)이다.

이제 데이터프레임의 생성과 사용법에 대해 공부한다.

데이터프레임 생성

데이터프레임은 pandas.DataFrame의 객체로 보통 아래의 3가지 방법 사용하여 생성한다.

- pandas.DataFrame의 객체로 생성
  - 2차원 데이터로부터 생성
  - 값이 딕셔너리인 딕셔너리로부터 생성
- padas.concat()으로 시리즈 수평방향 결합

2차원 넘파이 배열을 pd.DataFrame()에 전달하면 데이터프레임으로 변환할 수 있다.

```
pd.DataFrame(data, index=, columns=...,)
```

index와 columns에 값을 전달하지않으면 각 행과 열에 0부터 시작하는 번호과 부여된다. 이 정수값은 2차원리스트의 인덱스와 거의 같은 역할을 한다.

2차원배열만으로 데이터프레임 생성 2차원배열만으로 데이터프레임을 생성할 수 있다. 생성된 데이터프레임은 엑셀의 쉬트(sheet)와 매우 비슷하며 각 행과 열에 기본값이 부여되어 있다.

[75]:
```
import pandas as pd
v = np.array([[11, 12, 13, 14, 15],
              [21, 22, 23, 24, 25],
              [31, 32, 33, 34, 35],
              [41, 42, 43, 44, 45]])
pd.DataFrame(v)
```

[75]:

	0	1	2	3	4
0	11	12	13	14	15
1	21	22	23	24	25
2	31	32	33	34	35
3	41	42	43	44	45

왼쪽과 상단에 0부터 시작하는 숫자가 표시되어 있다. 이 숫자를 행인덱스(행이름), 열인덱스(열이름)라고 부르기로 하자.

- 2차원 자료의 각 원소가 행이 된다.
- 상단 : 열 이름 - 관측변수의 이름
- 왼쪽 : 행인덱스 - 개별 데이터 이름

데이터프레임에 행이름, 열이름 추가하기 2가지 방식으로 데이터프임에 행이름과 열이름을 추가할 수 있다.

- 생성 후에 추가
- 데이터프레임을 생성할 때 키워드인수로 인덱스와 컬럼이름 전달

예를 들어, v가 주식 5 종목에 대한 4일 동안의 주가라고 하자. 우리가 날짜와 종목이름을 추가하여 데이터프레임을 생성하면 자료관리 및 데이터 분석에 매우 편리할 것이다.

[76]:
```
data=[[80,90], [65,80],[85,70]]
df=pd.DataFrame(data)
df
```

[76]:

	0	1
0	80	90
1	65	80
2	85	70

첫 번째 열이 중간고사 점수, 두 번째 열이 기말고사 점수를 나타낸다고 하자. 한편 이 데이터가 학생 A, B, C의 중간고사, 기말고사 점수라면 이 정보를 df에 반영시킬 수 있다.

[77]:
```
df.index=['A','B','C'] #인덱스(행이름) 추가
df.columns=['mid','final'] #열인덱스(열이름) 추가
df
```

[77]:

	mid	final
A	80	90
B	65	80
C	85	70

데이터프레임의 각 행과 열은 1차원 데이터라고 볼 수 있다. 실제로 시리즈임을 확인할 수 있다.

- df.열이름, df['열이름'] : 각 열데이터 보기
- df.loc['행이름'], df.iloc[행번호] : 각 행데이터 보기

[78]:
```
print(type(df.mid))
df.mid
```

```
<class 'pandas.core.series.Series'>
```

```
[78]: A     80
      B     65
      C     85
      Name: mid, dtype: int64
```

```
[79]: print(type(df.loc['A']))
      df.loc['A']
```

```
<class 'pandas.core.series.Series'>
```

```
[79]: mid      80
      final    90
      Name: A, dtype: int64
```

데이터프레임을 생성할 때 행인덱스와 열이름을 전달할 수도 있다. 가장 많이 사용하는 방식이다.

```
[80]: dates=pd.date_range('2021-1-10', periods=4) #날짜 4개를 연속으로 생성
      cols=['A전자', 'B통신', 'C화학', 'D장비', 'E전기'] # 컬럼이름 생성
      df_v=pd.DataFrame(v, index=dates, columns=cols)
      df_v
```

[80]:

	A전자	B통신	C화학	D장비	E전기
2021-01-10	11	12	13	14	15
2021-01-11	21	22	23	24	25
2021-01-12	31	32	33	34	35
2021-01-13	41	42	43	44	45

이렇게 만들어진 데이터프레임은 5개의 시리즈를 수평방향으로 결합한 것으로 볼 수 있다.

```
[81]: print(type(df_v['A전자']))
      df_v['A전자']
```

```
<class 'pandas.core.series.Series'>
```

```
[81]: 2021-01-10    11
      2021-01-11    21
      2021-01-12    31
      2021-01-13    41
```

```
Freq: D, Name: A전자, dtype: int64
```

딕셔너리를 변환하여 데이터프레임 생성 pd.DataFrame()에 딕셔너리를 전달하면 열이름이 키, 값이 열자료인 데이터프레임을 만든다. 키-값에서 값은 1차원 자료이거나 상수(숫자나 문자열)이어야 한다.

- 값으로 1차원리스트, 튜플, 1차원 넘파이배열이 올 수 있다.
- 값으로 딕셔너리나 시리즈가 올 수 있다.
- 값이 숫자나 문자열이면 index를 전달해야 한다.

키-값 쌍에서 값이 1차원리스트, 튜플, 넘파이배열이 올 수 있으며 키가 열이름으로 사용된다.

[82]:
```
dic_v={'A전자':[11,21,31,41],
          'B통신':[12,22,32,42],
          'C화학':[13,23,33,43],
          'D장비':[14,24,34,44],
       'E전자':[15,25,35,45]}
pd.DataFrame(dic_v)
```

[82]:

	A전자	B통신	C화학	D장비	E전자
0	11	12	13	14	15
1	21	22	23	24	25
2	31	32	33	34	35
3	41	42	43	44	45

[83]:
```
dic={'A전자':(11,21,31,41),
        'B통신':[12,22,32,42],
        'C화학':np.array([13,23,33,43])}
pd.DataFrame(dic)
```

[83]:

	A전자	B통신	C화학
0	11	12	13
1	21	22	23
2	31	32	33
3	41	42	43

값이 숫자나 문자열이면 반드시 index를 전달해야 한다.

[84]:
```
data={97:'a', 98:'b'}
pd.DataFrame(data, index=['A'])
```

[84]:
```
   97 98
A  a  b
```

값이 딕셔너리 또는 시리즈이면 행인덱스가 필요없다. 값 딕셔너리의 키가 행인덱스로 바뀌는 점을 눈여겨보자.

[85]:
```
mid={'한경희': 17, '박경후': 45, '김경성': 19, '이선영': 63}
final={'한경희': 59, '박경후': 52, '김경성': 86, '이선영': 53}
exams={'mid':mid, 'final':final} # 딕셔너리가 값인 딕셔너리
pd.DataFrame(exams)
```

[85]:

	mid	final
한경희	17	59
박경후	45	52
김경성	19	86
이선영	63	53

값이 시리즈일 때 시리즈의 행인덱스가 데이터프레임의 인덱스로 사용된다.

[86]:
```
s_mid=pd.Series(mid)
s_final=pd.Series(final)
Exams={'mid':s_mid, 'final':s_final} #시리즈가 값인 딕셔너리
pd.DataFrame(Exams)
```

[86]:

	mid	final
한경희	17	59
박경후	45	52
김경성	19	86
이선영	63	53

시리즈를 병합하여 데이터프레임 생성 팬더스의 concat() 메소드를 사용하여 여러 개의 시리즈로부터 데이터프레임을 생성할 수 있다.

```
pd.concat([series1, series2,..], axis=0 or 1)
```

두 시리즈를 병합할 때 키워드인자 axis을 지정하지 않으면 세로방향, 즉, 아래위로 합친다. 이때 병합에 사용된 시리즈의 행인덱스는 모두 사용된다.

[87]:
```
dates=pd.date_range('2021-1-10', periods=4)
sa=pd.Series([11,21,31,41], index=dates, name='A전자')
```

```
sb=pd.Series([12,22,32,42], index=dates, name='B통신')
pd.concat([sa, sb])
```

[87]:
```
2021-01-10    11
2021-01-11    21
2021-01-12    31
2021-01-13    41
2021-01-10    12
2021-01-11    22
2021-01-12    32
2021-01-13    42
dtype: int64
```

axis=1로 지정하면 시리즈가 옆으로 나란히 배치된다. 두 시리즈의 행인덱스가 동일하면 원하는 형태로 데이터프레임이 만들어진다.

[88]:
```
pd.concat([sa, sb], axis=1)
```

[88]:

	A전자	B통신
2021-01-10	11	12
2021-01-11	21	22
2021-01-12	31	32
2021-01-13	41	42

행인덱스가 다르면 행인덱스가 합쳐져서 길이가 늘어난다. 또한 없는 행인덱스에는 NaN으로 데이터가 채워진다. NaN(not an number)는 데이터가 없음(결측, missing)을 나타낸다.

[89]:
```
dates=pd.date_range('2021-5-8', periods=4)
sc=pd.Series([13,23,33,43], index=dates, name='C화학')
pd.concat([sa, sb,sc], axis=1)
```

[89]:

	A전자	B통신	C화학
2021-01-10	11.0	12.0	NaN
2021-01-11	21.0	22.0	NaN
2021-01-12	31.0	32.0	NaN
2021-01-13	41.0	42.0	NaN
2021-05-08	NaN	NaN	13.0
2021-05-09	NaN	NaN	23.0
2021-05-10	NaN	NaN	33.0

```
2021-05-11    NaN    NaN  43.0
```

```
[90]: dates=pd.date_range('2021-1-12', periods=4)
      sc=pd.Series([13,23,33,43], index=dates, name='C화학')
      pd.concat([sa, sb,sc], axis=1)
```

```
[90]:             A전자   B통신   C화학
      2021-01-10  11.0   12.0    NaN
      2021-01-11  21.0   22.0    NaN
      2021-01-12  31.0   32.0   13.0
      2021-01-13  41.0   42.0   23.0
      2021-01-14   NaN    NaN   33.0
      2021-01-15   NaN    NaN   43.0
```

데이터프레임의 속성 데이터프레임의 모양을 설명하는 속성 몇 가지를 나열한다. 넘파이배열이나 시리즈에서와 비슷하다.

- DataFrame.index : 행이름을 반환
- DataFrame.columns: 열이름 반환
- DataFrame.dtypes : 데이터 형태
- DataFrame.values : 데이터프레임의 데이터
- DataFrame.ndim : 차원
- DataFrame.shape : 행의수, 열의 수
- DataFrame.size : 전체 데이터의 갯수

```
[91]: print(df_v.columns)
      print(df_v.shape)
      print(df_v.values)
```

```
Index(['A전자', 'B통신', 'C화학', 'D장비', 'E전기'], dtype='object')
(4, 5)
[[11 12 13 14 15]
 [21 22 23 24 25]
 [31 32 33 34 35]
 [41 42 43 44 45]]
```

데이터프레임 연산 데이터프레임은 데이터라는 측면에서 넘파이배열과 동일한 특성을 갖고 있다. 따라서 인덱싱, 슬라이싱, 브로드캐스팅이 가능하다.

브로드캐스팅

```
[92]: df_v+100
```

[92]:

	A전자	B통신	C화학	D장비	E전기
2021-01-10	111	112	113	114	115
2021-01-11	121	122	123	124	125
2021-01-12	131	132	133	134	135
2021-01-13	141	142	143	144	145

열자료에 대한 통계처리

```
[93]: df_v.sum(axis=0) #열 합계 또는 df_v.sum()
```

```
[93]: A전자    104
      B통신    108
      C화학    112
      D장비    116
      E전기    120
      dtype: int64
```

행자료에 대한 통계처리

```
[94]: df_v.sum(axis=1) #행 합계
```

```
[94]: 2021-01-10     65
      2021-01-11    115
      2021-01-12    165
      2021-01-13    215
      Freq: D, dtype: int64
```

데이터프레임에 대한 인덱싱 및 슬라이싱

데이터프레임에서는 두 종류의 인덱스를 사용할 수 있다.

- 정수인덱스 : 넘파이배열과 동일하며 DataFrame.iloc[]과 함께 사용
- 행인덱스, 열인덱스 : 딕셔너리와 비슷하며 DataFrame.loc[]과 함께 사용

두 타입의 인덱스를 써서 인덱싱과 슬라이싱을 할 수 있고 데이터에 대한 접근 및 조작이 가능하다.

정수인덱스 사용하기 반드시 df_name.iloc[ ]를 사용해야 한다. 인덱싱하면 시리즈로 반환되고, 슬라이싱하면 데이터프레임이 반환된다.

[95]:
```
print(v[0])# 넘파이배열 인덱싱 첫째 날의 5종목 주가
print(df_v.iloc[0])
print(type(df_v.iloc[0]))
```

```
[11 12 13 14 15]
A전자   11
B통신   12
C화학   13
D장비   14
E전기   15
Name: 2021-01-10 00:00:00, dtype: int64
<class 'pandas.core.series.Series'>
```

[96]:
```
print(df_v.iloc[1:3])
print(type(df_v.iloc[1:3]))
```

```
            A전자  B통신  C화학  D장비  E전기
2021-01-11   21    22    23    24    25
2021-01-12   31    32    33    34    35
<class 'pandas.core.frame.DataFrame'>
```

행이름과 열이름 사용하기

df_name.loc[ ]과 함께 사용해야 하며 행이름과 열이름을 사용하는 것은 리스트의 인덱스와 딕셔너리의 키에 의한 참조의 장점을 모두 수용하고 있다.

- 열이름을 사용하면 해당 열을 시리즈로 반환하다. `df_name.loc['열이름']`은 `df_name.열이름`과 같다.
- 행이름을 사용하면 해당 행을 시리즈로 반환됨

행이름이나 열이름을 사용하여 슬라이싱 및 인덱싱이 가능하다. 이때 슬라이싱의 종료인덱스에 해당하는 자료도 슬라이싱에 포함되는 점에 유의한다.

다음은 행인덱스를 사용한 인덱싱 및 슬라이싱의 예이다.

[97]:
```
df_v.loc['2021-1-10']
```

[97]:
```
A전자   11
B통신   12
```

```
C화학    13
D장비    14
E전기    15
Name: 2021-01-10 00:00:00, dtype: int64
```

```
[98]: df_v.loc['2021-1-11':'2021-1-13']
```

```
[98]:             A전자  B통신  C화학  D장비  E전기
      2021-01-11   21    22    23    24    25
      2021-01-12   31    32    33    34    35
      2021-01-13   41    42    43    44    45
```

다음은 열이름을 사용한 인덱싱과 슬라이싱의 예이다.

```
[99]: df_v['A전자'] # A종목의 4일 주가
```

```
[99]: 2021-01-10    11
      2021-01-11    21
      2021-01-12    31
      2021-01-13    41
      Freq: D, Name: A전자, dtype: int64
```

```
[100]: df_v.A전자
```

```
[100]: 2021-01-10    11
       2021-01-11    21
       2021-01-12    31
       2021-01-13    41
       Freq: D, Name: A전자, dtype: int64
```

```
[101]: df_v.loc[:, 'A전자':'D장비']
```

```
[101]:             A전자  B통신  C화학  D장비
       2021-01-10   11    12    13    14
       2021-01-11   21    22    23    24
       2021-01-12   31    32    33    34
       2021-01-13   41    42    43    44
```

각 행과 열에 대한 데이터 처리

[102]:
```
df_v.mean(axis=0) #종목의 주가 평균
```

[102]:
```
A전자   26.0
B통신   27.0
C화학   28.0
D장비   29.0
E전기   30.0
dtype: float64
```

[103]:
```
df_v.mean(axis=1)
```

[103]:
```
2021-01-10    13.0
2021-01-11    23.0
2021-01-12    33.0
2021-01-13    43.0
Freq: D, dtype: float64
```

[104]:
```
df_v.std(axis=0)
```

[104]:
```
A전자   12.909944
B통신   12.909944
C화학   12.909944
D장비   12.909944
E전기   12.909944
dtype: float64
```

행 삭제 및 추가

행을 추가하려면 추가할 행과 데이터를 아래 형식으로 쓴다.

데이터프레임.loc[행인덱스]=추가할데이터

[105]:
```
columns=['python', 'java']
names=['lee', 'kim','han']
data=np.array([['A','C'],['B','B'],['A','B']])
df_gpa=pd.DataFrame(data, index=names, columns=columns)
df_gpa
```

[105]:
```
      python java
lee        A    C
kim        B    B
han        A    B
```

[106]:
```
df_gpa.loc['park']=['D','B']
df_gpa
```

[106]:
```
      python java
lee        A    C
kim        B    B
han        A    B
park       D    B
```

데이터프레임에서 행을 삭제하는 기본적인 방식은 메소드 drop()을 아래와 같이 사용하는 것이다.

```
데이터프레임.drop(삭제할행인덱스,axis=0)
```

[107]:
```
df_gpa.drop('lee',axis=0)
```

[107]:
```
      python java
kim        B    B
han        A    B
park       D    B
```

열 삭제 및 추가

데이터프레임에서 특정 열을 삭제하려면 drop(열이름, axis=1)을 사용한다. 키워드인자 inplace=True를 전달하면 원본데이터에서 열이 삭제되므로 주의해야 한다.

열을 추가하려면 다음 형식을 따른다.

```
데이터프레임['열이름']=추가할열데이터
```

[108]:
```
df_gpa['c']=['C']*4
df_gpa
```

[108]:
```
      python java  c
lee        A    C  C
```

```
kim         B    B  C
han         A    B  C
park        D    B  C
```

[109]:
```
df_gpa.drop('java',axis=1)
```

[109]:
```
     python  c
lee       A  C
kim       B  C
han       A  C
park      D  C
```

[110]:
```
df_gpa
```

[110]:
```
     python java  c
lee       A    C  C
kim       B    B  C
han       A    B  C
park      D    B  C
```

데이터프레임 정렬

기본적으로 내림차순으로 정렬한다.

[111]:
```
data=[[80,90], [65,80],[85,70]]
index=['B','A','C']
df=pd.DataFrame(data, index, ['mid','final'])
df['평균']=df.mean(axis=1)
df
```

[111]:
```
   mid  final    평균
B   80     90  85.0
A   65     80  72.5
C   85     70  77.5
```

행인덱스 기준 정렬 df.sort_index()는 행인덱스를 정렬한 후 전체 행데이터의 순서를 행인덱스에 맞춰 위치를 바꾼다.

[112]:
```
df.sort_index() #axis=0, ascending=True과 동일
```

[112]:

	mid	final	평균
A	65	80	72.5
B	80	90	85.0
C	85	70	77.5

[113]:
```
df.sort_index(ascending=False)
```

[113]:

	mid	final	평균
C	85	70	77.5
B	80	90	85.0
A	65	80	72.5

열이름으로 정렬 df.sort_index(axis=1)는 열의 순서를 바꿔 정렬한다.

[114]:
```
df.sort_index(axis=1) # 열이름을 알파벳 순 오름차순 정렬
```

[114]:

	final	mid	평균
B	90	80	85.0
A	80	65	72.5
C	70	85	77.5

[115]:
```
df.sort_index(axis=1, ascending=False)
```

[115]:

	평균	mid	final
B	85.0	80	90
A	72.5	65	80
C	77.5	85	70

값기준 정렬 특정 열을 선택한 후 행인덱스나 값 기준으로 정렬할 수 있다. (시리즈의 정렬과 동일)

- 특정행의 값 정렬 : df.sort_valeus(by='행이름', axis=1 ascenging=False)
- 특정열의 값 정렬 : df.sort_values(by='특정열이름',axis=0, ascending=False)

특정열의 값에 따라 정렬하려면 세로방향으로 데이터를 움직이게 된다. 그런 이유로 axis=0을 지정한다.

[116]:
```
df.sort_values(by='final', axis=0)
```

[116]:

	mid	final	평균
C	85	70	77.5
A	65	80	72.5
B	80	90	85.0

특정행의 값에 따라 정렬하려면 좌우로 열을 이동시켜 데이터를 정렬할 수 있다. 따라서 축방향으로 axis=1을 지정한다.

[117]:
```
df.sort_values(by='A', axis=1) #A 데이터를 오름차순정렬하면서 다른 데이터도 이동
```

[117]:

	mid	평균	final
B	80	85.0	90
A	65	72.5	80
C	85	77.5	70

CHAPTER 13

데이터 시각화

데이터과학에서 데이터를 차트나 그래프의 형태로 시각화하는 것은 매우 중요하다. 이 장에서는 matplotlib의 패키지 pyplot을 이용하여 자료를 시각화하는 기초적인 파이썬코딩에 대해 알아본다. 다음은 pyplot의 주요 기능이다.

- 2차원 그래픽
  - 꺾은선 그래프(실선, line plot)
  - 산점도(scatter plot)
- 3차원 그래픽
  - 3차원 꺾은선 그래프
  - 3차원 산점도
  - 등고선 그래프(contour plot) - 2변수 함수의 등치선 그래프
  - 곡면그래프(surface plot) - 2변수 함수의 그래프

그래픽을 생성하려면 캔버스와 자료 배치의 기준이 될 기준선이 있어야 한다.

- figure : 그래픽이 들어갈 공간
- axes : 가로 기준선, 세로 기준선

이 준비가 끝나면 자료를 이용하여 목적물을 만들어 공간에 배치하면 그래픽이 완성된다.
다음 그림은 파이썬 패키지 matplotlib.pyplot을 이용하여 생성한 전형적 그래픽을 보여준다.

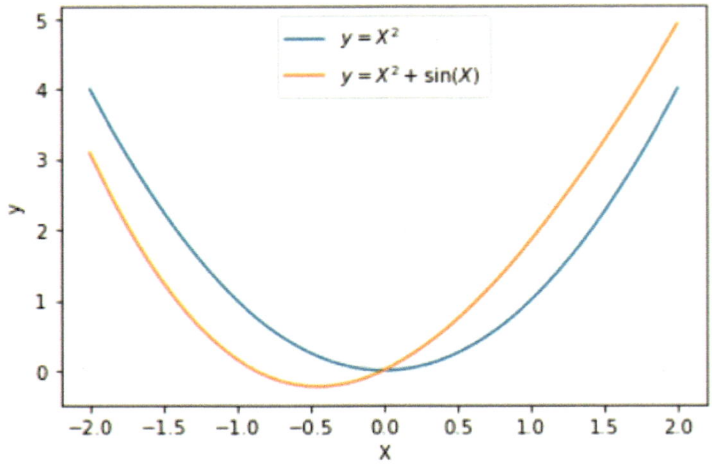

이 그래프는 그래픽을 구성하는 여러 요소를 포함하고 있다.

- 공간(canvas)과 좌표축(axes)
- 함수의 그래프
- 범례
- 축 눈금, 축이름

그래프나 차트를 그리기 위해서는 먼저 데이터를 준비한 후 pyplot을 임포트하고 그래픽을 생성한다. 생성된 그래픽에는 그래픽을 설명할 수 있는 여러 장식을 덧붙일 수 있다.

13.1 그래프 그리기

그래픽을 포함할 공간인 figure와 눈금 있는 축 axes는 matplotlib.pyplot의 메소드 plot()을 호출하면 자동으로 준비된다. 그래프나 차트를 그릴 때 다음 순서를 따른다.

1. 그래프를 그릴 때 사용할 데이터 준비
    - 넘파이배열 또는 팬더스 자료(시리즈나 데이터프레임)로 미리 준비
    - 배열과 함수를 이용하여 생성.
2. 캔버스와 기준이 될 좌표축(axes)를 준비
3. 그래프 그리기
    - plt.plot()-캔버스 안에서 하나의 틀에 그림을 출력
    - axes.subplot() -여러 개의 그림을 출력
4. 그래프 꾸미기

우리가 완성한 그래픽을 figure 단위로 파일에 저장할 수 있다.

```
plt.savefig("파일명.그래픽포맷")
```

파이썬으로 그래픽을 생성할 때 아래 3개의 패키지를 사용하겠다.

[1]:
```
import matplotlib.pyplot as plt
import numpy as np
import pandas as pd
```

pyplot(plt)로 2차원 그래픽을 생성하라면 기본적으로 두 개의 1차원자료가 필요하다. 1차원 자료로 보통 다음 자료를 사용하는데 이 때 2개의 자료 길이는 같아야 한다.

- 1차원 리스트
- 1차원 넘파이 배열
- 시리즈
- 데이터프레임 열

1차원 자료를 plt의 드로잉 함수(예: plt.plot(), plt.scatter(), plt.scatter()) 등에 전달하면 그래픽을 얻을 수 있다.

아래에서는 캔버스를 만든 후 축을 추가하고, 그래픽을 만드는 함수를 호출하여 축 위에 그래픽을 축위에 배치하는 표준적인 객체지향프로그래밍 과정을 보여준다.

객체지향적인 그래픽 생성

pyplot을 불러온 후 plt.plot()을 실행하면 그래프를 그릴 수 있는 그림판(캔버스 또는 그림틀)인 Figure 객체인 figure와 가로축-세로축인 Axes 1개가 준비된다. (객체지향이란 그래픽에 필요한 모든 요소를 객체로 생성하고 객체가 가진 함수를 사용하여 그래픽을 완성하는 것을 의미한다.)

[2]:
```
%matplotlib nbagg
#현재 캔버스에서 그래픽을 완성하는 과정을 하나씩 보여줌
fig=plt.figure(figsize=(4,4)) # 크기 정한 후 figure 생성
```

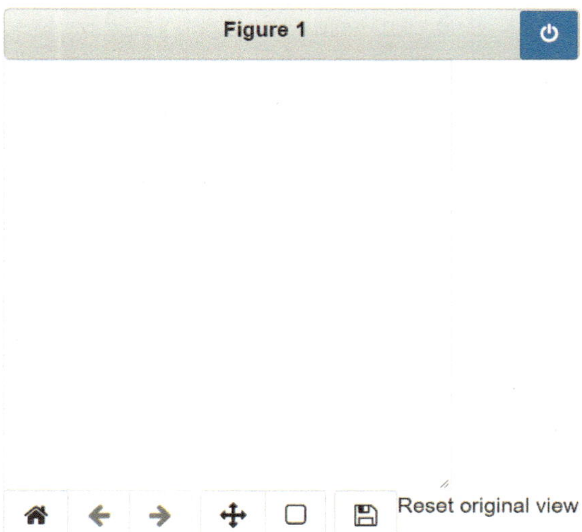

[3]:
```
%matplotlib inline
fig=plt.figure(figsize=(4,4))
ax=fig.subplots() # figure 안에 axes 1개 생성
```

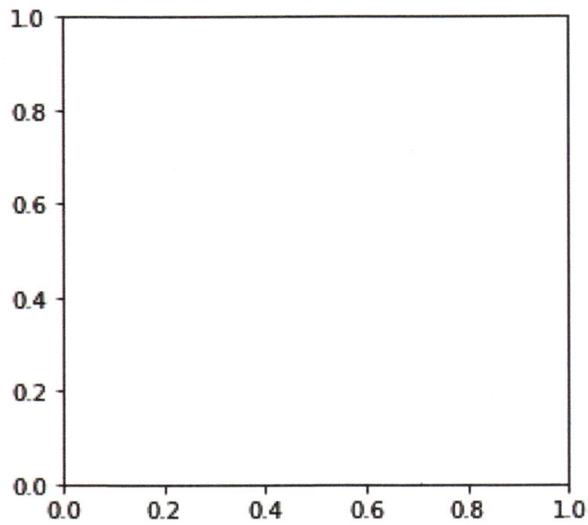

[4]:
```
fig=plt.figure(figsize=(4,4))
ax=fig.subplots()
x=[ -3,-2, -1,  0,  1,  2, 3]
y=[9, 4, 1, 0, 1, 4, 9]
ax.plot(x,y) #객체 ax의 메소드 호출
plt.show()
```

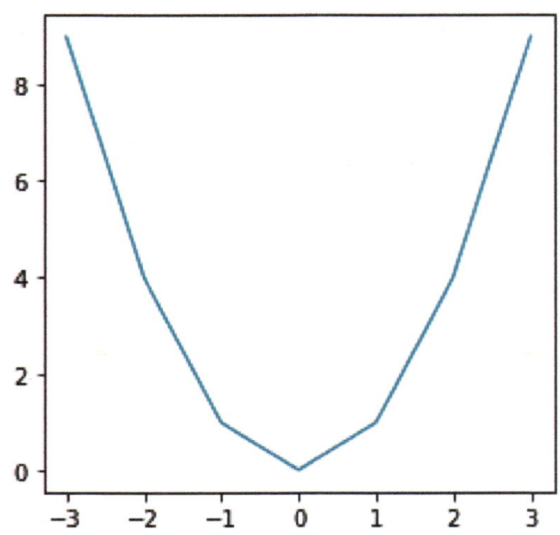

plt.plot()를 써서 편하게 그래픽 생성

plt.plot(x,y)는 figure, axes 1개, 그래픽을 생성하는 3개의 작업을 하나의 코드로 처리할 수 있다.

```
plt.plot(가로축자료,세로축자료, 여러선택사항,..)
```

이 방법이 간단하고 짧은 코드로 그래픽을 생성하므로 선호되는 방식이다.

[5]:
```
%matplotlib inline
x=[ -3,-2, -1,  0,  1,  2, 3]
y=[9, 4, 1, 0, 1, 4, 9]
plt.plot(x,y)
plt.show()
```

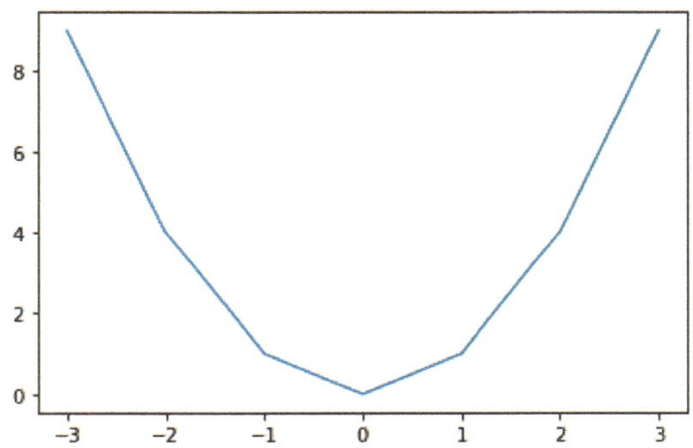

다음은 pyplot.plot()로 그래픽을 생성하는 간단하지만 전형적인 과정을 보여준다.

pyplot.plot()의 이해 그래픽을 생성하는 기본 원리는 순서쌍 (x[i], y[i])을 캔버스에 그린 후에 이 점들을 왼쪽부터 순서대로 선분으로 연결하는 것이다. 결과는 꺾은선 그래프인데 순서쌍이 많을수록 매끄러운 곡선을 이룬다.

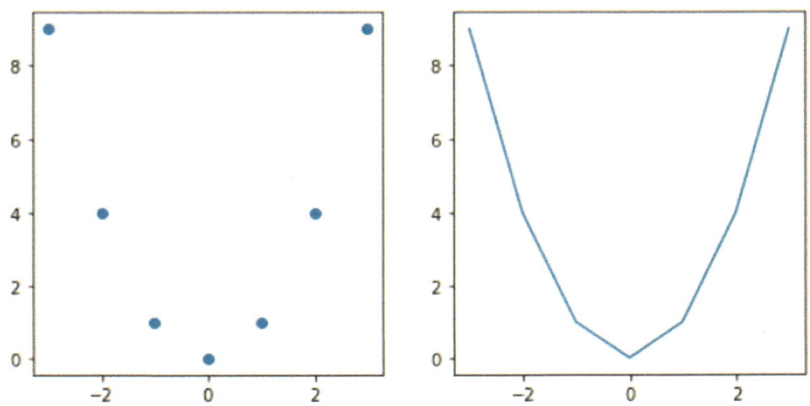

13.1.1 1변수 함수의 그래프

1변수 함수의 그래프를 그리는 기본적인 방법은 정의역의 원소 x에 대해 함수값 $f(x)$을 계산한 후 순서쌍 $(x, f(x))$을 차례로 평면에 도시한 후 순서쌍 점을 선분(line)으로 연결하는 것이다. 순서쌍의 수가 충분히 많다면 그래프는 매끄러워진다.

이제 본격적으로 1변수 함수의 그래프를 그려보자.

그래프를 그리기 위해 구간을 등분할 때 사용하는 두 방법이 있다.

- np.arange(a,b,h)
- np.linspace(a,b,num)

매끄러운 그래프를 얻으려면 np.linspace()에서 num을 충분히 크게 택할 필요가 있다. 이제 구간을 등분한 점 X를 생성한 후에 $f(X)$를 실행하면 X의 각 점 x에서 계산한 함수값 $f(x)$가 넘파이 배열형태로 얻어진다. 곧, 다음과 같다.

$$f(X) = \text{np.array}([f(X[0], f(X[1]), \cdots])$$

이런 장점을 활용하려면 파이썬 코드로 $f(x)$를 작성할 때 넘파이 수학함수를 사용해야 한다.

넘파이 수학함수가 벡터화연산을 지원하기 때문이다.

예제 13.1 구간 $[-3, 3]$에서 함수 $f(x) = x^3 - 3x + 1$의 그래프를 그려보자.

함수가 사칙연산만을 사용하므로 넘파이배열의 연산으로 손쉽게 가로축, 세로축 데이터를 만들 수 있다.

[6]:
```
def f(x):
    y=x**3-3*x+1
    return y
X=np.linspace(-3,3)
y=f(X)
plt.figure(figsize=(6,4))
plt.plot(X,y)
plt.show()
```

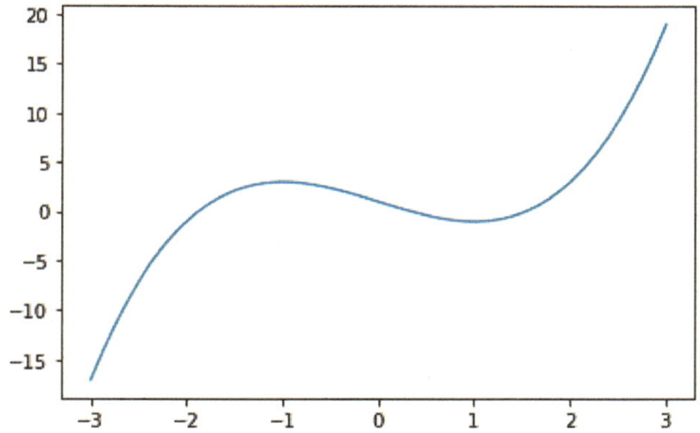

예제 13.2 다음 함수의 그래프를 그리는 파이썬 프로그램을 작성해 보자.

$$f(x) = \frac{1}{\sqrt{2\pi}} e^{-\frac{x^2}{2}}$$

위 표준정규분포의 확률밀도함수는 넘파이 상수, 넘파이 함수를 사용하여 파이썬의 사용자정의 함수로 코딩한다.

[7]:
```
def f(x):
    y=1/np.sqrt(2*np.pi)*np.exp(-x*x/2)
    return y
X=np.linspace(-4,4,100)
y=f(X)
plt.figure(figsize=(6,4))
plt.plot(X,y)
plt.show()
```

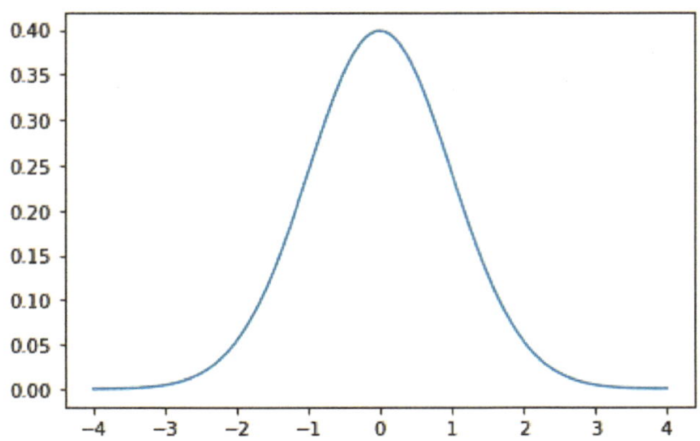

문제 13.1 다음 함수를 파이썬 함수 f(x, mu, sigma)로 작성하고 $\mu = 1$, $\sigma = 2$일 때 그래프를 그려라.

$$f(x, \mu, \sigma) = \frac{1}{\sqrt{2\pi}\sigma} e^{-\frac{1}{2}\left(\frac{x-\mu}{\sigma}\right)^2}$$

지금까지는 숫자로 구성된 일차원 자료를 plt.plot()에 전달하여 그래픽을 생성하는 방법에 대해 알아보았다. 실제로 전달되는 자료가 모두 수치일 필요는 없다.

[8]:
```
x=list('abcde')
y=[-2, 0, -0.5,  1,  2]
plt.plot(x,y,'o-')
plt.show()
```

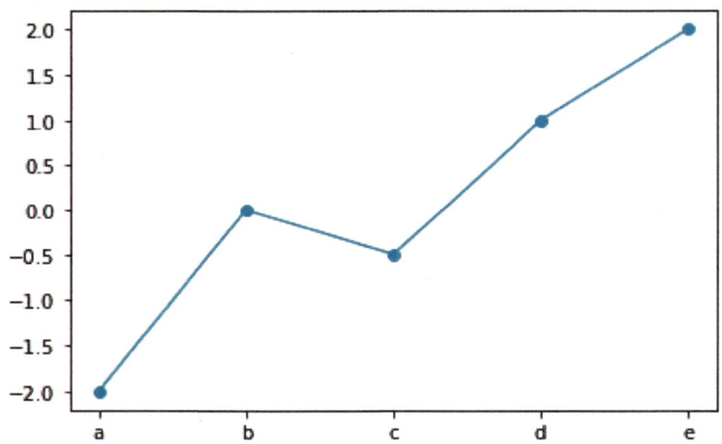

이제 함수의 치역에 해당하는 자료를 넘파이랜덤 모듈을 사용해서 랜덤하게 생성한 후 그래프를 그려보자.

np.random모듈로 난수 생성

다음은 np.random모듈이 제공하는 생성함수이다.

- np.random.seed(): 난수를 생성할 때 필요한 초기값인 시드를 지정한다. seed를 설정하면 실행할 때마다 동일한 난수를 생성한다.
- np.random.rand() : 0과 1 사이에서 균등분포를 따르는 난수를 생성한다. 괄호 안에 전달된 개수의 난수를 생성하여 넘파이배열로 반환한다. 튜플 (m,n)을 전달하면 형태가 (m,n)인 난수를 2차원 넘파이 배열로 반환한다.

- np.random.randn() : 표준정규분포를 따르는 난수를 생성한다. 괄호에 정수 n을 전달하면 n개의 난수를 생성한다. rand()와 마찬가지로 튜플을 전달하여 배열 형태의 난수를 생성할 수 있다.

[9]:
```
import numpy as np
np.random.seed(6)  #실행할 때 같은 난수가 나오도록 초기값 고정
np.random.rand(5)  #균등분포를 따르는 난수 5개
```

[9]:
```
array([0.89286015, 0.33197981, 0.82122912, 0.04169663, 0.10765668])
```

[10]:
```
np.random.rand(3, 5)#난수를 shape=(3,5)인 배열로 생성.
```

[10]:
```
array([[0.59505206, 0.52981736, 0.41880743, 0.33540785, 0.62251943],
       [0.43814143, 0.73588211, 0.51803641, 0.5788586 , 0.6453551 ],
       [0.99022427, 0.8198582 , 0.41320093, 0.87626766, 0.82375943]])
```

아래 코드는 정규분포를 따르는 난수를 생성한다.

[11]:
```
x=np.arange(100,300,10) #100,110,..., 290까지의 정수
y=np.random.randn(len(x))#표준정규분포 따르는 랜덤넘버를 20개 생성함
y=10*y+4 #평균 4, 표준편차 10인 정규분포를 따르는 난수
```

[12]:
```
x
```

[12]:
```
array([100, 110, 120, 130, 140, 150, 160, 170, 180, 190, 200, 210, 220,
       230, 240, 250, 260, 270, 280, 290])
```

[13]:
```
y
```

[13]:
```
array([  4.76127612,   2.44871841,  10.34225343,  12.10655003,
         7.54808609,  22.12590314,  -9.56475804,  -0.63631966,
        12.24653845,  -7.7643148 ,  19.6448966 ,  11.12705095,
         2.18993402,   9.34199526,  -1.8661296 , -10.81853269,
        12.57247618,  13.43098987,   5.14441434,   3.78043316])
```

[14]:
```
print(y.mean())
print(y.std())
```

```
5.908073063405949
8.758742738079356
```

그래프 그리기

plt.plot(x,y)를 실행시키면 데이터 점이 실선(solid line)으로 연결된 그래프가 나온다.

[15]:
```
plt.figure(figsize=(8,4))
plt.plot(x,y) #(x[i],y[i])을 실선으로 연결
plt.show()
```

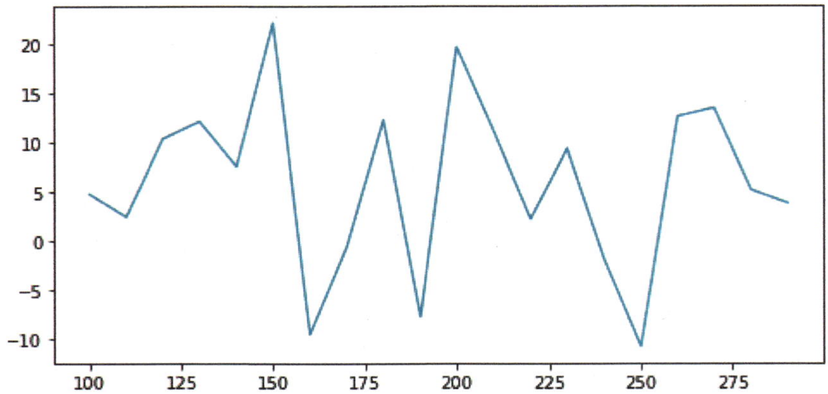

plt.plot()에 데이터 점의 모양을 정해주는 선택사항을 추가하였다. 이렇게 하면 데이터 점만 도한다.

[16]:
```
plt.figure(figsize=(8,4))
plt.plot(x,y, 'o')
plt.show()
```

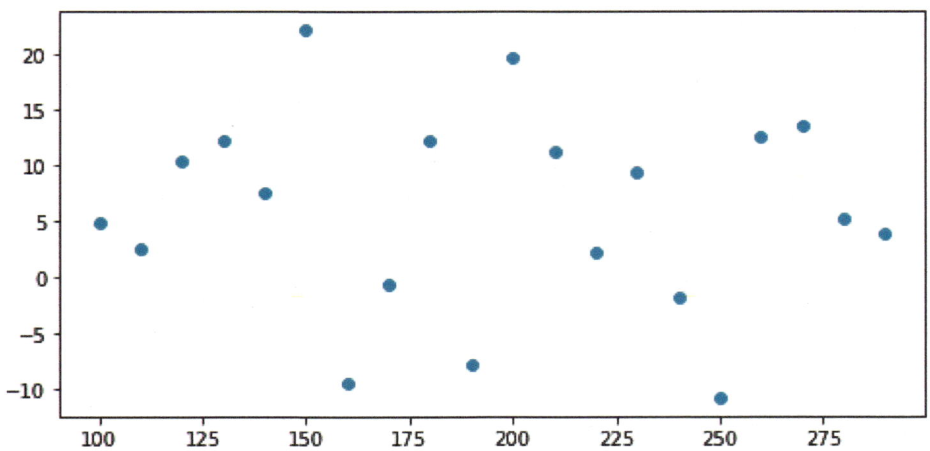

plt.plot()에 배열 1개만 전달하면? plot()안에 변수가 1개이면 y좌표 값으로 인식한다. x좌표를 지정하지 않으므로 가로축의 범위를 자동으로 지정한다.

[17]:
```
plt.figure(figsize=(8,4))
plt.plot(y)
plt.show()
```

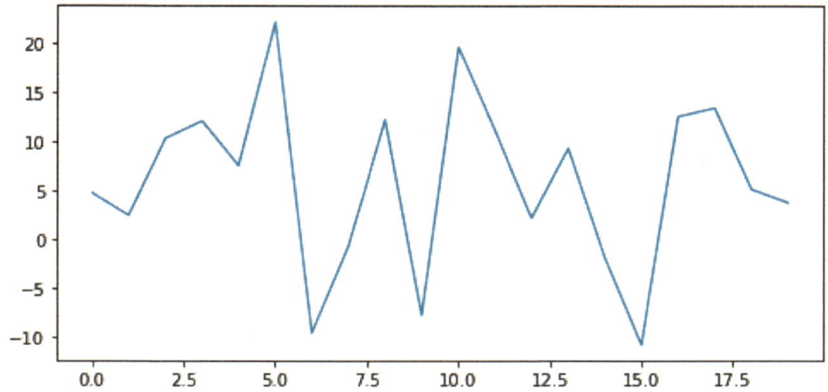

그래프 겹쳐 그리기

데이터 점과 그래프를 겹쳐그리면 데이터를 더 잘 이해할 수 있다. plt.plot()을 여러 번 실행하면 겹쳐 그릴 수 있다.

[18]:
```
plt.figure(figsize=(8,4))
plt.plot(x,y, 'o', color='b')
plt.plot(x,y)
plt.show()
```

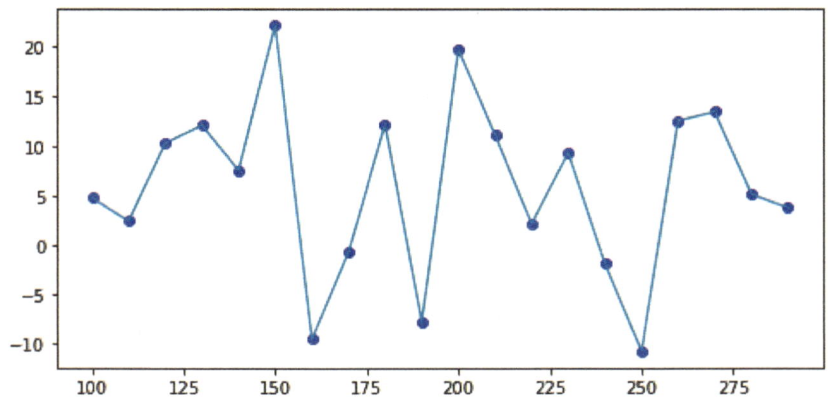

13.1.2 그래프 모양 설정

plt의 figure 안에 들어가는 그래픽 요소의 속성을 변경하거나 설정할 수 있다. plt의 다양한 메소드를 활용하면 그래픽 안에 정보를 잘 포함시킬 수 있을 뿐만 아니라 시각적으로 우수한 그래픽을 만들 수 있다.

plt.plot() 의 괄호 안에서 선의 색깔, 선 모양, 두께, 데이터 표시 모양, 선의 형태를 키워드인자로 전달할 수 있다. 인자에 전달되는 값은 모두 문자열이다.

1. 데이터 연결선
    - 선의 색 : color 예) b, g, r, c, m, y, k, w
    - 선 모양 : linestyle 예) -, –, -., :
2. 데이터를 표시한 마커
    - 데이터 점 표시 : marker 예) o, v, ^, s, +
    - 데이터 점 크기 : makersize를 정수로 전달
3. 그래픽의 범위 조절 : plt.ylim(), plt.xlim()
4. 그래프의 타이틀, 축의 이름, 범례를 삽입할 수 있다.
    - plt.title()
    - plt.xlabel()
    - plt.ylabel()

그래프의 선 모양 설정

plt.plot() 에 선모양을 키워드인자로 전달한다. 기본값은 실선이다.

- 선의 모양을 나타내는 기호 `'-'`, `'--'`, `'-.'`, `':'` 중에서 1개 전달
- 단어 문자열로 전달. 예) solid, dashed, dashdot, dotted

[19]:
```
np.random.seed(1)
x=np.arange(100,300,10) #100,110,..., 290까지의 정수
y=np.random.randn(20) #0표준정규분포 따르는 랜덤넘버를 20개 생성함
plt.plot(x,y,linestyle='-.')
plt.show()
```

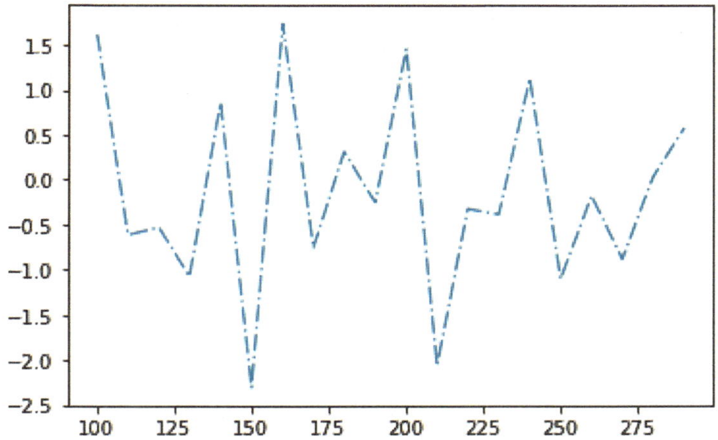

선모양의 선택에 따라 그래프의 모양이 바뀌는 것을 확인할 수 있다. 아래 코드를 실행한 후 나타나는 선택박스를 클릭한 후 선모양을 택한다.

ipywidgets 모듈의 interact()는 함수와 (인자가 가질 수 있는) 값을 입력받아 대화형으로 작동하게 만드는 함수이다. 아래 코드에서는 선 모양의 선택에 따라 달라지는 그래픽을 보여준다.

[20]:
```
from ipywidgets import interact, fixed
np.random.seed(1)
x=np.arange(100,300,10) #100,110,...., 290까지의 정수
y=np.random.randn(20) #0표준정규분포 따르는 난수를 20개 생성함

def ls(linestyle): #입력한 선의 행태로 그래프 그리는 함수
    plt.plot(x,y,linestyle=linestyle)
    plt.title("line style "+' '+linestyle) #그림 제목

linestyles=['-','--','-.',':']
interact(ls, linestyle=linestyles)

plt.show()
```

그래픽의 데이터 점 설정

[21]:
```
def ms(marker): #입력한 선의 행태로 그래프 그리는 함수
    plt.plot(x,y,marker=marker, markersize=10)
    plt.title("line style "+' '+marker) #그림 제목
```

```
markers=['o','v','^', '*','s']
interact(ms, marker=markers)
plt.show()
```

그림의 범위 조절

필요에 따라 x, y축의 범위를 지정할 수 있다. plt.xlim(), plt.ylim()에 축 범위의 상한과 하한을 전달한다.

[22]:
```
plt.plot(x,y)
plt.xlim(80, 300)
plt.ylim(-3,3)
plt.show()
```

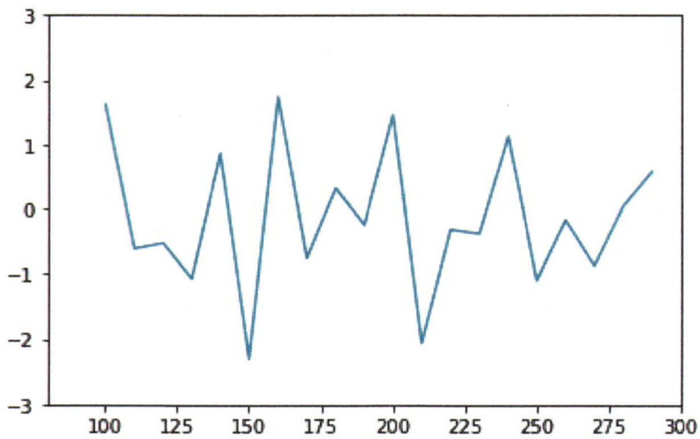

그래프나 그림에 한글 나오게 하기

그래픽에서 한글을 사용할 수 있도록 폰트, 글자 크기 등을 세팅할 수 있다. 또한 그림을 꾸밀 수 있는 선택사항을 plt.rcParams로 확인할 수 있으므로 필요한 것을 사용하면 된다.

그래프에 들어갈 한글 폰트와 크기를 지정할 수 있다. 지정하지 않으면 한글이 네모로 표시된다.

[23]:
```
plt.rcParams['font.family']='Malgun Gothic'
plt.rcParams['font.size']=12
plt.rcParams['axes.unicode_minus']=False #마이너스 부호 깨짐 방지
```

[24]:
```
x=np.arange(100,300,10)
y=np.random.randn(20)
```

[25]:
```
plt.plot(x,y, color='m', linestyle=':', marker='^', markersize=10)
plt.title('제목이 있는 그래픽')
```

[25]: Text(0.5, 1.0, '제목이 있는 그래픽')

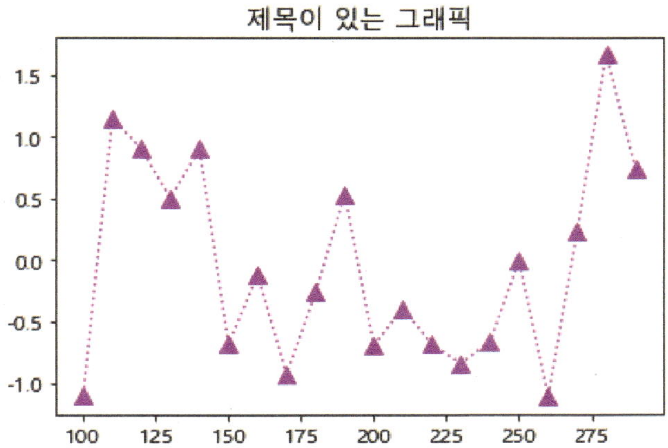

그래프 겹쳐 그리기

mathplotlib와 pandas로 2차원 데이터를 만들고 한 화면에 여러 개의 그래프를 그릴 수 있다.

데이터 점과 그래프를 겹쳐 그리면 데이터를 더 잘 이해할 수 있다.

[26]:
```
plt.figure(figsize=(8,4))
plt.plot(x,y, 'o',color='b')
plt.plot(x,y)
plt.show()
```

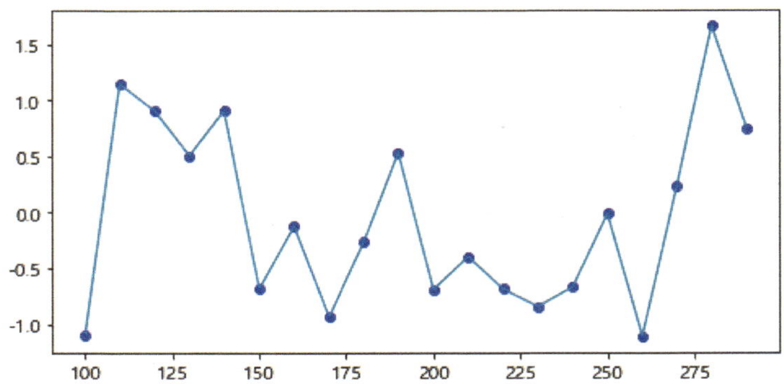

다음 함수 2개의 그래프를 동시에 그리는 코드이다.

[27]:
```
x=np.linspace(-2,2,20)
y=x**2
z=x**2+np.sin(x)
plt.plot(x,y)
plt.plot(x,z)
plt.show()
```

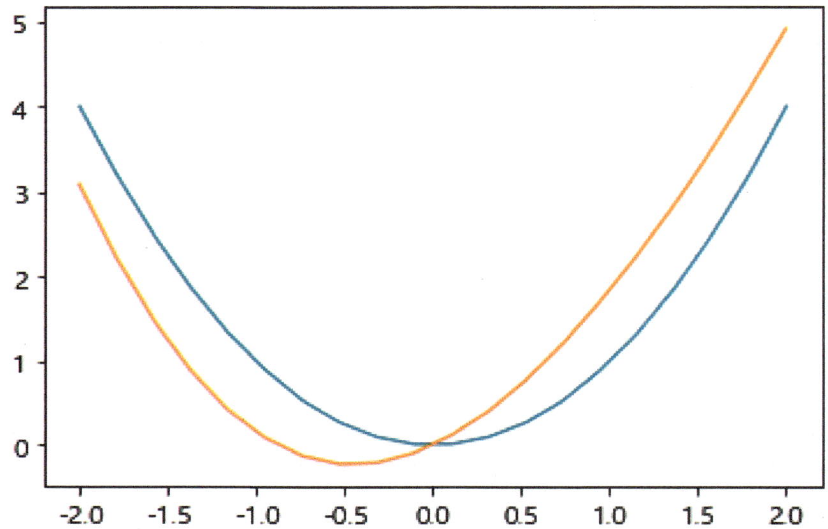

그래프에 범례를 출력시키려면 plt.legend()를 사용한다. plt.legend()에 키워드인자 loc값을 숫자나 문자열로 전달하여 범례의 위치를 지정할 수 있다.

범례(legend) 위치

범례는 그래픽에 대한 설명을 포함하는 별도의 박스이다. 범례를 사용하려면 plt.plot() 안에 필요한 설명을 문자열로 키워드인자 label에 전달해야 한다.

범례를 표시하려면 plt.legend()에 범례 위치를 전달해야 한다. 위치는 키워드인자 loc에 문자열이나 숫자로 전달할 수 있다.

- best(0)
- upper right(1), upper left(2),
- lower right(4), lower left(3),
- right(5)
- center left(6), center right(7), lower center(8), upper center(10)
- center(10)

[28]:
```
x=np.linspace(-2,2,20)
y=x**2
z=x**2+np.sin(x)
plt.plot(x,y, label='$y=x^2$')
plt.plot(x,z, label='$y=x^2+\sin(x)$')
plt.legend(loc='best') #loc=1도 가능
plt.show()
```

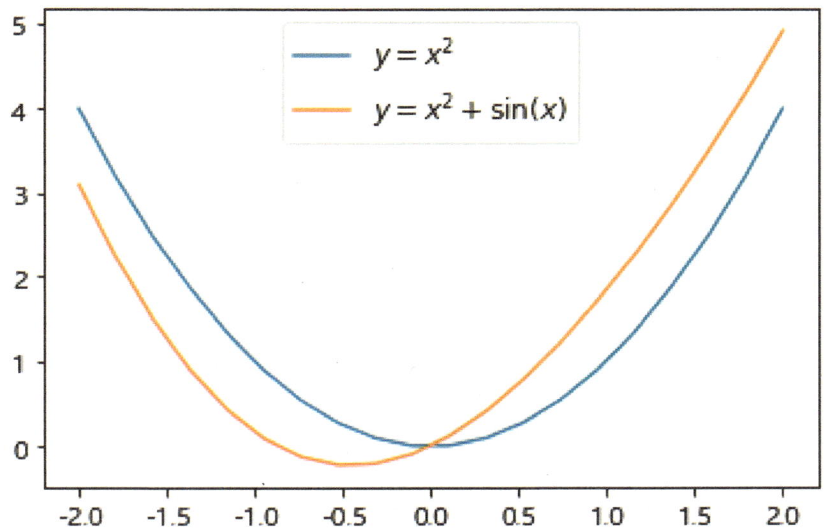

13.2 차트 그리기

pyplot을 써서 데이터 시각화에 유용한 여러 형태의 차트를 그릴 수 있다.

- 바 차트
- 히스토그램
- 산점도
- 파이 차트
- 상자 그림

13.2.1 바 차트(bar chart)

plt.bar(x,y)를 사용하여 수직방향의 막대그래프를 그릴 수 있다. 막대의 색, 두께 등을 아래 키워드인자로 지정할 수 있다.

- color : 막대의 색 지정
- width=0.8 : 막대의 폭 지정

[29]:
```
import matplotlib.pyplot as plt

objects = ('Python', 'Java', 'C++', 'C#', 'C', 'Kotlin')
performance = [10, 8, 6, 4, 7, 2]

plt.title('Programming language usage') #제목
plt.xlabel('Usage') #x축 레이블
plt.ylabel('Programming language') #y축 레이블
plt.barh(objects, performance, height=0.5, color='green') #가로바 그리기
plt.show()
```

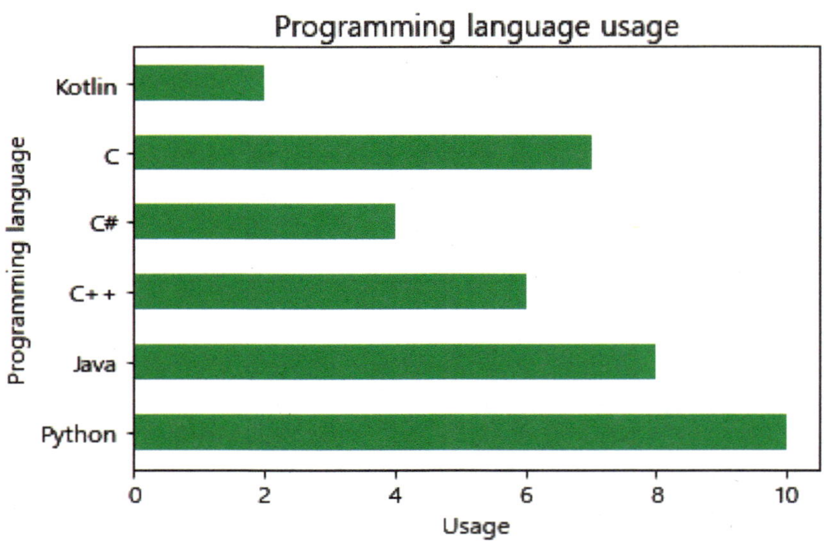

[30]:
```
import matplotlib.pyplot as plt

language = ('Python', 'Java', 'C++', 'C#', 'C', 'Kotlin')
score = [10, 8, 6, 4, 7, 2]

plt.title('Programming language usage') #제목
plt.xlabel('Usage') #x축 레이블
```

```
plt.ylabel('프로그래밍 언어') #y축 레이블
plt.bar(language, score, width=0.8) #가로바 그리기
plt.show()
```

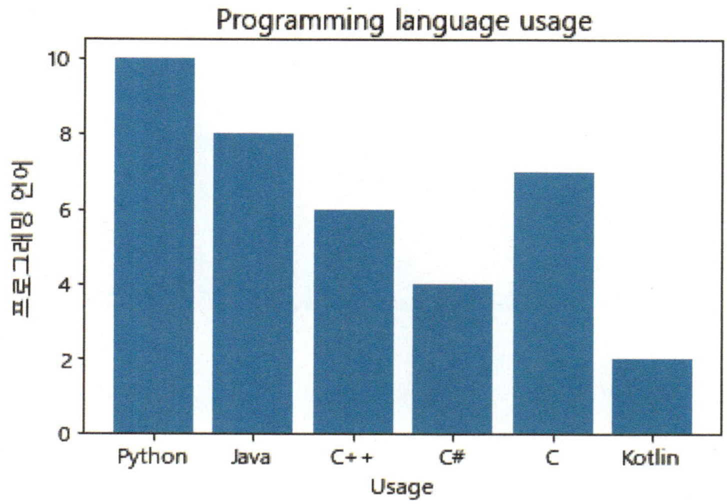

13.2.2 히스토그램

계급의 수를 지정하면 데이터의 히스토그램을 그릴 수 있다. plt.hist()의 인자에 다양한 선택사항을 반영시킬 수 있다. 아래는 plt.hist()에서 자주 사용하는 주요 키워드인자이다.

- bins : 계급 수
- cumulative : 도수 누적 여부(True, False)
- density=True or False : 상대도수 히스토그램인지 여부
- histtype='step' : 히스토그램 모양
- alpha : 그래픽의 투명도를 0과 1사이의 수로 표시

다음은 평균 50, 표준편차 20인 정규분포를 따르는 60명의 성적자료에 대해 계급수가 10개인 히스토그램이다.

```
[31]: np.random.seed(1)
x = 20*np.random.randn(200)+50
plt.hist(x, bins=20, alpha=0.9)#, density=True) # 계급 수 =20
plt.gca().axes.xaxis.set_visible(False) #x축 눈금 숨김
plt.grid()
plt.show()
```

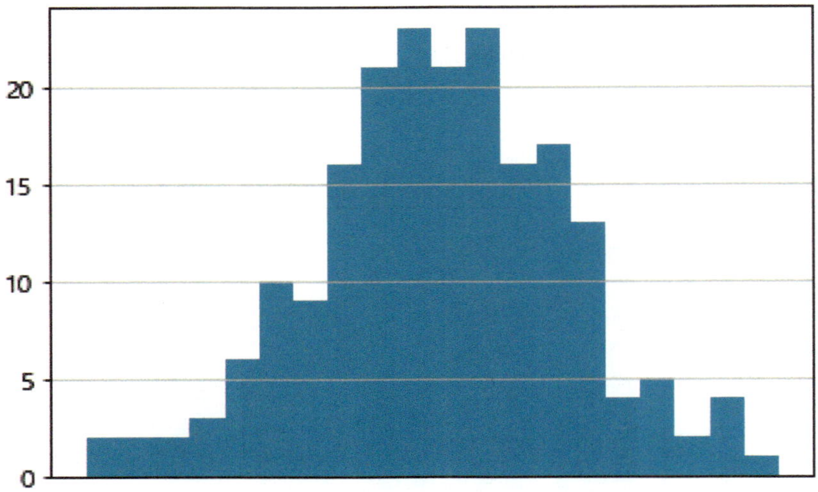


```
[32]: plt.hist(x, bins=20, density=True,
               alpha=0.9, histtype='step')
      plt.gca().axes.xaxis.set_visible(False) #x축 눈금 숨김
      plt.show()
```

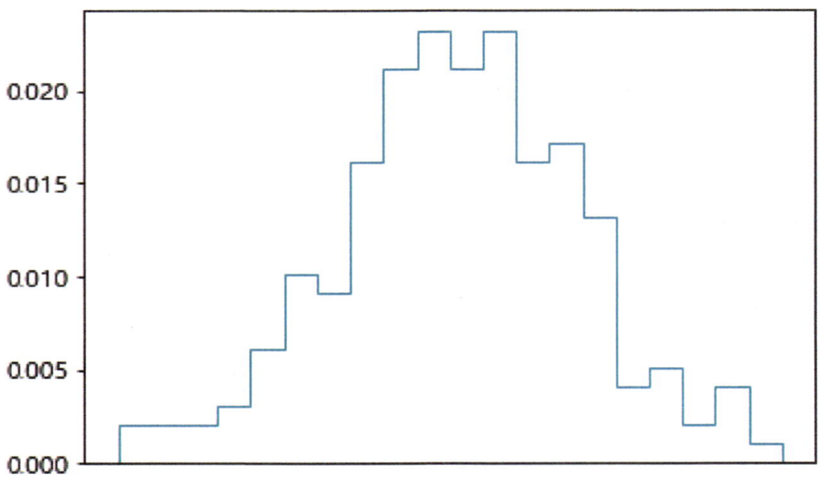

13.2.3 산점도 (scatter plot)

2개의 1차원 자료의 상관관계를 분석할 때 산점도를 그리는 경우가 많다. plt.scatter(x,y)는 순서쌍 (x[i], y[i])을 모두 점으로 표시한다. 점을 표현하기 위한 선택사항을 키워드인자로 전달할 수 있다.

주요 선택사항은 아래와 같다.

- c: 점의 색
- s: 점의 크기. plt.plot()의 markersize의 제곱
- marker : 점의 모양

[33]:
```
import random
random.seed(20)
mid=random.sample(range(60,95),20)
final=random.sample(range(40,90),20)
plt.scatter(mid, final, marker='s')
plt.xlabel("mid")
plt.ylabel("final")
plt.title("중간-기말 산점도")
plt.show()
```

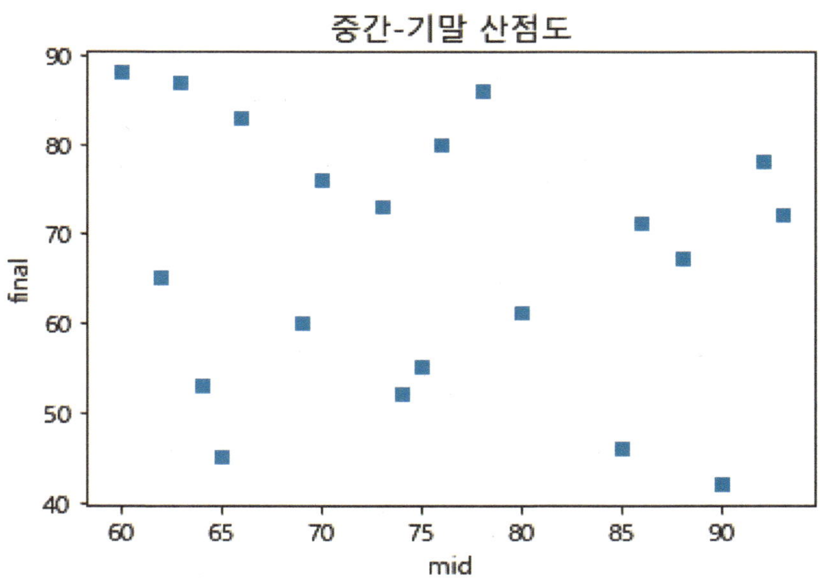

plt.plot()로도 산점도를 그릴 수 있지만 추천하지는 않는다. 이 경우에는 반드시 마커(marker)를 지정해야 한다.

[34]:
```
plt.plot(mid, final,'o')
```

[34]:
```
[<matplotlib.lines.Line2D at 0x212221004f0>]
```

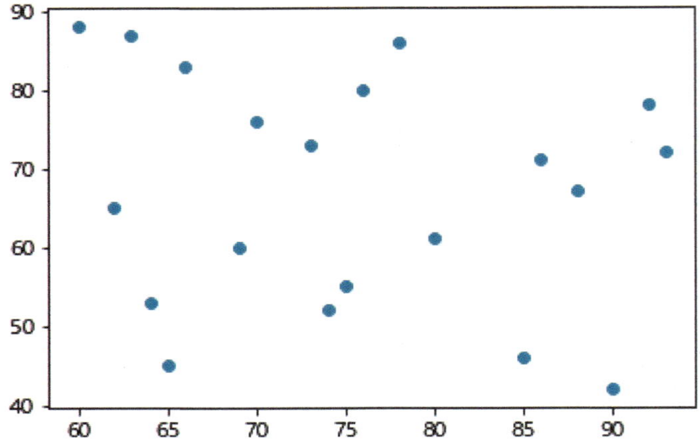

13.2.4 상자그림 (box plot)

기술통계에서 상자그림 (box plot) 은 통계자료의 특성을 시각적으로 요약하여 보여주는 방법이다. 상자그림은 통계자료의 수치 5개를 사용한다.

- 최소값
- 제1사분위수
- 중앙값
- 제3사분위수
- 최대값

[35]:
```
plt.boxplot([mid,final])
plt.xticks([1,2],['mid','final'])
plt.ylabel('점수')
plt.show()
```

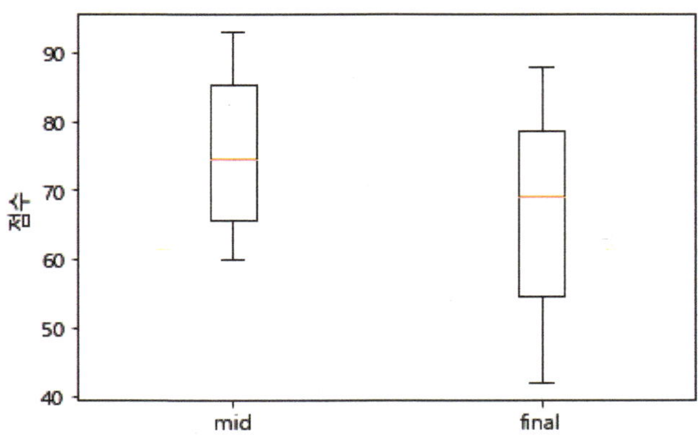

13.2.5 파이(pie) 차트

범주형 자료의 상대도수, 즉, 구성 비율을 원형으로 시각화한 그래픽을 파이 차트라고 한다. 범주형 자료 및 도수분포가 주어질 때 plt.pie()는 파이 차트를 그린다.

[36]:
```
num=[27, 25, 30, 22, 3]
gpa=list('ABCDF')
wp={'width': 0.6, 'edgecolor': 'w', 'linewidth': 3}
plt.pie(num,labels=gpa, autopct='%.1f%%', wedgeprops=wp)
plt.show()
```

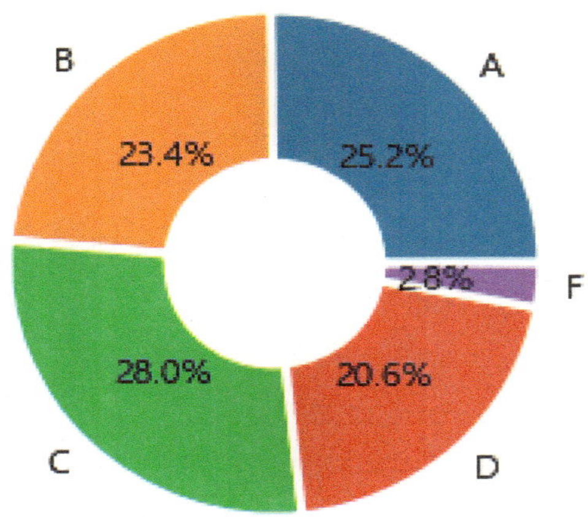

13.2.6 그래픽의 격자 배열

한 화면에 여러 개의 그림을 격자로 배열하여 그릴 수 있다. plt.plot()를 호출하면 figure에 axes 1개가 자동으로 배정된다. 캔버스를 분할하여 그래픽을 격자형, 즉, 행렬식의 배치하려면 axes를 여러 개 생성해야 한다. 다음 순서를 따른다.

(a) 캔버스 크기를 조절한다.
(b) 격자에서 행과 열의 수를 지정한다.
(c) 격자 행태로 axes를 한꺼번에 생성한다.
(d) 각 axes에 그래픽을 그린다.

하나의 화면에 그래픽을 여러 개 배치하려면 함수 plt.subplots()를 사용한다. 이 함수는 캔버스와 축을 생성하여 튜플로 반환하므로 두 개의 변수를 써서 언패킹(unpacking)한다.

fig, ax=plt.subplots(행의 수, 열의 수)

하나의 캔버스에 배치된 축(axes)은 넘파이배열이므로 인덱스가 부여된다. 이 인덱스를 써서 각 axes에 접근하여 그래픽을 그릴 수 있다. 행의 수 또는 열의 수가 1이라면 1차원 넘파이배열의 인덱싱을 사용하여 각 축에 접근한 후 축의 그래픽함수로 그래픽을 그린다.

아래 코드는 상하로 그래픽 2개를 배열하는 코드이다.

[37]:
```
import matplotlib.pyplot as plt
fig=plt.figure(figsize=(6,4)) # 크기 조절
fig, ax=plt.subplots(2,1) #행 2개, 열 1개

x=np.linspace(-2,2,20)
y=np.exp(x)
ax[0].plot(x, y)
ax[1].plot(x, -y)
plt.show()
```

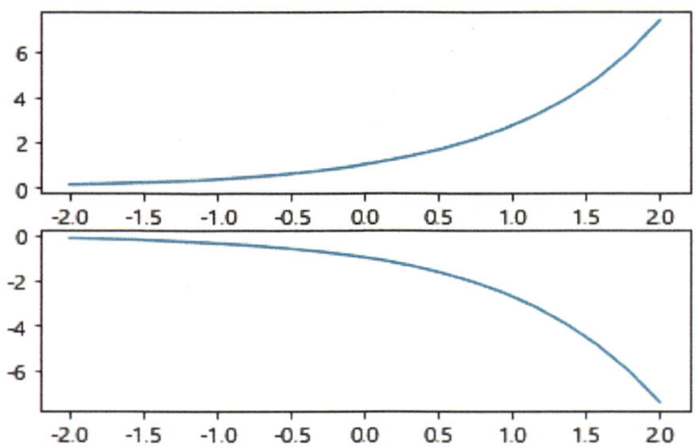

그림을 나란히 배열하는 것도 가능하다.

[38]:
```
import matplotlib.pyplot as plt
fig=plt.figure(figsize=(6,4)) # 크기 조절
fig, ax=plt.subplots(1,2)
x=np.linspace(-2,2,20)
y=np.exp(x)
ax[0].plot(x, y)
ax[1].plot(x, -y)
plt.show()
```

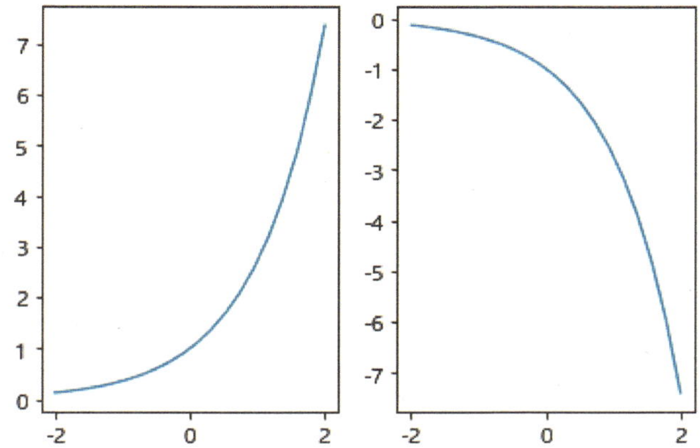

축에 그래픽을 그릴 때 pyplot의 어떤 드로잉 함수를 써도 된다.

[39]:
```
fig, ax=plt.subplots(1,2)
x=np.linspace(-2,2,20)
y=np.exp(x)
ax[0].plot(x, y)

num=[27, 25, 30, 22, 3]
gpa=list('ABCDF')
wp={'width': 0.6, 'edgecolor': 'w', 'linewidth': 3}
ax[1].pie(num,labels=gpa, autopct='%.1f%%', wedgeprops=wp)
plt.show()
```

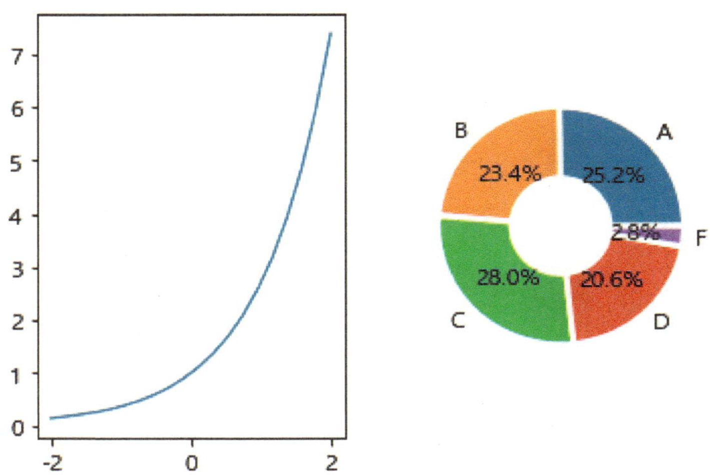

axes의 각 축에 이름을 붙일 수 있다.

[40]:
```
fig=plt.figure(figsize=(8,6))
fig, ax=plt.subplots(1,2)

x=np.linspace(-2,2,20)
y=np.exp(x)

ax[0].plot(x, y)
ax[0].set_xlabel('x')
ax[0].set_ylabel('exp(x)')
plt.subplots_adjust(wspace=0.3) # 좌우 간격 조절
ax[1].plot(x, -y)
ax[1].set_xlabel('x')
ax[1].set_ylabel('-exp(x)')

plt.show()
```

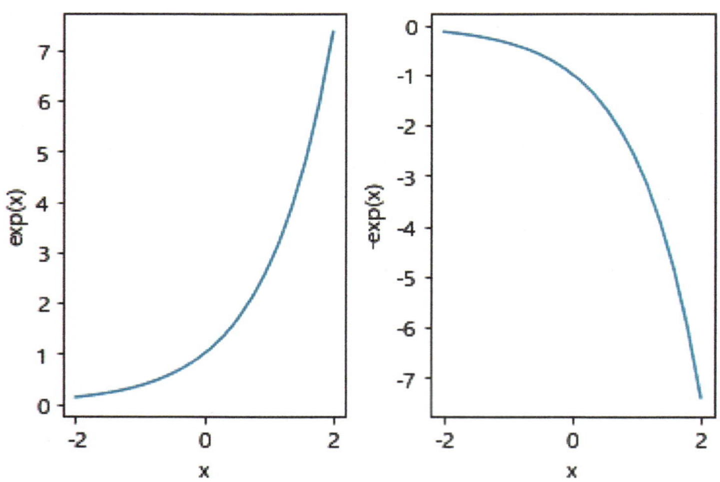

이제 axes를 배열로 생성하고 각 축에 그림을 그려본다.

[41]:
```
fig, ax=plt.subplots(2,2) # axes 배열 생성

x=np.linspace(-2,2,10)
y=np.exp(x)
```

```
ax[0,0].plot(x, y)
ax[1,0].plot(x, -y)

fig.subplots_adjust(hspace=0.4, wspace=0.4)#상하, 좌우 간격 띄우기
ax[0,1].plot(x, np.sin(x),'s')
ax[1,1].plot(x, -np.exp(x),'mo',)
plt.show()
```

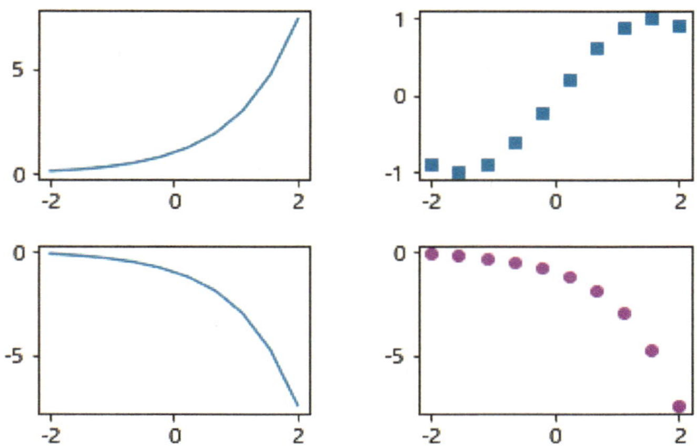

아래 코드는 서로 다른 선모양으로 그린 그래픽을 생성한다.

[42]:
```
linestyles=['-','--','-.',':']
np.random.seed(1)
x=np.arange(10,30,1) #100,110,...., 290까지의 정수
y=np.random.randn(20) #0표준정규분포 따르는 랜덤넘버를 20개 생성함

fig, axes=plt.subplots(len(linestyles),1)
fig=plt.figure(figsize=(8,8))

for ax, line in zip(axes,linestyles):
    ax.plot(x,y,linestyle=line, label=line)
    ax.axes.xaxis.set_visible(False)#눈금 안보이게
    ax.axes.yaxis.set_visible(False)
    fig.subplots_adjust(hspace=0.1)
plt.show()
```

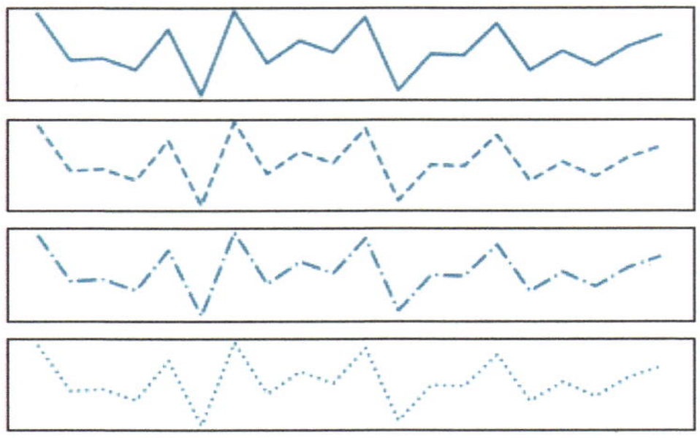

13.3 3차원 그래픽

파이썬에서 3차원 그래픽을 만들려면 캔버스와 3차원 축을 객체로 생성하고 객체 메소드를 호출해야 한다. 두 방식이 가능하지만 두 번째 방식을 추천한다.

- 캔버스 생성 후 캔버스 메소드 add_subplot()로 3차원 축 추가
- plt.subplots()로 캔버스와 3차원 축 동시에 생성

3차원 그래픽을 만들어도 3차원 정보를 평면인 2차원에 표현하므로 모든 정보를 완벽하게 전달하지는 못한다. 이런 이유로 그래픽을 보는 각도를 잘 설정하거나 그래픽을 회전시키는 것이 좋다.

아래 코드는 캔버스를 생성한 후에 3차원 축을 추가한다. 이때 figure.add_subplot()에 키워드 인자 projection='3d'를 전달하고 호출한다.

[43]:
```
import matplotlib.pyplot as plt
import numpy as np
fig=plt.figure() # 캔버스 생성
ax=fig.add_subplot(projection='3d')#3차원 축 1개 생성
```

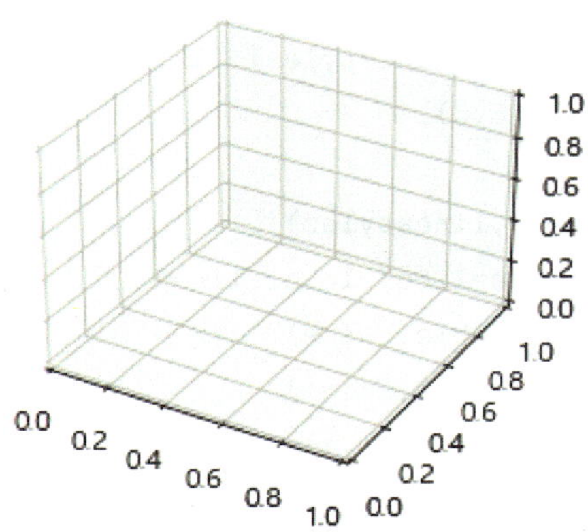

더 편한 방식은 plt.subplots()에 격자모양으로 3차원 축을 한꺼번에 만드는 것이다.

- 키워드인자 nrows에 호출할 행의 수, ncols에 열의 수, subplot_kw에 {"projection":"3d"}을 전달
- 행 또는 열의 수가 1이면 생략 가능
- 축은 넘파이 배열

[44]:
```
fig, ax=plt.subplots(ncols=2, figsize=(8,4),
                     subplot_kw={"projection":"3d"})
```

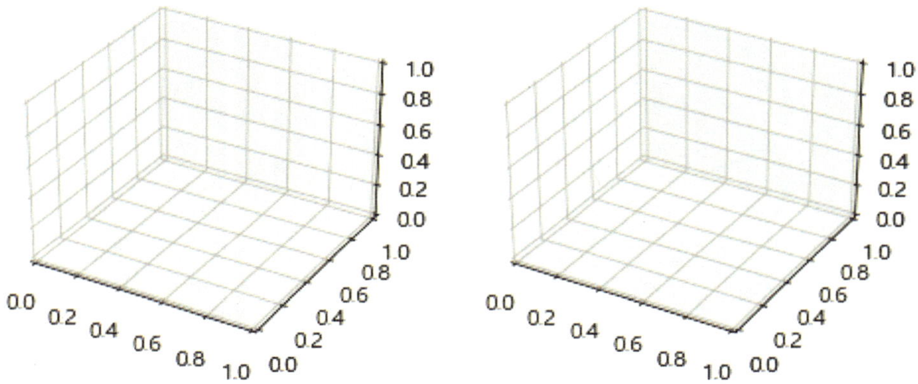

생성된 3차원 축 ax에 인덱스를 써서 접근한 후 각 축 위에 여러 형태의 3차원 그래픽을 추가할 수 있다.

- ax.plot(x,y,z) : 3차원 곡선
- ax.scatter(x,y,x) : 자료의 3차원 산점도
- ax.plot_surface(x,y,z) : 2변수함수의 곡면 그래프
- ax.plot_wireframe(): 2변수 함수의 그물망 그래프
- ax.contour(x,y,z) : 2변수 함수의 등고선 그래프

[45]:
```
fig, ax=plt.subplots(ncols=2,figsize=(6,4), subplot_kw={"projection":
↪"3d"})
t=np.linspace(0,2*np.pi)
x=np.sin(2*t)
y=np.cos(2*t)
z=t

ax[0].plot(x,y,z)
```

```
ax[0].set_title('3차원 곡선 그래프')

ax[1].scatter(x,y,z)
ax[1].set_title('3차원 산점도')
fig.tight_layout()
```

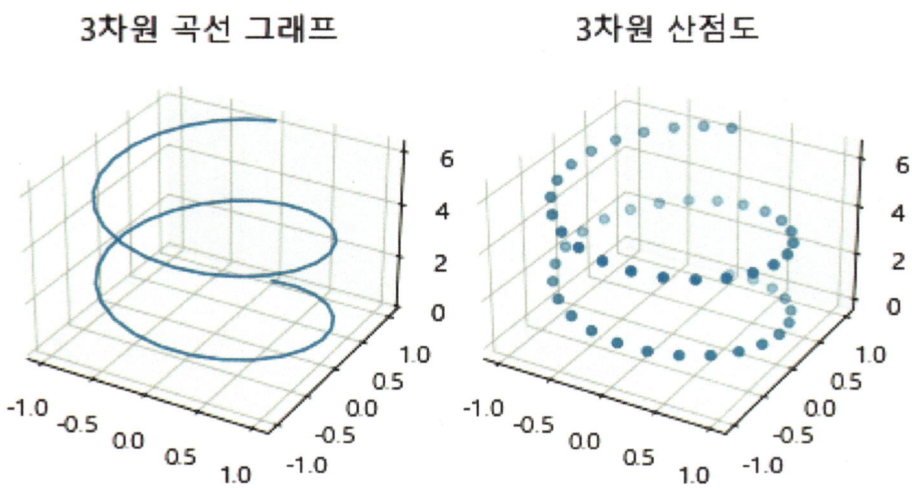

아래 코드는 $z = 10 - x^2 + y^2$의 곡면 그래프를 생성하는 코드이다. (안장을 닮은 이 곡면을 안장(saddle)곡면이라고 부른다.)

[46]:
```
fig, ax=plt.subplots(ncols=2,figsize=(6,4),
                     subplot_kw={"projection":"3d"})
x=np.linspace(-5, 5)
y=np.linspace(-5, 5)
X,Y=np.meshgrid(x,y)
Z=-X**2+Y**2+10
ax[0].plot_surface(X,Y,Z, alpha=0.8)
ax[0].set_title('곡면그래프')

ax[1].plot_wireframe(X,Y,Z,alpha=0.8)
ax[1].set_title('그물망그래프')
fig.tight_layout()
```

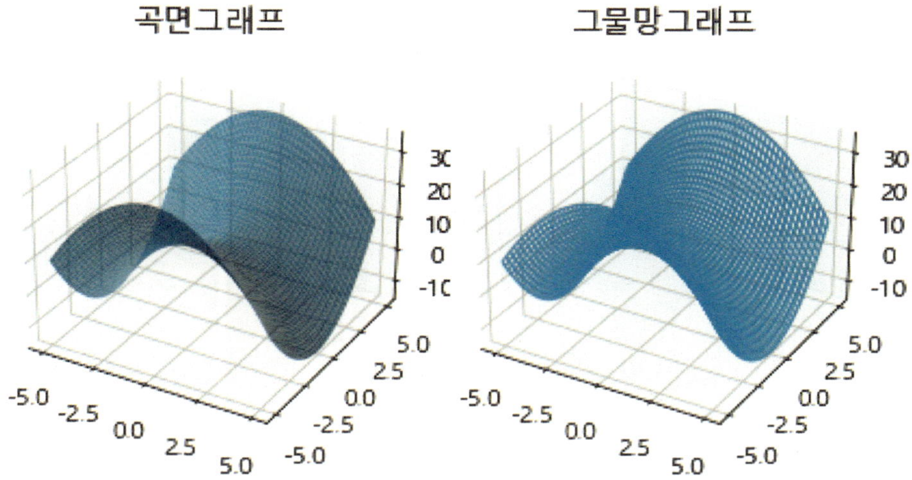

마지막으로 2변수 함수의 $z = 10 - x^2 + y^2$에 대해 등고선 그래프를 3차원 축과 2차원 축에 그려본다.

- 다변수 함수의 등고선(contour) : 함수값이 같은 점들의 집합
- 2변수 함수의 등고선은 일반적으로 곡선

[47]:
```
fig,ax=plt.subplots(ncols=2,figsize=(8,4),
                    subplot_kw={"projection":"3d"})
x=np.linspace(-np.pi, np.pi)
y=np.linspace(-np.pi, np.pi)
X,Y=np.meshgrid(x,y)
Z=-X**2-Y**2+10
ax[0].plot_surface(X,Y,Z,alpha=0.8)
ax[0].set_title('3차원 곡면 그래프')
ax[1].contour(X,Y,Z, levels=10)
ax[1].set_title('3차원 등고선 그래프')
```

[47]:
```
Text(0.5, 0.92, '3차원 등고선 그래프')
```

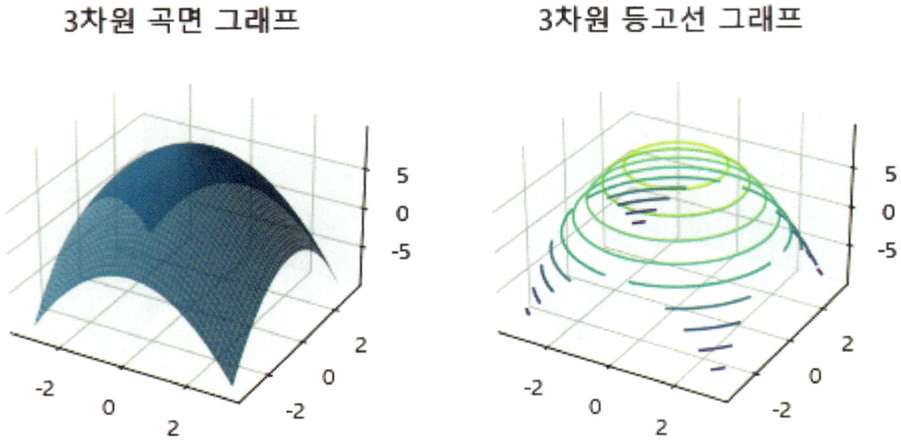

[48]:
```
fig, ax=plt.subplots(nrows=1, ncols=2, figsize=(8,4))
x=np.linspace(-np.pi, np.pi)
y=np.linspace(-np.pi, np.pi)
X,Y=np.meshgrid(x,y)
Z=-X**2-Y**2+10
levels=np.linspace(1,11,10) # 등고선 값
ax[0].contour(X,Y,Z, levels=levels) #등고선 지정
ax[1].contourf(X,Y,Z,levels=3,cmap='inferno') #  등고선의 수 지정
plt.show()
```

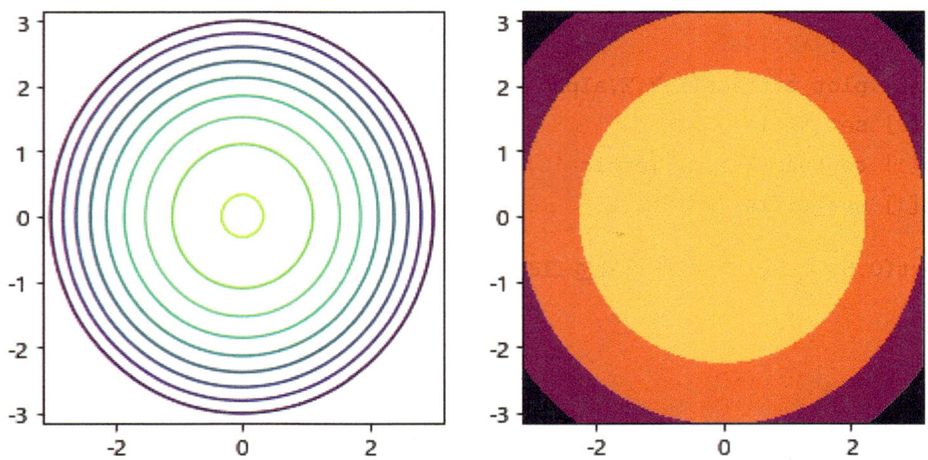

13.4 pandas의 시각화 함수

시리즈나 데이터프레임은 plot이라는 데이터 시각화 함수를 내장하고 있다. plot()은 pyplot의 함수와 이름이 같지만 팬더스 자료의 메소드로 작동하며 사용이 훨씬 편리하다. plot()을 호출할 때 키워드인자 kind에 아래 그래픽의 종류를 문자열로 전달한다. 생략하면 실선 그래프를 그린다.

- bar
- hist
- box
- scatter
- area

다음은 plot()을 사용하는 전형적인 방식의 예이다.

- series.plot(kind=`'hist'`), df.plot(kind=`'hist'`)
- series.plot.hist(), df.plot.hist()

각 그래픽에 대한 선택사항은 pyplot의 그래픽 드로잉 함수에서와 거의 같다.

13.4.1 시리즈 시각화

Series.plot()의 키워드 인자에 전달하는 값에 따라 그래픽의 종류와 모양을 바꿀 수 있다.

- label: 범례에 나타날 그래픽의 이름
- style : 그래프 스타일 지정
- alpha :그래프 투명도
- kind : 그래프 형태
  `'area'`, `'bar'`, `'barh'`, `'density'`, `'hist'`, `'kde'`, `'line'`, `'pie'`로 지정
- rot : 눈금 이름 회전각
- xticks, yticks : 눈금에 표시할 데이터
- xlim, ylim : 그래픽의 범위 지정
- grid : 격자선 표시 여부

series.plot()의 인자 kind에 그래픽의 종류를 지정하지 않으면 기본적으로 실선 그래프를 생성한다.

[49]:
```
import pandas as pd
np.random.seed(1)
data=np.random.rand(11)*100
index=list('ABCDEFGHIJK')
s=pd.Series(data, index=index)
fig,ax=plt.subplots(ncols=2, nrows=1, figsize=(8,4))
```

```
s.plot(ax=ax[0]) #축 지정 후 시리즈메소드 호출
ax[0].set_title('시리즈메소드 플롯')
ax[1].plot(s,color='g',alpha=0.9)
ax[1].set_title('plt.plot로 series를 플롯')
plt.show()
```

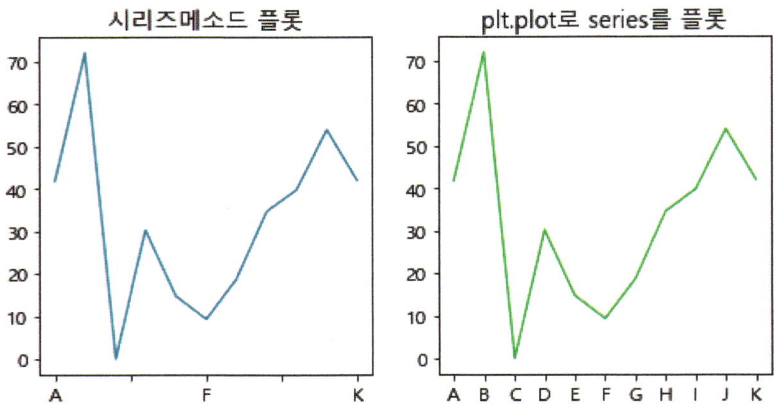


```
[50]: fig,ax=plt.subplots(ncols=2, nrows=1, figsize=(8,4))
s.hist(ax=ax[0],bins=10)
ax[1].hist(s,alpha=0.9,color='g')
ax[1].grid(True)
plt.show()
```

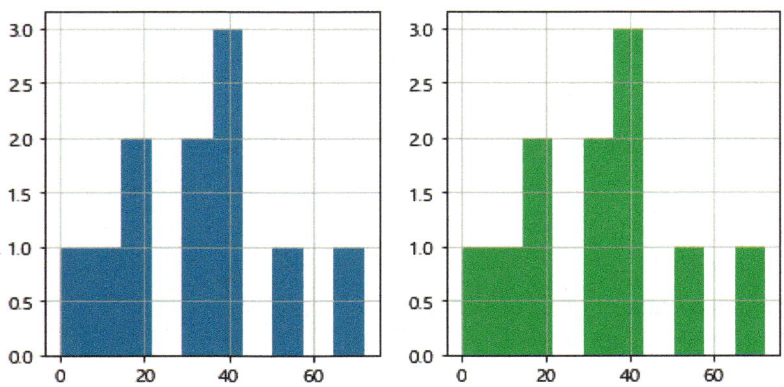

[51]:
```
fig,ax=plt.subplots(ncols=2, nrows=1, figsize=(8,4))
s.plot(style='b^--',ax=ax[0]) #color=blue
ax[1].plot(s, 'o:' ,color='gray')
plt.show()
```

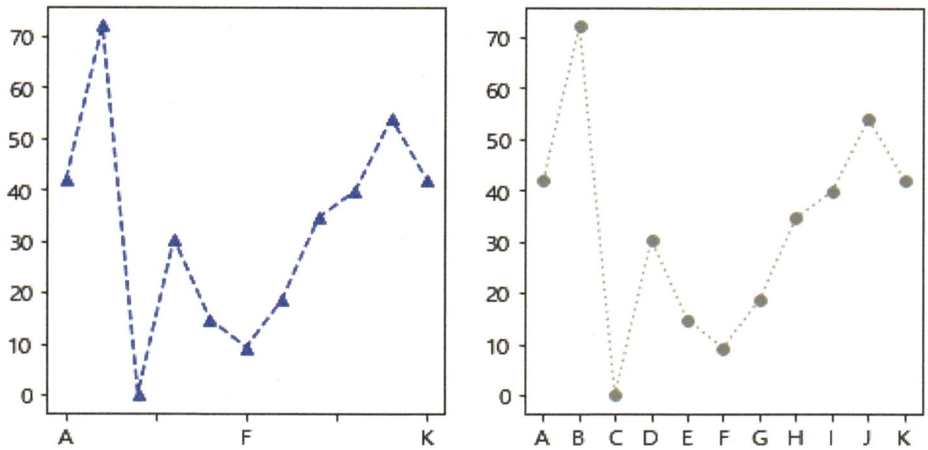

13.4.2 데이터프레임 시각화

데이터프레임 자료의 경우에도 내장 메소드를 이용하여 그림을 그릴 수 있다. 데이터프레임의 자료를 시각화할 때 plot()에 전달할 키워드인자는 거의 같은 역할을 한다.

데이터프레임은 행인덱스가 같은 시리즈 여러 개로 구성되어 있으므로 시리즈에서와 같다. 단, 데이터프레임의 열이름이 각 label에 전달되어 legend()에 쓰인다.

아래와 같이 평균이 500, 표준편차 100인 자료를 생성하고 열이름과 행이름을 부여하여 데이터프레임을 만든다.

[52]:
```
np.random.seed(2)
prices=np.random.randn(50,2)*100+500
dates=pd.date_range(start='2020-09-01',periods=50, freq='D')
df=pd.DataFrame(prices,index=dates,columns=['시장','H마트'])
```

[53]:
```
df.plot.line() # df.plot()과 동일
plt.title("매출액 비교")
plt.show()
```

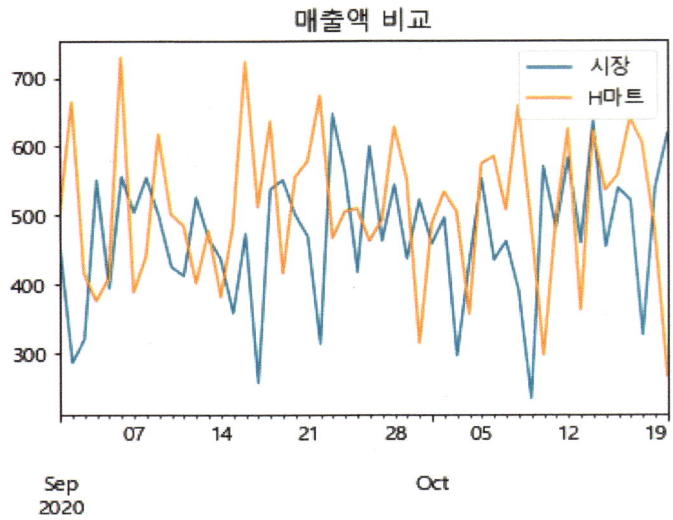

데이터프레임의 히스토그램

[54]:
```
date=df.index.date
df.index=date
df[:5].plot.bar(rot=45) #df.plot(kind='bar')와 동일
plt.show()
```

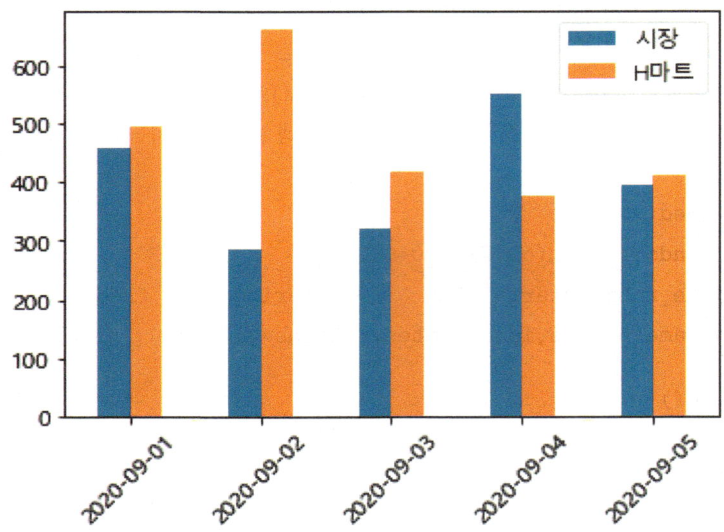

데이터프레임의 상자그림

팬더스 자료는 각 열에 있는 자료의 상자그림(box plot)을 한꺼번에 그릴 수 있다. 이때 열이름이 가로축에 나타내고 있다.

[55]:
```
df.plot.box()
```

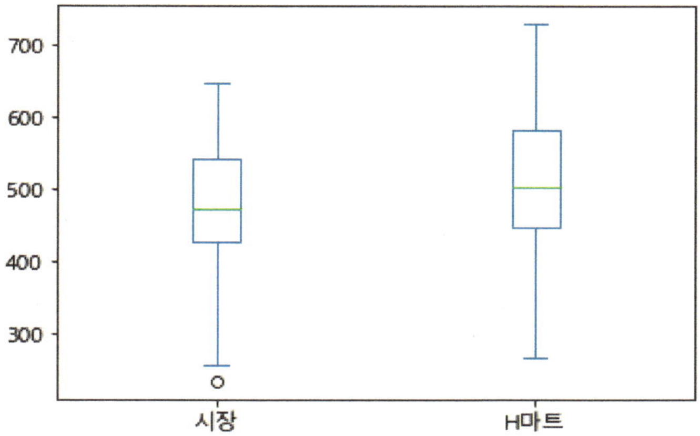

데이터프레임의 산점도

데이터프레임의 열자료로 산점도를 그릴 수 있다. 이때 가로축, 세로축에 들어갈 자료를 열이름으로 전달한다.

[56]:
```
df.plot.scatter('시장','H마트')
plt.show()
```

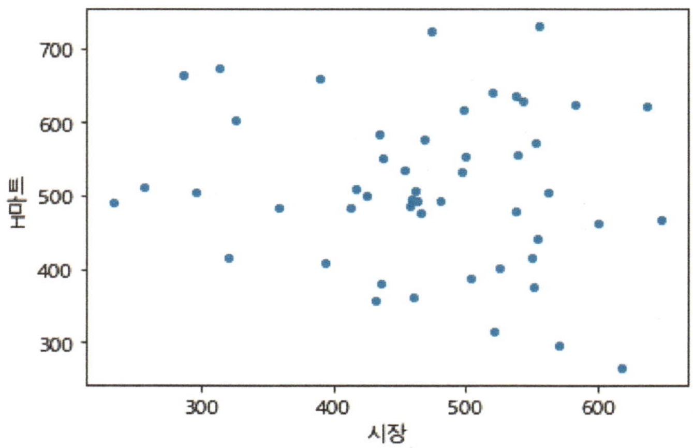

데이터프레임의 히스토그램

히스토그램은 각 열의 값을 계급으로 나눈 차트를 그린다.

[57]:
```
df.plot.hist(ylim=(0,12),bins=10)
plt.show()
```

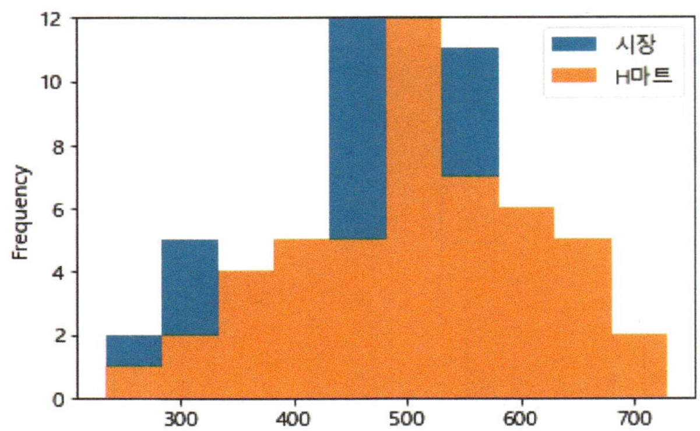

데이터프레임의 산점도 행렬 팬더스는 다양한 시각화 툴을 제공하고 있는데 scatter_plot()은 데이터프레임의 각 열데이터에 대한 산점도를 격자형태로 그려준다.

대각선에 나타날 같은 열에 대한 산점도는 의미가 없으므로 다른 차트로 대신할 수 있다. 아래 코드에서는 키워드인자 diagonal에 'hist'를 전달하여 대각선에 히스토그램을 그리고 있다.

[58]:
```
from pandas import plotting
```

[59]:
```
plotting.scatter_matrix(df, alpha=0.8, diagonal='hist')
plt.show()
```

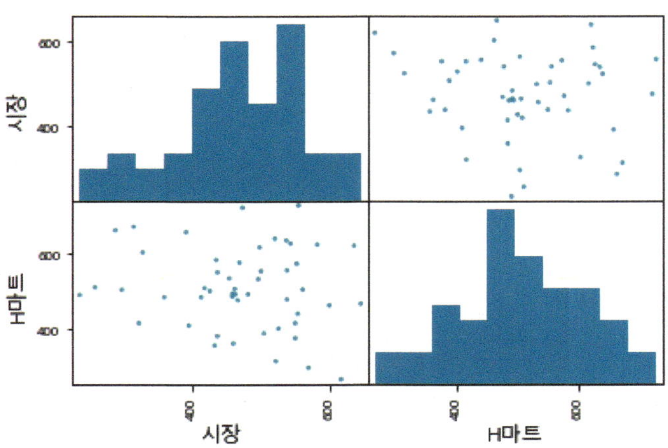

참고문헌

[1] 강환수, 신용현, 파이썬으로 배우는 누구나 코딩, 홍릉과학출판사, 2019

[2] 박정호, 예제 중심 파이썬 프로그래밍, 이한미디어, 2018

[3] 우균, 김경미, 김수환, 김영섭, 김재훈, 김홍식 (공역), 파이썬을 이용한 실전 프로그래밍, 홍릉과학출판사, 2019 (L. Perkovic, Introduction to computing using Python, Wiley)

[4] 조대표, 파이썬으로 배우는 알고리즘 트레이딩, 위키아카데미, 2018

찾아보기

저자와의
합의하에
인지를
생략합니다.

데이터 과학을 위한
파이썬 프로그래밍

지은이 이정근
펴낸이 조경희
펴낸곳 경문사
펴낸날 2023년 2월 20일 1판 1쇄
2024년 3월 4일 1판 2쇄
등 록 1979년 11월 9일 제1979-000023호

주 소 04057, 서울특별시 마포구 와우산로 174
전 화 (02)332-2004 팩스 (02)336-5193
이메일 kyungmoon@kyungmoon.com

값 26,000원

ISBN 979-11-6073-604-5

★ 경문사의 다양한 도서와 콘텐츠를 만나보세요!

홈페이지	www.kyungmoon.com	페이스북 facebook.com/kyungmoonsa
포스트	post.naver.com/kyungmoonbooks	블로그 blog.naver.com/kyungmoonbooks
북이오	buk.io/@pa9309	인스타그램 instagram.com/kyungmoonsa

도서 중 **정오표** 및 **학습자료**가 있는 경우 홈페이지 내 해당 도서 상세 페이지의 **자료** 탭에 업로드됩니다.